Klassische Moderne
Deutschsprachige Literatur 1918–33

Akademie Studienbücher

Literaturwissenschaft

Herausgegeben von
Iwan-Michelangelo D'Aprile

Walter Delabar

Klassische Moderne

Deutschsprachige Literatur 1918–33

Akademie Verlag

Der Autor:
Prof. Dr. Walter Delabar, Jg. 1957, apl. Professor am Institut für deutsche und niederländische Philologie der Freien Universität Berlin.

Bibliografische Information der Deutschen Nationalbibliothek
Die Deutsche Nationalbibliothek verzeichnet diese Publikation in der Deutschen Nationalbibliografie; detaillierte bibliografische Daten sind im Internet über http://dnb.d-nb.de abrufbar.

ISBN 978-3-05-004416-3

© Akademie Verlag GmbH, Berlin 2010

www.akademie-studienbuch.de
www.akademie-verlag.de

Das eingesetzte Papier ist alterungsbeständig nach DIN/ISO 9706.
Alle Rechte, insbesondere die der Übersetzung in andere Sprachen, vorbehalten. Kein Teil dieses Buches darf ohne schriftliche Genehmigung des Verlages in irgendeiner Form – durch Fotokopie, Mikroverfilmung oder irgendein anderes Verfahren – reproduziert oder in eine von Maschinen, insbesondere von Datenverarbeitungsmaschinen, verwendbare Sprache übertragen oder übersetzt werden.

Einband- und Innenlayout: milchhof : atelier, Hans Baltzer Berlin
Einbandgestaltung: Kerstin Protz, Berlin, unter Verwendung der Kaltnadel-Radierung
  Fliehender Verwundeter (Sommeschlacht 1916) (aus der Mappe ‚Der Krieg') von
  Otto Dix (1924). VG Bild-Kunst, Bonn 2009.
Satz: Druckhaus „Thomas Müntzer" GmbH, Bad Langensalza
Druck und Bindung: CS-Druck Cornelsen Stürtz GmbH, Berlin

Printed in Germany

Klassische Moderne
Deutschsprachige Literatur 1918–33

1	**Ankunft in der Moderne**	9
1.1	Gesellschaft im Umbruch	11
1.2	Die Durchsetzung der Massengesellschaft	14
1.3	Die Krisenjahre der Klassischen Moderne	18
2	**Die Modernisierung des Literaturbetriebs**	23
2.1	Erfolgsbücher 1929 – Zwei Fallberichte	25
2.2	Umbau des Literaturbetriebs	29
2.3	Demokratisierung des Buches	34
3	**Der Große Krieg als Signum der Epoche**	39
3.1	Mann gegen Mann: Heroisierung des Krieges	41
3.2	Die neuen Barbaren: Materialschlacht und Erfahrungsverlust	44
3.3	Krieg als Identitätsstiftung	48
4	**Dada: Kunst als Provokation**	55
4.1	Der offene Horizont der Avantgarden	57
4.2	Revolte des Unsinns gegen den Sinn	59
4.3	Ende und Weiterwirken des Dadaismus	67
5	**Ästhetik der Klassischen Moderne**	71
5.1	Ästhetik zwischen Innovation und Kontinuität	73
5.2	Alfred Döblins Poetik des modernen Romans	78
5.3	Ästhetik der kleinen Form	81
6	**Neue Lyrik für eine neue Zeit**	87
6.1	Neuentwurf der Lyrik?	89
6.2	Die Neue Sachlichkeit	92
6.3	Kritik und Kampf	97
7	**Theater als kulturelles Leitmedium**	101
7.1	Brechts Erfolgsstück: *Die Dreigroschenoper*	103
7.2	Gegenwartskritik bei Carl Zuckmayer	107
7.3	Die Technisierung der Bühne: Erwin Piscator	110
7.4	Brechts Entwurf des epischen Theaters	112

8 Literatur im Klassenkampf — 117
8.1 Die Gezeitenwende in der politischen Linken — 119
8.2 Die Masse erzählen (Franz Jung) — 122
8.3 Die Kämpfer der Revolution (Anna Seghers) — 125
8.4 Literatur im Auftrag der Partei — 127

9 Reisen und Reisereportagen — 131
9.1 Reisen und Reiseberichte — 133
9.2 Das Experiment Sowjetunion — 135
9.3 Vorbild Amerika? — 140

10 Die Frau von heute – Autorinnen — 145
10.1 Frauen im Literaturbetrieb — 147
10.2 Die Emanzipation der Autorinnen — 150
10.3 Literarische Konzepte der neuen Frau — 154

11 Lebenswelt Großstadt — 161
11.1 Kulturschock Großstadt — 163
11.2 Ereignis Metropole — 169
11.3 Unfall, Geschwindigkeit und Ordnung — 172

12 Provinz als Gegenmodell — 177
12.1 Gründungsmythos als Gegenentwurf — 179
12.2 „Aufstand der Landschaft gegen die Stadt" — 182
12.3 Modernekompensation und Agrarromantik — 185
12.4 Agrarmoderne — 189

13 Der Einzelne und die Gesellschaft — 193
13.1 Lob des mittleren Helden (Thomas Mann) — 195
13.2 Die Zurichtung des Einzelnen (Alfred Döblin) — 198
13.3 Intermezzo: Moderne und Mythos — 202
13.4 Die ausgelieferte Existenz (Franz Kafka) — 203

14 Die Autoren, die Republik und ihr Ende — 209
14.1 Die Autoren und die Republik — 211
14.2 Die Niederlage als Prüfstein (Wilhelm Schäfer und Hugo von Hofmannsthal) — 213

14.3	Der Vernunftrepublikaner Thomas Mann	216
14.4	Das Ende der Republik	220
15	**Serviceteil**	225
15.1	Allgemeine Hilfsmittel	225
15.2	Werkausgaben, Periodika und Institutionen zu einzelnen Autoren	228
16	**Anhang**	235
16.1	Zitierte Literatur	235
16.2	Abbildungsverzeichnis	247
16.3	Personenverzeichnis	249
16.4	Glossar	252

1 Ankunft in der Moderne

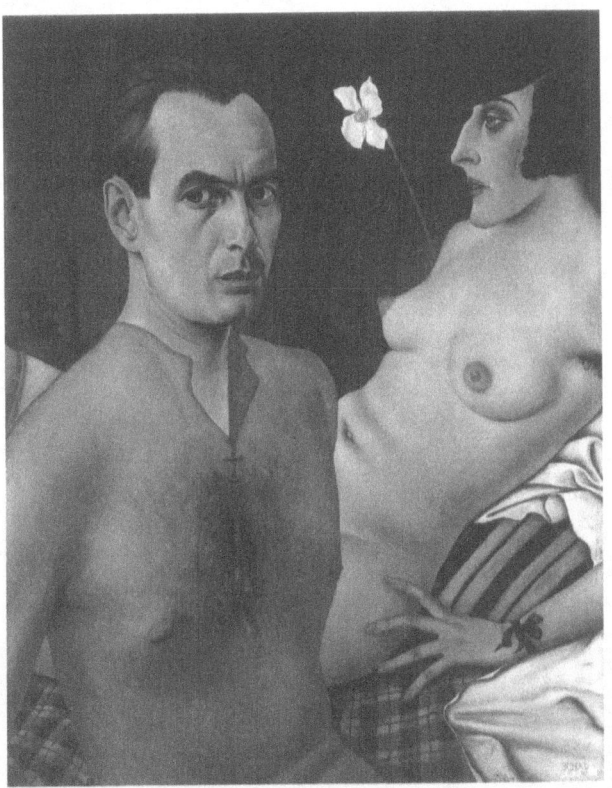

Abbildung 1: Christian Schad: *Selbstbildnis* (1927)

Ein Paar in einer intimen, aber unpersönlichen Situation. Es gibt keine Berührung zwischen ihnen. Die Frau ist nackt, trägt nur Strümpfe, der Mann ist mit einem durchsichtigen (im Original grünlichen) Hemd bekleidet. Im Hintergrund ist ein Industriegebiet schattenhaft durch einen Vorhang zu sehen. Eine Blume ist hinter dem Paar platziert, nicht, wie es die ikonografische Tradition vorsieht, auf der Höhe der Lenden, sondern auf der Höhe der Schultern der Frau. Die Frau – auf der linken Wange eine kaum verheilte Narbe, ein ‚sfregio‘, mit dem eifersüchtige Neapolitaner ihren Besitz kennzeichnen – schaut aus dem Bild hinaus, der Mann den Betrachter an. Die Mienen sind ernst. Das Bild eines Paares? Nein, ein Selbstbildnis, wie der Titel betont, das von männlicher Macht spricht. Aber es steckt noch mehr darin: Die Menschen sind auf sich selbst gestellt; Gemeinsamkeit, Intimität sind nicht mehr zweckgerichtet auf Fortpflanzung der Gattung, der Familie, des Einzelnen. Die weiße Blume steht nur mehr für Schönheit, während sie in der Bildtradition noch Fruchtbarkeit repräsentiert.

Christian Schads Porträt gehört zu einer neuen Stilrichtung, die mit der Mannheimer Ausstellung *Neue Sachlichkeit. Deutsche Malerei seit dem Expressionismus* aus dem Jahr 1925 zum Kennzeichen einer Epoche wurde: Das Verhältnis der Individuen zu ihrer gesellschaftlichen Umgebung und untereinander wurde zurückhaltender, ihr Gefühlshaushalt kühler, sachlicher und neutraler. Nach dem Pathos des Expressionismus und den Gewaltexzessen des Weltkriegs schien dies eine nahe liegende Möglichkeit, sich in einer schnell ändernden Umgebung zu orientieren, in der die Einzelnen zunehmend auf sich gestellt waren. Dies brachte neue Freiheiten, zog aber auch die Notwendigkeit nach sich, Entscheidungen selbst zu treffen. Spätestens seit Kriegsende befand sich die Gesellschaft im Umbruch, und zwar nicht nur politisch, sondern – befördert durch Urbanisierung, Technisierung etc. – in nahezu allen Lebensbereichen. Die Neue Sachlichkeit ist allerdings nur eine der eben auch künstlerischen und literarischen Reaktionen auf die neue Zeit.

1.1 **Gesellschaft im Umbruch**
1.2 **Die Durchsetzung der Massengesellschaft**
1.3 **Die Krisenjahre der Klassischen Moderne**

1.1 Gesellschaft im Umbruch

„Wie die neue Zeit selbst, mit ihren neuen Einrichtungen und Männern, ist auch diese unsere Vereinigung ein Erzeugnis der Not. [...] Alle sind wir heute Söhne der Niederlage": Drastischer könnte der Unterschied nicht sein, als der zwischen dem (angeblich) begeisterten Aufbruch der Deutschen – in der Wahrnehmung ihrer Dichter – in den Krieg im August 1914 und der Art und Weise, wie sie nach dem Krieg die erste deutsche Republik begrüßten. Dabei gehörte Heinrich Mann, aus dessen Ansprache im Politischen Rat geistiger Arbeiter, München, dieses Zitat stammt (H. Mann 1918, zitiert nach: Kaes 1983, S. 3), nicht zu den Kriegstreibern unter den deutschen Autoren. Sein Roman *Der Untertan* (1918), an dem er seit 1906 geschrieben hatte und der erstmals nach dem „Großen Krieg" in Deutschland vollständig erscheinen konnte, hatte ja gerade den Aufstieg jenes Menschentyps zum Gegenstand, der seine eigene mangelnde Größe durch die Größe der Nation und die distanzlose Verehrung seines Kaisers zu kompensieren versuchte. Manns Erfolgsroman zeichnete die „Geschichte der öffentlichen Seele unter Wilhelm II." – so der später weg gelassene Untertitel des Werks (H. Mann 2001a, S. 479) – am Beispiel seines ‚Helden' Diederich Heßling nach, dessen dringendstes Bedürfnis das nach Geltung ist. In seinem Epochenrückblick *Ein Zeitalter wird besichtigt* (1946) hat Heinrich Mann später seinen Eindruck vom bürgerlichen Publikum, das für den *Untertan* Vorbild war, noch einmal aufleben lassen. Er erinnerte sich an die „gedrängte Menge bürgerlichen Publikums", die er im Jahre 1906 in Berlin Unter den Linden betrachtet hatte: „Ich fand sie laut ohne Würde, ihre herausfordernden Manieren verrieten mir ihre geheime Feigheit." (H. Mann 2001b, S. 244)

Republik Zeugnis der Not

Diederich Heßling ist der Prototyp dieses Menschenschlags, wie seine Autoritätshörigkeit, seine Unterwürfigkeit gegenüber jedem, der als Repräsentant höherer Instanzen auftritt (der „Macht", wie er sie selbst nennt), sein tönernes, Wilhelm II. nachgeäfftes Gerede, seine Selbstgefälligkeit, sein Sadismus wie sein Masochismus, seine Herrschsucht, die sich zugleich damit abspeisen lässt, Vertreter der kaiserlichen Macht vor Ort zu sein, seine Charakterlosigkeit und Feigheit demonstrieren. Trotz der Überzeichnung der Hauptfigur ist der *Untertan* jedoch weniger Satire (wie ihn die Forschung meist charakterisiert; vgl. z. B. Bartl 2009) als vielmehr treffsichere Darstellung der wilhelminischen Gesellschaft, wie Kurt Tucholsky 1927 formulierte: „Und ich sage: bescheidene Fotografie. Es ist in Wahrheit schlimmer, es ist viel schlimmer." (Tucholsky 1993, Bd. 5, S. 286)

Untertan als Prototyp des Deutschen

Diese Mentalität war mit dem Untergang des Wilhelminismus nicht verschwunden, aber sie hatte mit den allergrößten Schwierigkeiten zu kämpfen: Sie passte nicht mehr in die Zeit. An ihre Stelle trat ein Typus, der Selbstbestimmung mit dem Wunsch verband, nützlich zu sein: das moderne Individuum.

<small>Ablösung des wilhelminischen Typus</small>

Zu schaffen machte diesem Typus aber die „transzendentale Obdachlosigkeit", die der Literaturtheoretiker Georg Lukács in seiner *Theorie des Romans* (1920) dem Menschen der Moderne attestiert hatte: Mit dem Wegfall gesellschaftlicher und göttlicher Ordnung, an deren Stelle seit der Aufklärung das Selbstbestimmungsrecht getreten war, war das Individuum zugleich ortlos und orientierungslos geworden. Ihm war der Zusammenhang – in der Begrifflichkeit Lukács' die „Totalität" –, in dem es selbst ebenso wie alle Erscheinungen einen selbstverständlichen Ort einnahmen und einen klaren Sinn hatten, verloren gegangen:

<small>Transzendentale Obdachlosigkeit</small>

> „Unsere Welt ist unendlich groß geworden und in jedem Winkel reicher an Geschenken und Gefahren als die griechische [Antike; Anm. d. Verf.], aber dieser Reichtum hebt den tragenden und positiven Sinn ihres Lebens auf: die Totalität. Denn Totalität [...] bedeutet, daß etwas Geschlossenes vollendet sein kann [...], weil alles in ihm vorkommt." (Lukács 1984, S. 26)

Diese „Totalität" geht verloren, weil die gesellschaftliche Ordnung sich im Fluss befindet, mehr noch weil die Ordnungsformen selbst wieder der gesellschaftlichen Auseinandersetzung und damit der Wahl der Individuen unterworfen werden.

In die politischen Systeme umgesetzt heißt das: Die Monarchie verlor ihr Gottesgnadentum und sank zu einer Staatsform unter mehreren möglichen ab, der Glaube an Gott wurde zur persönlichen Konfession, die Struktur der Gesellschaft der freien Gestaltung ausgesetzt. Im Zentrum der Gesellschaft stand nun ein Typus, der sich auf nichts mehr als sich selbst verlassen kann und muss, ohne dass er deshalb dem Zwangsverband, den Gesellschaft eben auch darstellt, entrinnen könnte. Denn auch wenn sich die gewohnten Formen der europäischen Gesellschaften in den Modernisierungsprozessen spätestens seit dem 18. Jahrhundert beinahe vollständig aufgelöst hatten und an die Stelle fest gefügter Ordnungen und Strukturen deren grundsätzliche Veränderbarkeit und Offenheit getreten waren, war Gesellschaft als sozialer Verband damit nicht verschwunden. Ganz im Gegenteil: Arbeitsteilung, Industrialisierung, Kapitalisierung und Urbanisierung hatten zu neuen Institutionen, Organisationsformen und Strukturen geführt, die die Individuen zwar anderen, aber

<small>Gesellschaftliche Ordnung</small>

nicht geringeren Zwängen unterwarfen. Dem Befreiungsprozess der Aufklärung und der Aufwertung der Individuen standen die verstärkten sozialen Anpassungszwänge und das Aufgehen des Einzelnen in der Masse gegenüber. Es gibt keine Möglichkeit, der Gesellschaft zu entfliehen. Zugleich bietet die Gesellschaft bis dahin ungeahnte Chancen und Entfaltungsmöglichkeiten einerseits, Risiken und Gefahren, die die Existenz des Einzelnen bedrohen, andererseits.

Die literarischen Texte dieser Zeit nahmen diese Themen auf und verarbeiteten sie: immer mit der Frage im Hintergrund, was denn richtiges und falsches Verhalten in dieser neuen Gesellschaft sein könnte. Sie behandelten und diskutierten dabei nicht allein die berufliche Existenz, die Sicherung des Lebensunterhalts, die politischen oder sozialen Umstände, sondern auch die persönlichen Verhältnisse wie etwa Liebesbeziehungen. Die Grundfigur dieser neuen Haltung ist das Individuum, das sich im Gegenüber (welcher Art auch immer) zu komplettieren sucht. Der existenzialistische Philosoph Karl Jaspers hat dieses Phänomen in seiner 1931 erschienenen Bestandsaufnahme *Die geistige Situation der Zeit* zu fassen versucht:

Warum Liebesgeschichten?

„In der Auflockerung der gehaltvollen objektiven Festigkeiten des gemeinschaftlichen Daseins ist der Mensch zurückgeworfen auf [die] ursprünglichste Weise seines Seins mit dem anderen, auf der allein eine neu zu schaffende gehaltvolle Objektivität sich aufbauen könnte." (Jaspers 1979, S. 26)

Zurückgeworfen auf sich selbst muss sich jeder Einzelne seine Welt selbst schaffen, und zwar im Zusammenspiel mit dem ihn umgebenden sozialen Umfeld.

Das Signal, das von solchen Beschreibungen ausgeht, ist ermutigend: Vorbei zu sein schien die chauvinistische Idee von der Überlegenheit der deutschen Nation, vorbei auch das Pathos des „neuen Menschen", dem noch der Expressionismus anhing (→ ASB AJOURI, KAPITEL 13). In diesem Sinne war die „Urkatastrophe des 20. Jahrhunderts", als die der Erste Weltkrieg immer wieder bezeichnet worden ist (Karmasin 2007, S. 211), heilsam: „In den Schützengräben des Stellungskrieges 1914 bis 1918 waren wir gute Zivilisten geworden", erklärte etwa der konservative Publizist Peter Bamm in seinen Erinnerungen (Bamm 1972, S. 311). Für den Großteil der Bevölkerung stimmt dies zweifellos, nicht aber für die kulturellen und gesellschaftlichen Eliten: Sie machten die 1920er-Jahre zu einer der turbulentesten, aufregendsten, chaotischsten und am meisten umkämpften Phasen der deutschen Gesellschafts- und Kulturgeschichte. Und damit auch zu einer der interessantesten.

Ermutigendes Signal

1.2 Die Durchsetzung der Massengesellschaft

Im Deutschen Reich wie in Österreich hatte sich nach dem Krieg und durch den Krieg mehr geändert als nur die Regierungsform. Auch wenn mit der Weimarer Reichsverfassung vom 11. August 1919 und mit dem österreichischen Bundesverfassungsgesetz vom 1. Oktober 1920 einschneidende Änderungen in der Konstitution der beiden deutschen Staaten vorgenommen wurden, die Monarchie abgeschafft und die Demokratie samt Frauenwahlrecht, 40-Stunden-Woche und Sozialpartnerschaft eingeführt wurde – der Bruch, den das Kriegsende darstellte, ging viel tiefer: Die deutschen Gesellschaften kamen in der Moderne an und sie zeigten neben einer enthusiastischen Aufbruchstimmung auch Symptome tiefer Desorientierung und Hilflosigkeit.

Zwar war, wie der Literaturwissenschaftler Bernhard Weyergraf konstatierte, in der Weimarer Republik „vielleicht nichts wirklich neu", aber trotzdem war „alles anders" (Weyergraf 1995a, S. 7). Und in der Tat kann man mit Recht darauf verweisen, dass sich Gesellschaft und Kultur in den 1920er-Jahren rasant veränderten, die Bedingungen dafür waren aber bereits in den Jahren davor gelegt worden. Industrialisierung, Konsumgesellschaft und Massenkultur setzten sich jetzt durch. Die Urbanisierung, die in den beiden für den deutschsprachigen Raum bedeutendsten Metropolen Berlin und Wien um 1900 ihren quantitativen Höhepunkt erreichte, führte zu umfassenden qualitativen Veränderungen im Zusammenleben und im Selbstverständnis der Stadtbewohner.

Der Soziologe und Philosoph Georg Simmel legte bereits im Jahre 1903 unter dem Titel *Die Großstädte und das Geistesleben* seine Analyse der neuen städtischen Lebensweise vor, in der er die ständige Beobachtung der Umgebung, das hektische Getriebe und die Ausblendung von Außenreizen als spezifische Anpassungsformen an die neuen sozialen Bedingungen charakterisierte (→ **KAPITEL 11**).

Die Technisierung erreichte ihren ersten Höhepunkt und griff nun auch verstärkt auf die Alltagskultur über: elektrisches Licht auf den Straßen und zu Hause, elektrische Bügeleisen, Fotoapparate, Radios, Kühlschränke, Waschmaschinen, Kinofilme, U-Bahnen und Automobile wurden eingeführt und mehr und mehr zur selbstverständlichen Ausstattung des täglichen Lebens (vgl. Giedion 1982; Kleinschmidt 2008). Die stets kritisch ins Feld geführte „Mechanisierung der Welt", die der 1922 ermordete Reichsaußenminister und Industrielle Walther Rathenau in seinen Schriften wie *Zur Kritik der Zeit*

(1912) diagnostiziert hatte (Rathenau 1977, S. 41 und öfter), führte allerdings auch zu einem Wohlstand, wie ihn sich frühere Generationen nicht hätten träumen lassen.

Die Industrialisierung hatte eine neue soziale Klasse geschaffen, das „Proletariat", das sich in der Sozialdemokratie und später in USPD und KPD ihre politische Repräsentation schuf. Mit der parlamentarischen Demokratie war zwar eine Hauptforderung der Arbeiterbewegung erfüllt, die sozialistische Umwälzung der Gesellschaft, die 1918 kurze Zeit möglich schien, misslang jedoch, nicht zuletzt weil die Sozialdemokratie dem sowjetischen Beispiel nicht zu folgen bereit war. Das führte zu dem Dilemma, dass die SPD zwar einerseits mit Friedrich Ebert den ersten Reichspräsidenten der Demokratie stellte und eine der wichtigsten Säulen der Republik war. Andererseits blieben ihre Basis und ihre Rhetorik radikal. Aus diesem Widerspruch konnte sich die Partei nie befreien, was nicht zuletzt die sich revolutionär gebende KPD, die 1918/19 aus dem Spartakusbund hervorgegangen war, stärkte und zeitweise zur Absplitterung der unabhängigen Sozialdemokraten, USPD, führte (vgl. Schönhoven 1989; → KAPITEL 8).

Arbeiterbewegung

Außerdem war mit dem Aufbau der Verwaltungs- und Distributionsapparate eine neue Mittelschicht entstanden, die Angestellten, die die Kultur der Weimarer Republik prägte, wie Siegfried Kracauer in einer Artikelserie für die liberale *Frankfurter Zeitung* hervorhob (vgl. Kracauer 1971). Massengesellschaft und -kultur sind eng mit der Entstehung dieser sozialen Gruppe verbunden, die in den 1920er-Jahren auf rund 20 Prozent der Bevölkerung angewachsen war (vgl. Peukert 1987, S. 22). Die Angestellten wurden zur Hauptzielgruppe der neuen Konsum-, Freizeit- und Massengüterindustrie, weil sie dafür alle notwendigen Bedingungen mitbrachten: einen relativ hohen Bildungsgrad, ihre Konzentration in den Ballungsräumen, in denen in den 1920er-Jahren ein Drittel der deutschen Bevölkerung lebte, und ihre offene Haltung zur kulturellen und gesellschaftlichen Moderne, die sich von derjenigen des eher konservativen „Handlungsgehilfen" deutlich unterschied.

Angestelltenkultur

Mit der Gesellschaft und ihrem ökonomischen Unterbau, ihrer politischen Organisation und ihren technischen Ausstattungen wandelte sich auch die Kultur: Massenpresse, Magazine, Illustrierte, Kino, Radio, aber auch der Buchmarkt veränderten die kulturellen Konsumgewohnheiten der Zeitgenossen. Das Buch wurde zu einem Massenprodukt. Der Erfolg der Volksausgabe von Thomas Manns *Buddenbrooks*, die 1929 erschien und binnen Jahresfrist die ungeheure

Neue Medien

Auflage von 1 Million Exemplaren überschritt, bestürzte die Intellektuellen und Feuilletonisten und führte zu intensiven Diskussionen um die Krise des Buches (→ KAPITEL 2.1). Aus dem Kulturgut wurde ein Konsumgut – das passte nicht ins Selbstverständnis der Autoren und weiter Teile des Literaturbetriebs.

Die Zentren: Berlin und Wien

Die gesellschaftliche und kulturelle Modernisierung wertete die Metropolen, vor allem Berlin und Wien, drastisch auf und machte sie zu den wichtigsten kulturellen Zentren im deutschsprachigen Raum. Die Massenmedien und Presseagenturen, die wichtigsten Theater und Verlage waren hier beheimatet, die großen Events fanden hier statt, Trends wurden hier kreiert und durchgesetzt (→ KAPITEL 11).

Marginalisierung der Provinz

Frühere Zentren wie München, Provinzstädte wie Düsseldorf oder Stuttgart wurden marginalisiert, die kulturelle Dominanz von Berlin und Wien war überwältigend. Nationalkonservative Publizisten wie Wilhelm Stapel motivierte das dazu, zum „Aufstand der Provinz gegen die Metropolen" aufzurufen (→ KAPITEL 12.2). Die völkischen Gruppierungen, unter denen die NSDAP anfangs nur eine unter vielen war, wehrten sich gleichfalls gegen diesen Strukturwandel, indem sie dem ‚Sündenbabel Berlin' die Bodenständigkeit ländlicher Lebensformen entgegensetzten. Sie behaupteten zudem den Vorrang einer biologischen Essenz (des Blutes und der Abstammung) vor der hektisch sich ändernden, unbeständigen und stets sich neu erfindenden Moderne.

Völkische und Nationalsozialisten

Die konservativen, völkischen und nationalistischen Positionen, die ewige Werte, elitäre Ordnungsmodelle und rassistische Haltungen propagierten, sind zweifelsohne als Reaktionen auf die Modernisierung der Gesellschaft und den Zerfall selbstverständlicher Ordnungsformen zu verstehen. Sie versprachen radikale und wirksame Gegenmaßnahmen: Ordnung, Sicherheit und Handlungsgewissheit. Die genealogische Ableitung von den ‚Ariern' diente dabei vor allem dazu, in einer Situation, in der alles ungewiss geworden war, einen zeitlosen und unzerstörbaren Kern zu behaupten, und den fand man in der germanischen Rasse. Dabei gab es auch Parteigänger der Nationalsozialisten, denen klar war, dass es sich hierbei um eine (zweifelhafte) intellektuelle Konstruktion handelte. So dekretierte Gottfried Benn, der für „knapp eineinhalb Jahre, von der Machtübernahme Adolf Hitlers am 30. Januar 1933 bis zum Röhm-Putsch am 30. Juni 1934 [...] auf Seiten der Nazis" stand (Emmerich 2006, S. 81), zwar in seiner *Antwort an die literarischen Emigranten* das „Auftreten eines neuen biologischen Typs", aber er fügte anschließend hinzu, dass

„die Geschichte" mutiere und sich „ein Volk [...] züchten" wolle (Benn 1986-2003, Bd. IV, S. 27). In den Augen Benns war damit die rassische Vorrangigkeit der Deutschen überhaupt erst zu schaffen und kein überkommenes Erbgut.

Der Erfolg dieser radikalen Strömungen ist vor dem Hintergrund erklärbar, dass alle Routinen und Gewissheiten, die vor 1914 noch Gültigkeit besessen hatten, im Lauf des frühen 20. Jahrhunderts funktions- und wirkungslos geworden waren. Der Krieg, der eben auch einen extremen Modernisierungsschub mit sich gebracht hatte, hatte diese Entwicklung noch verschärft. Die alten Familien- und Sozialstrukturen wurden zerschlagen. Das feste Repertoire von Rollenmodellen, das die bürgerliche Kultur im 19. Jahrhundert entwickelt hatte, funktionierte nach dem Krieg nicht mehr. Das Subjekt musste sich selbst definieren, und seine gesamte Umwelt gleich mit.

In der Fokussierung von Welt auf den Einzelnen, die daraus folgt, liegt aber eine Überspitzung, die Bertolt Brecht 1920 in einer seiner Notizen deutlich zum Ausdruck gebracht hat: *Fokussierung auf das Individuum*

„Wiewohl ich erst 22 Jahre zähle, aufgewachsen in der kleinen Stadt Augsburg am Lech, und nur wenig von der Erde gesehen habe, außer den Wiesen um diese Stadt mit Bäumen und einige andere Städte, aber nicht lang, trage ich den Wunsch, die Welt vollkommen überliefert zu bekommen. Ich wünsche alle Dinge *mir* ausgehändigt, sowie Gewalt über die Tiere, und ich begründe meine Forderung damit, daß ich nur *ein*mal vorhanden bin." (Brecht 1988-97, Bd. 26, S. 118)

Diese Bemerkung ist kein Ausdruck des übertriebenen Selbstbewusstseins schon des jungen Brecht, sondern das Produkt des literarischen Verfahrens, das Brecht bereits früh perfektionierte: Verhältnisse und Denkformen durchzuexerzieren und auf den Punkt zu bringen. In diesem Fall zeigt er die Konsequenz der neuen Haltung, die den Einzelnen abverlangt wird: Das Individuum will das Kommando übernehmen, weil es von seiner Endlichkeit weiß. Es will, dass es im Mittelpunkt der Welt steht und alles auf diesen Mittelpunkt ausgerichtet ist. In seinem frühen Stück *Baal* (1919/22/26) wird Brecht diesen absoluten Anspruch des Einzelnen dramatisieren. Aber das Individuum wird damit nur bedingt erfolgreich sein, mehr noch, es wird sich in der Regel damit abfinden müssen, dass sein Handeln wirkungslos verpufft. *Das Exempel Brecht*

1.3 Die Krisenjahre der Klassischen Moderne

Dem Absolutheitsanspruch des Individuums steht das dringende Bedürfnis der modernen Menschen nach Orientierung, nach Sicherheit und nach Kompensation gegenüber. Eine Generation, die noch in geordneten und klaren Verhältnissen aufgewachsen war, musste nun binnen weniger Jahre lernen, sich in völlig ungesicherten Bedingungen zu orientieren, in denen Ordnungsmodelle frei verfügbar waren und kaum anders als andere Konsumgüter angeboten wurden und ausgewählt werden mussten. Diese Notwendigkeit aber stürzte die Menschen in tiefste Orientierungslosigkeit, politisch, lebensweltlich und emotional. Das Leben wurde „provisorisch" (Lethen 1994, S. 7). Selbst wenn sich zwischenzeitlich die Mehrzahl mit den neuen, offenen Verhältnissen arrangierte, wurden die Angebote der extremen politischen Parteien, aus diesem Zustand herauszuführen, spätestens dann verführerisch, als sich die wirtschaftliche Situation ab 1929 im Zuge der Weltwirtschaftskrise rasant verschlechterte.

Die Literatur zeigte sehr direkt die Orientierungsbemühungen der Individuen, zeigte ihre Erfolge und Fehlschläge: Erich Kästners Fabian (*Fabian*, 1931) beobachtet irritiert seine Umgebung und geht, handlungsunfähig und überfordert von der Situation, schließlich zugrunde. Robert Musil legte den Helden seines späten großen Romans bereits eigenschaftslos an (*Der Mann ohne Eigenschaften*, 1930/33/43).

Anders als in den Texten der Autoren, die sich zur Republik wenn auch kritisch bekannten, agierten in den Texten der politischen Extreme die Helden so, als ob sie für alle Probleme die richtige Lösung hätten: Der spätere NS-Propagandaminister Joseph Goebbels versprach im Juli 1932, Deutschland „wieder einen Daseinszweck und einen Lebenssinn" zu verleihen (Goebbels 1971, S. 49). Die „nationale Revolution" 1933 wurde von den Nationalsozialisten auch als Kulturrevolution und als effektive Bewältigung der Probleme der Massengesellschaft verstanden. Die KPD ihrerseits hatte nicht nur politische Ziele, sondern avisierte gleichfalls die völlige Umwälzung der Gesellschaft, mit allen, auch kulturellen Konsequenzen.

Aus dieser komplexen Situation heraus entstanden zahlreiche Konflikte: um die politische Macht, um die kulturelle Vorherrschaft, um die korrekte Interpretation der deutschen Geschichte, Gegenwart und Zukunft, um die lebensweltliche Hegemonie, um Rollenmodelle, um das richtige oder falsche Leben und Handeln. Publizistisch durchzogen diese Fragen die gesamten Jahre zwischen 1918 und 1933/34. Bürgerkriegsähnliche Zustände prägten die Jahre 1918 bis 1923 und seit dem

Börsencrash 1929: Die Novemberrevolution 1918, die Münchener Räterepublik, der Kapp-Putsch 1920, die marodierenden Freikorps, der Hitler-Putsch 1923, die Hyperinflation 1923 bestimmten die Anfangsjahre der Republik. Die Straßenkämpfe zwischen Nationalsozialisten, Kommunisten und Polizei, die Präsidialregime seit 1930 und die Massenarbeitslosigkeit kennzeichneten die Jahre vor der Machtübernahme durch die Nationalsozialisten. Selbst die wenigen stabilen Jahre zwischen 1923 und 1929 waren ereignisreich.

Die aufregenden Neuerungen der Jahre nach dem Krieg standen den politischen und wirtschaftlichen Extremen nahezu ungebrochen gegenüber. „Weimar", so der Historiker Detlev J. K. Peukert, „spielte uns in kurzer Zeit und in rasantem Tempo die faszinierenden und fatalen Möglichkeiten einer modernen Welt durch." (Peukert 1987, S. 10f.) In diesen Jahren, so Peukert, habe sich die „klassische Moderne" auf breiter Front durchgesetzt, sie habe ihre Widersprüche entfaltet und sei zugleich in ihre tiefste Krise gestürzt.

Durchsetzung und Krise der Moderne

Das spiegelte sich im Bewusstsein der Zeitgenossen, die auf der einen Seite die neuen Freiheiten genossen und ihre Grenzen auszuloten begannen: Die schnelle Entwicklung der Vergnügungskultur der 1920er-Jahre, die Offenheit, in der Geschlechterrollen neu definiert wurden, die Dynamik, mit der sich das alltägliche Leben veränderte sind dafür kennzeichnend. Dem gegenüber standen auf der anderen Seite Lebensangst, Unsicherheit und Orientierungslosigkeit, die vielleicht vollmundig übertönt werden konnten, aber die Anfälligkeit für totalitäre Modelle verstärkten. Nicht zuletzt die hohe Selbstmordrate in Deutschland (260 Selbstmorde im Jahr 1932 auf 1 Million Menschen, gegenüber 85 in Großbritannien, 133 in den USA, 155 in Frankreich) weist auf die Krisenhaftigkeit gerade der deutschen Entwicklung dieser Jahre hin (vgl. Peukert 1987, S. 271).

Krisenbewusstsein der Zeitgenossen

Der zwiespältige Eindruck, den diese Jahre hinterlassen, wird durch die Berufung Adolf Hitlers zum Reichskanzler am 30. Januar 1933 und durch die Etablierung der nationalsozialistischen Herrschaft bestimmt. Aus dem Wissen um die Jahre 1933 bis 1945 erhält die Entwicklung der Weimarer Republik, aber auch der österreichischen Republik, die sich 1934 einem Ständestaatsmodell verschrieb und 1938 in das Deutsche Reich integriert wurde, ein klares Gefälle. Jedes Ereignis, jedes Phänomen, ja auch jeder literarische Text wird deshalb notwendig mit der Frage konfrontiert, warum der Nationalsozialismus nicht verhindert worden ist. Die Bewertung der Weimarer Republik wird entsprechend vom Erfolg des Nationalsozialismus bestimmt:

Gefälle zum Nationalsozialismus ...

„Die Frage nach der Eigenart, den Tendenzen, Aporien, den Leistungen und Begrenztheiten der Weimarer Republik speist ihre Energie gewöhnlich aus der Neugier nach den Entstehungsbedingungen und -möglichkeiten des Nationalsozialismus" (Bormann 1983, S. 10).

... oder produktive kulturelle Phase?

Im kulturellen und insbesondere im literarischen Leben jedoch sind diese anderthalb Jahrzehnte keine Krisenjahre, sondern eine höchst produktive Phase: Autoren wie Bertolt Brecht, Gottfried Benn, Heinrich, Thomas, Klaus und Erika Mann, Vicki Baum, Anna Seghers, Marieluise Fleißer, Alfred Döblin, Karl Kraus, Joseph Roth, Robert Musil, Carl Zuckmayer oder Lion Feuchtwanger sind mit dieser Zeit verbunden. Die deutschsprachige Literatur reiht sich mit einer Reihe von Werken in die erste Garde der internationalen Klassischen Moderne ein: mit Franz Kafkas Prosa, Heinrich Manns *Der Untertan* (1918), mit Thomas Manns *Zauberberg* (1924), mit Alfred Döblins *Berlin Alexanderplatz* (1929), mit Robert Musils *Mann ohne Eigenschaften* (1930/33/43), mit Erich Maria Remarques *Im Westen nichts Neues* (1929) oder auch mit Ricarda Huchs *Der Große Krieg in Deutschland* (1920). Mit dem Dadaismus in Berlin, Köln und Hannover war die deutsche Literatur und Kunst maßgeblich an einer der wichtigsten Avantgarden des frühen 20. Jahrhunderts beteiligt (vgl. Fähnders 1998; → KAPITEL 4).

Reaktion, Interpretation, Imagination

All diese Texte sind allerdings nicht nur hochartifiziell, sie sind zugleich Ausdruck der intensiven Auseinandersetzung ihrer Autoren mit ihrer Zeit: Thomas Mann erzog seinen Protagonisten Hans Castorp zum Vernunftrepublikaner (*Der Zauberberg*, 1924; → KAPITEL 13.1, 14.3). Alfred Döblin richtete seinen Franz Biberkopf mithilfe einer böswilligen Umwelt zu (*Berlin Alexanderplatz*, 1929; → KAPITEL 13.1). Der Prager Franz Kafka unterwarf seine Figuren mythischen Zwangsverhältnissen, die sie weder wirklich erkennen noch denen sie entgehen können (etwa in *Der Process*, 1925; → KAPITEL 13.4). Vicki Baum (*stud. chem. Helene Willfüer*, 1928), Irmgard Keun (*Gilgi – eine von uns*, 1931; *Das kunstseidene Mädchen*, 1932) und Marieluise Fleißer (*Mehlreisende Frieda Geier*, 1931) entwarfen Varianten weiblicher Biografien im Emanzipationsprozess (→ KAPITEL 8.3). All diese Autorinnen und Autoren reagierten auf die neuen Problemlagen und entwarfen in ihren Texten kritische Szenarien, Interpretationsvorschläge oder Lösungsmodelle.

Vernunftrepublikaner

Der Begriff des ‚Vernunftrepublikaners' zeigt dabei die Mühen an, die auch die Befürworter der Republik mit dem neuen Staatssystem hatten: In seiner 1922 zu Ehren Gerhart Hauptmanns gehaltenen Rede *Von deutscher Republik* hatte Thomas Mann, der sich noch 1918 in den *Betrachtungen eines Unpolitischen* von allem fernhalten wollte, was mittelmäßig, demokratisch und der Massengesellschaft verhaftet schien, die Republik zum logischen Resultat der Geschichte gemacht, das man akzeptieren müsse:

„Die Republik ist ein Schicksal, und zwar eines, zu dem ‚amor fati' das einzig richtige Verhalten ist. Das ist kein zu feierliches Wort für die Sache, denn es handelt sich um keine Kleinigkeit von Schicksal: die sogenannte Freiheit ist kein Spaß und Vergnügen, nicht das ist es, was ich behaupte: Ihr anderer Name lautet Verantwortlichkeit." (Th. Mann 1990, Bd. XI, S. 822; → KAPITEL 14)

<small>Schicksal Republik</small>

Das erregte Aufsehen und Unruhe im Publikum, das im Redner Thomas Mann wohl noch einen Repräsentanten der nationalkonservativen Republikgegner gesehen hatte. Zweifelsohne war die Republik auch für ihre Fürsprecher kein Idealzustand, aber sich zu ihr zu bekennen war vernünftig. Dass sie sich schließlich mit dieser Vernunftentscheidung nicht durchsetzen konnten, ist jedoch nicht den angeblichen Fehlern der Republik (etwa der ungenügenden Sozialisierung nach 1918), sondern den Bedingungen geschuldet, unter denen sie zustande kam, wie der Historiker Peukert immer wieder betont hat, und der skeptischen Haltung ihrer Eliten.

Die in Sachen Demokratie, Freiheit und Selbstverantwortung so ungeübte erste deutsche Republik sei nach einem verlorenen Krieg, der einen ungeheuren materiellen und menschlichen Aderlass bedeutet habe, angesichts der exorbitanten wirtschaftlichen und politischen Probleme, der kaum bewältigbaren lebensweltlichen Modernisierungsschübe und unter den aggressiven Attacken von Seiten der politischen Extreme gescheitert (vgl. Peukert 1987, S. 266–272). Ob sie überhaupt eine Erfolgschance hatte, wird man demnach skeptisch beurteilen müssen. Lehrreich waren diese Jahre in jedem Fall.

<small>Erfolgschance der Weimarer Republik</small>

Fragen und Anregungen

- Beschreiben Sie die Kernelemente der Modernisierung in den 1920er-Jahren.

- Diskutieren Sie einige Gründe, weshalb die beiden Demokratien in Deutschland und Österreich gescheitert sind.

- Welche gesellschaftlichen und kulturellen Leistungen sind in den 1920er-Jahren erbracht worden?

- Welche Bewältigungskonzepte lassen sich in der Gesellschaft und Kultur der 1920er-Jahre erkennen?

Lektüreempfehlungen

Quellen
- **Anton Kaes (Hg.): Weimarer Republik. Manifeste und Dokumente zur deutschen Literatur 1918–1933.** Mit einer Einleitung und Kommentaren, Stuttgart 1983. *Umfassende Sammlung von Dokumenten zur Literatur- und Kulturgeschichte der Zeit.*
- **Stephan Reinhardt (Hg.): Die Schriftsteller und die Weimarer Republik. Ein Lesebuch,** Berlin 1982, 2. Auflage 1992. *Zusammenstellung von Essays, Reden, Artikeln und literarischen Texten aus der Zeit zwischen 1918 und 1933.*

Forschung
- **Zygmunt Bauman: Flüchtige Moderne.** Aus dem Englischen von Reinhard Kreissl, Frankfurt a. M. 2003. *Griffige Zusammenfassung der soziologischen Diskussion zur Moderne.*
- **Walter Delabar: Was tun? Romane am Ende der Weimarer Republik,** Wiesbaden 1999, 2. Auflage Berlin 2004. *Literarische Texte werden als Versuche aufgefasst, mit der stetigen Veränderung von Gesellschaft fertig zu werden und haltbare Verhaltensparadigmen zu entwickeln.*
- **Walter Fähnders: Avantgarde und Moderne 1890–1933,** Stuttgart/Weimar 1998. *Höchst informativer Durchgang durch die literarischen Strömungen der Moderne zwischen 1890 und 1933.*
- **Detlev J. K. Peukert: Die Weimarer Republik. Krisenjahre der klassischen Moderne,** Frankfurt a. M. 1987. *Knapper Durchgang durch die Geschichte der Weimarer Republik, der sie unter der Perspektive der Krisenerfahrung beschreibt.*
- **Hagen Schulze: Weimar. Deutschland 1917–1933,** Berlin 1998. *Geschichte der Weimarer Republik, die die Leistung der SPD betont, die Zivilgesellschaft in Deutschland überhaupt ermöglicht zu haben.*
- **Bernhard Weyergraf (Hg.): Literatur in der Weimarer Republik 1918–1933,** München 1995. *Jüngster Versuch einer umfassenden Darstellung der Literaturgeschichte der Jahre 1918 bis 1933, teilweise deskriptiv und lexikalisch gehaltene, teilweise auch innovative Beiträge.*

2 Die Modernisierung des Literaturbetriebs

Abbildung 2: John Heartfield: Umschlag zu Kurt Tucholsky, *Deutschland, Deutschland über alles* (1929)

Das Bild eines reichsdeutschen Bürgers in Zylinder, Stehkragen und Frack, am Hals das Eiserne Kreuz, im Gesicht die alte Reichsflagge, Schwarz-Weiß-Rot, die Augen halb verbunden, eins davon in der neuen Flagge, Schwarz-Rot-Gold. Aus dem geöffneten Mund, der einem schwarzen Loch ähnelt und den ein großer, struppiger Schnauzer ziert, quellen die ersten Zeilen der Nationalhymne „Deutschland, Deutschland über alles", selbstverständlich, wie es sich für einen nationalen Sänger ziemt, in Fraktur gesetzt, die Buchstaben auch hier wieder alternierend in den alten Reichsfarben Schwarz-Weiß-Rot gesetzt. Das Ganze auf orangenem Fond gedruckt. „Deutschland, Deutschland über alles" von Kurt Tucholsky, 1929 im kommunistischen „Neuen Deutschen Verlag" erschienen, ist eine scharfe Satire über die Deutschen, John Heartfields Umschlagcollage verstärkt diese Wirkung. Die Aussage der Collage ist klar: Der nationale Deutsche wird diskreditiert. Auf der Rückseite des Buches werden die Instrumente präsentiert, die das nationale Deutschland zusammenhalten: Polizeiknüppel und Säbel.

Heartfields Umschlaggestaltung ist nicht nur ein politisches Statement, sondern zeigt auch die Weiterentwicklung der Buchgestaltung und des Buchmarketings an. Die Zahl der Neuerscheinungen erreichte Mitte der 1920er-Jahre das Vorkriegsniveau, und das obwohl die Literatur in heftige Konkurrenz mit anderen, neuen Medien geriet: mit dem Radio, der Zeitung, der Illustrierten, dem Film. In dieser Medienkonkurrenz mussten (und müssen bis heute) Bücher verstärkt für sich selbst werben. Dabei spielt der Umschlag (neben der persönlichen Empfehlung) bis heute die zentrale Rolle. Er ist mitentscheidend bei der Wahl eines Titels, vor allem beim spontanen Kauf. In den 1920er-Jahren wurden die Umschläge farbig und verspielt, sie wurden zur Spielfläche der Buchausstatter – immer unter der Vorgabe, dass dieses Spiel dem Verkauf des Buches diente, auch dann, wenn es wie in diesem Fall eine politische Botschaft trug. Im Übrigen sehr erfolgreich: Kurt Tucholskys *Deutschland, Deutschland über alles* verkaufte sich binnen Jahresfrist 50 000 Mal. Andere Bücher erzielten noch weit höhere Verkaufserfolge, an denen sich exemplarisch zeigen lässt, wie stark sich nicht nur das Buchmarketing, sondern der gesamte Literaturbetrieb und die Einstellung zum Kulturgut Buch änderten.

2.1 **Erfolgsbücher 1929 – Zwei Fallberichte**
2.2 **Umbau des Literaturbetriebs**
2.3 **Demokratisierung des Buches**

2.1 Erfolgsbücher 1929 – Zwei Fallberichte

Was ist das wohl bestverkaufte Buch der Weimarer Republik? Ein Buch über den Ersten Weltkrieg: Erich Maria Remarques *Im Westen nichts Neues*. Im Januar 1929 erschien der Roman bei einem der größten Buch- und Pressekonzerne der Weimarer Republik: beim Propyläenverlag des Ullsteinkonzerns, der mit der umfassenden Bebauung Koch-/Charlottenstraße das alte Berliner Presseviertel dominierte. Remarque, bis dahin Sportjournalist beim Ullstein-Konkurrenten Hugenberg, erreichte mit seinem Werk innerhalb eines Jahres, bis Ende 1929 eine Auflage von beinahe einer Million, genauer: 930 000 Exemplaren. Der Roman wurde ein in dieser Dimension nicht vorhersehbarer Erfolg, nicht nur was seine deutsche Auflage angeht, sondern auch bei den Nebenrechten. Er wurde in 45 Sprachen übersetzt und bereits im Jahr nach seinem Erscheinen verfilmt – einer der Erfolgsfilme Hollywoods 1930, in Deutschland allerdings mit widersprüchlichem Echo aufgenommen, bis hin zum Aufführungsverbot, das die Nationalsozialisten provozierten (vgl. Schrader 1992). Alle Übersetzungen, die zumeist bis Ende 1929 erschienen waren, erreichten Auflagen von mindestens 10 000 Exemplaren, die französische, englische und amerikanische Ausgabe sogar jeweils um 300 000 Exemplare. *Im Westen nicht Neues* war einer der wenigen deutschen Bucherfolge in den USA, die bis heute für deutsche Bücher kaum zugänglich sind. Der nächste deutsche Bestseller würde erst Anna Seghers mit *Das siebte Kreuz* (*The Seventh Cross*, 1942) gelingen. Mit anderen Worten: *Im Westen nichts Neues* – Remarques Roman über die Kriegserlebnisse eines Frontsoldaten im Ersten Weltkrieg (→ KAPITEL 3.2) – war ein buchhändlerischer Riesenerfolg.

Der Verkaufserfolg der Weimarer Republik ...

... ein Welterfolg

In den Markt gedrückt wurde der Roman mit einer bis dahin unbekannten Vermarktungsoffensive. Ullstein entfachte um das Buch eine Werbe- und Pressekampagne, die alles bis dahin Bekannte in den Schatten stellte. Dem Buchdruck voran ging im November und Dezember 1928 ein Vorabdruck im Traditionsblatt Berlins, der *Vossischen Zeitung*, was dem Buch wie der Zeitung nutzte, die ihre Auflage deutlich steigern konnte. Der Vorabdruck war in der Zeitung lesenden Gesellschaft der Weimarer Republik zu einer der wichtigsten Maßnahmen geworden, um Publikumsreaktionen zu prüfen und belastbare Hinweise auf den späteren Absatz des Buches zu erhalten. Ullstein tat aber mehr als das Normale. Der gesamte mediale Apparat, der dem Verlagshaus zur Verfügung stand, wurde für die Vermarktung des Romans eingesetzt. Broschüren, Anzeigen, Hinter-

Werbe- und Pressekampagne

grundberichte, Zeitschriften und Zeitungen – alle Instrumente und Medien des Verlags bildeten einen Marketingverbund, mit dem Ziel, dieses Buch zum Erfolg zu machen.

Die wichtigste Werbebotschaft war dabei der Autor selbst, d. h. die Authentizität dessen, was er in seinem Buch beschrieb. Das wusste der Verlag, und deshalb wurden Werbetexte lanciert, die die Echtheit dessen betonten, was der Roman schilderte, z. b. dieser:

Werbebotschaft Authentizität

„Als sich im Herbst 1927 die verschütteten Eindrücke seiner Frontzeit ungestüm meldeten, schrieb sie sich Remarque in wenigen Wochen von der Seele. Nur um sich von ihnen zu befreien, hatte er seine Kriegserlebnisse gestaltet, und so wanderte das Manuskript für einige Wochen in den Schreibtisch. Dort läge es noch heute ungekannt, wenn nicht Freunde dringend und immer dringender seine Veröffentlichung gefordert hätten." (Schrader 1992, S. 9)

Die Leser wollten und sollten sich in dem, was sie lasen, und in der Person, die das geschrieben hatte, wiedererkennen. Sie würden das nicht tun – das war den Werbestrategen in Berlin klar (oder wenigstens richteten sie sich nach dieser Erkenntnis) –, wenn das Buch als das auftrat, was es tatsächlich war: als eine Fiktion, eine Projektion dessen, wie es hätte gewesen sein können. Die Kunst Remarques bestand gerade darin, den Krieg und die Menschen in ihm wirklichkeitsgetreu zu schildern, obwohl er die Ereignisse, die er schilderte, nicht selbst erlebt hatte. Um den Roman am Ende der 1920er-Jahre wirken lassen zu können, musste er jedoch als Bericht eines Kriegsteilnehmers auftreten, der persönlich für die Echtheit des Geschilderten einstehen konnte. Zu umstritten war der Krieg in der Kultur der Weimarer Republik und zu sehr wurde er von den verschiedenen politischen Parteien für sich und ihre jeweilige Position in Anspruch genommen, als dass jemand, der ‚alles nur erfunden' hatte, hätte Erfolg haben können.

Authentizität und Fiktion

Außerdem durfte der Text sich politisch nicht klar positionieren, um erfolgreich zu sein, sondern musste offen sein für möglichst viele Haltungen zum Kriegserlebnis. Und auch wenn Remarques Roman heute als pazifistischer Text gelesen wird, lässt er auch andere Lesarten zu. Damit aber war *Im Westen nichts Neues* das beeindruckende Exempel für das „geglückte[ ] soziologische[ ] Experiment" des Bestsellers, so der Publizist Siegfried Kracauer in seiner Besprechung des Romans. In Fällen wie diesen sei „wieder einmal eine Mischung von Elementen gelungen, die dem Geschmack der anonymen Lesermassen entspricht." (Kracauer 1963, S. 67) Dieser ‚Publikumsgeschmack' set-

Textoffenheit als Erfolgskriterium

ze, so Kracauer, eins voraus: inhaltliche „Indifferenz". Weder für noch gegen den Krieg zu sein, sei die Bedingung für den Erfolg Remarques gewesen.

„[Bücher wie dieses] möchten auf jede erdenkliche Weise die Konfrontation abgetakelter Ideale mit der gegenwärtigen sozialen Wirklichkeit vermeiden und entziehen sich dieser Gegenüberstellung durch die Flucht nach allen Himmelsgegenden und Schlupfwinkeln." (Kracauer 1963, S. 74)

Diese Diskussionen und Strategien sind nicht nur für die Bewertung der sogenannten Kriegsromane bedeutend, sie sind zudem Erscheinungen in einem Kultur- und Medienbetrieb, die fünfzig Jahre zuvor undenkbar gewesen wären. Kaum etwas an diesem Fall Remarque war *nicht* neu: der Autor und seine Präsentation, das Buch, seine Gestaltung, seine Wahrnehmung, die Vermarktung und die Gegenkampagne, mit der das Buch zum politischen Skandal gemacht wurde. Neu war aber vor allem, mit welchen Medien und Mitteln Remarques Buch im Markt durchgesetzt wurde. Der Erfolg von *Im Westen nichts Neues* war auf ein Bedürfnis bei den Lesern der Weimarer Republik zurückzuführen, aber er war auch ein gemachter Erfolg, das Resultat einer intelligenten und wirksamen Kampagne.

Marketingexperiment Remarque

Remarques Bestseller und Marketingerfolg war jedoch kein Einzelfall des Jahres 1929. Wohl zu Beginn des Jahres machte Adalbert Droemer vom Verlag Th. Knaur Thomas Mann, der bereits seit 1927 für Knaur die Reihe „Romane der Welt" herausgab (vgl. Kaes 1983, S. 287–291), das Angebot, seinen Erstling *Buddenbrooks* (1901) in einer Billigausgabe zu veröffentlichen (vgl. S. Fischer Verlag 1986; Wittmann 1991). Statt der regulären S. Fischer Ausgabe, die 17 Reichsmark kostete, sollte das Buch in der Sonderausgabe für nur noch 2,85 Reichsmark über den Ladentisch gehen, was dem Preis für erfolgreiche Unterhaltungsromane in Großauflagen, konkret aber dem Einzelverkaufspreis der „Romane der Welt" entsprach. Zudem wollte Droemer das Buch in einer Auflage von einer Million Exemplaren drucken. Dafür sollte Mann ein Voraushonorar von 100 000 RM erhalten – ein Honorar, das dem Schriftsteller gut zupass kam, da er sich kurz vorher ein Grundstück gekauft hatte, auf dem er bauen wollte.

Die Volksausgabe der *Buddenbrooks*

Dieses Angebot kam überraschend, war das Buch doch schon beinahe dreißig Jahre alt. Zwar hatte es sich recht gut verkauft und hielt sich, trotz des hohen Preises, bei einem Umfang von über 700 Seiten mit ca. 6 000 Exemplaren jährlich als Steadyseller im deutschen Buchhandel. Außerdem waren 1928 etwa 10 000 Exemplare

Buddenbrooks als Steadyseller

der gesammelten Erzählungen Manns gedruckt worden, zu denen auch die *Buddenbrooks* gehörten. Insgesamt waren 1929 etwa 185 000 Exemplare des Buches bereits verkauft. Die *Buddenbrooks* waren insofern ein erfolgreiches Buch. Gerade deswegen schien eine solche Auflage ziemlich gewagt.

Thomas Mann reizte das Angebot, aber er wollte – was das eigene Buch anging – nicht so recht von seinem Hausverlag S. Fischer lassen und der Verlag wollte das Buch seinerseits nicht freigeben (vgl. Heine/Schommer 2004, S. 204). Der notwendige Schritt war für den alten Kulturverleger Samuel Fischer zu groß. Sein Schwiegersohn, Gottfried Bermann-Fischer, aber wollte das Projekt wagen und die Volksausgabe nicht an Knaur geben, sondern selbst realisieren. Dies sei der einzige Streit zwischen ihm und seinem Schwiegervater gewesen, den es je gegeben habe, hat Bermann-Fischer später berichtet (vgl. S. Fischer Verlag 1986, S. 368). Aber er setzte sich gegen den energischen Widerstand Samuel Fischers durch.

Knaur oder S. Fischer?

Freilich war das Projekt für den Verlag immer noch riskant. Zwar hatte sich S. Fischer organisatorisch auf größere Auflagen vorbereitet, um das Projekt *Buddenbrooks* wirtschaftlich zu betreiben, musste sich der Verlag aber im Markt neu positionieren. Wenn das von Droemer gebotene und von Mann nun geforderte Honorar innerhalb kurzer Zeit möglich sein sollte, dann nur über den Buchpreis und über eine deutlich höhere Auflage. Die Lesefähigkeit lag zwar in den 1920er-Jahren bei weit über 90 Prozent der Bevölkerung. Fähig und bereit, größere, zusammenhängende Texte oder sogar „schöne" Literatur zu lesen, waren aber nur etwa zwei Drittel der erwachsenen Bevölkerung (vgl. Wittmann 1991, S. 296). Entscheidend für die Erfolgsaussichten eines Kulturbuchs war jedoch die materielle Ausstattung der Bevölkerung. Der durchschnittliche Nettomonatsverdienst lag im Jahr 1925 (im Vergleich zur Kaufkraft von 1990) bei nicht einmal 300 Euro. 1928 lagen 58 Prozent der Einkommensbezieher, also 18 Millionen Menschen, auf der untersten Einkommensstufe von bis zu 1 200 Reichsmark jährlich. Über 90 Prozent der Einkommen lagen auch 1928 noch bei weniger als 3 000 Mark pro Jahr (vgl. Wittmann 1991, S. 323). Bei solch knappen Ressourcen blieb nur wenig Geld für Bücher übrig, auch wenn sie – als Bildungsgut und damit Eintrittskarte für den sozialen Aufstieg – eine hohe Attraktivität besaßen.

Zielgruppenanalyse

Wenn der Kulturverlag S. Fischer die zweifellos breite Leserschicht gewinnen wollte, die von der Kolportage, von den Heftchen-Romanen, von den Leihbibliotheken und von den Zeitungen bedient wurde, dann mussten die Bücher deutlich billiger sein als bisher. Die von Droemer gesetzten 2,85 RM waren das Preisziel, konnten aber nur über eine sehr hohe Auflage realisiert werden, die in kurzer Zeit verkauft werden musste, damit die Stückkosten (zusammengesetzt aus Druck-, Papier-, Lager-, Verwaltungs- und Distributionskosten) radikal gesenkt werden konnten.

Bermann-Fischer finanzierte Manns Honorar in seiner ursprünglichen Kalkulation jedenfalls nicht aus der später erreichten Zielauflage von 1 Million Exemplaren, sondern aus einer sehr viel kleineren, aus der Mann 40 000 RM an Honoraren zufließen sollten; aus einer Lizenz, die die Deutsche Buchgemeinschaft genommen hatte, finanzierte Bermann-Fischer weitere 60 000 RM, anscheinend unter Verzicht auf die Verlagsanteile an dem Geschäft. Weitere 25 000 RM sicherte der Verlag Mann zudem durch eine weitere Lizenz an einem Novellenband für die Deutsche Buchgemeinschaft. Bermann-Fischer verbesserte also das Angebot Droemers noch etwas (vgl. S. Fischer Verlag 1986, S. 370).

Organisatorische und kalkulatorische Risikominderung

So abgesichert brachte der S. Fischer Verlag die „Volksausgabe" der *Buddenbrooks* in einer Startauflage von 100 000 am 9. November 1929 auf den Markt. Rechtzeitig genug, denn nur wenige Tage später, am 12. November erhielt Mann den Literaturnobelpreis, für den er bereits seit längerem gehandelt worden war, für die *Buddenbrooks*. Der niedrige Preis, die hohe Ehrung des Autors für dieses Buch und das Weihnachtsgeschäft (trotz oder gerade wegen der Wirtschaftskrise, man darf sie nicht vergessen) sicherten der *Buddenbrooks*-Volksausgabe den Erfolg. Bis zum Ende des Jahres, also innerhalb von nicht einmal zwei Monaten, stieg die Auflage auf 700 000 Exemplare, bis zum August 1930 auf 900 000, bis November 1932 dann auf 980 000 bei einer Gesamtauflage von 1,165 Millionen Exemplaren.

Volksausgabe und Literaturnobelpreis

2.2 Umbau des Literaturbetriebs

Nie zuvor waren Bücher jenseits der Unterhaltungskultur so schnell und so erfolgreich gewesen wie Remarques Kriegsroman und Manns Unternehmer- und Familiengeschichte. Nie hatte der Buchhandel mitsamt dem dazugehörigen Apparat vom Satz über den Druck bis zur Distribution eine solch aufwendige logistische Aufgabe bewältigen müssen wie für diese beiden Bücher. Die verlegerischen wie technischen Voraussetzungen für diese beiden Erfolge wurden jedoch be-

Buch und Buchmarkt

reits im 19. Jahrhundert entwickelt und etabliert: Druck- und Satzverfahren, geeignete Papiere, die in ausreichendem Umfang und rasch verfügbar waren, Verlage und Verlagsstrukturen, der Aufstieg des Zwischenbuchhandels, Werbe- und Marketing-Ansätze, ein funktionierendes Mediensystem mit Zeitungen und Zeitschriften als Multiplikatoren, Autoren, die nicht zuletzt für eine große lesende Öffentlichkeit schrieben und die zugleich alle Geschmäcker und alle Richtungen bedienen konnten. Diese Entwicklung reichte weit zurück, aber erreichte mit den beiden 1929 erschienenen Werken einen ersten Höhepunkt. Mit anderen Worten: Der Literaturbetrieb modernisierte sich, betriebswirtschaftliche Aspekte rückten in den Vordergrund, die Bedeutung des Marketings stieg. Das Buch selbst veränderte seinen Charakter, es war eben nicht mehr ‚nur' Bildungsgut, sondern ‚auch' ein Unterhaltungsfaktor neben anderen Möglichkeiten, sich angenehm und anregend unterhalten zu lassen, und es war eine Ware, die konzipiert, hergestellt und vermarktet werden musste.

Medientechnische Voraussetzungen

Seit Mitte der 19. Jahrhunderts wurde in der Papierherstellung Holzschliff, seit den späten 1870er-Jahren Zellstoff eingesetzt, die den bisherigen Rohstoff Lumpen ersetzten, schneller und in größeren Mengen zur Verfügung standen und aus technischen und preislichen Gründen bei der Herstellung von Zeitungspapier eingesetzt wurden (vgl. Kotte 1955; Bayerl/Pichol 1986). Industrielle Satz- und Druckmaschinen machten seit dem Ende des 19. Jahrhunderts die massenhafte Produktion von Zeitungen, Illustrierten und Büchern möglich, die Weiterentwicklung der Bindetechnik ermöglichte seit Beginn des 20. Jahrhunderts billige Pappeinbände, wie sie von den Verlagen Reclam, Insel oder Diederichs eingesetzt wurden:

Industrialisierung des Drucks

„Die Industrialisierung des Drucks [...] hatte gravierende gewerbliche und gesellschaftliche Folgen. Ob man ein Buch in zehntausend oder zwanzigtausend Exemplaren druckte, schlug in der Kalkulation nur noch gering an. Massenauflagen ließen die Preise sinken – oft genug auch die Druckqualität –, und sie ließen das Buch Gemeingut werden. Demokratisierung der Lektüre und Überproduktion von Druckwerken griffen ineinander. Zumal mit dem Aufkommen der ‚Endlosen' hatte die Produktion eine Eigendynamik entwickelt: Die unersättlichen Maschinen mußten pausenlos gefüttert werden." (Janzin/Güntner 1997, S. 321)

Dabei bilden sich die Veränderungen weniger in den statistischen Zahlen ab als vielmehr in den qualitativen Veränderungen des Literaturbetriebs. Die Umsätze im Buchhandel lagen 1930 zwar etwa 20 Prozent über den Umsätzen von 1913 (600 zu 500 Millionen

Quantitative...

Mark), aber Feuilleton und Buchhandel beklagten beständig die Krise des Buches. In der Tat war die Zahl der Verlage und Buchhandlungen im selben Zeitraum von rund 12 400 auf gut 9 100 zurück gegangen. Zudem hatten die Buchhandlungen seit der Jahrhundertwende mit einer immer stärker werdenden Konkurrenz aus Bahnhofs- und Kaufhausbuchhandlungen, Buchgemeinschaften, Schreibwarenläden, Leih- und Volksbüchereien zu kämpfen, die vor allem das breite Publikum mit billiger und unterhaltender Literatur ansprachen (vgl. Wittmann 1991, S. 290f.). Allein die Buchgemeinschaften organisierten um 1930 rund 1,5 Millionen Leser, die „großteils [aus] kleinen Beamten, kaufmännischen und anderen Angestellten und Facharbeitern" bestanden (Wittmann 1991, S. 306). Die dominierenden Pressehäuser der Weimarer Republik, Hugenberg und Ullstein, beschäftigten sich mit dem Buchgeschäft ausschließlich aus wirtschaftlichen Gründen, was sie von den „Kulturverlegern" Samuel Fischer und Eugen Diederichs, aber auch von Ernst Rowohlt und Kurt Wolff unterschied, die sich mit ihrem Verlagsprogramm persönlich identifizierten. Das war bei Ullstein und Hugenberg anders: Bücher mussten profitabel sein, wenn sie im Portfolio der Konzerne bestehen wollten. In der sich ändernden medialen Landschaft und den sich ändernden Lesegewohnheiten mussten die großen Verlage neue Techniken entwickeln, Bücher durchzusetzen. Leser wurden zu Zielen des Buchmarketings, das Buch selbst und das Selbstverständnis der Autoren änderten sich in diesem Zusammenhang radikal.

... und qualitative Veränderungen

Die Buchproduktion selbst erreichte erst Mitte der 1920er-Jahre wieder das Niveau der Vorkriegsjahre (rund 34 000 Neuerscheinungen, vgl. Wittmann 1991, S. 271, 301). Die Auflagen änderten sich allerdings: War Heinrich Manns Roman *Professor Unrat* 1905 noch mit 5 000 Exemplaren gestartet, kam *Der Untertan* 1918 binnen sechs Wochen auf 100 000 Exemplare. Kleinauflagen in Höhe von 700–800 Stück, wie sie noch für das 19. Jahrhundert üblich waren, waren unter den neuen Bedingungen nicht mehr wirtschaftlich. Außerdem stieg der Anteil der Neuerscheinungen auf knapp 85 Prozent der Gesamtproduktion im Jahr 1932 an. An die Stelle der bewährten, immer wieder neu aufgelegten Standardlektüren traten Novitäten, die die Novitäten der letzten Saison abzulösen hatten.

Erfolgsdruck: Von der Kleinauflage zur Erfolgsauflage

Dieses gestiegene Interesse an neuen Texten zeigt sich auch in der Vitalität der Zeitschriftenszene. Die Zahl der Zeitschriftentitel stieg zwischen 1920 und 1930 von 4 552 auf 7 303, viele von ihnen mit Auflagen von 300 bis 500 Exemplaren. Nur wenige Titel waren überregional erfolgreich, unter ihnen zeitweise die expressionistischen

Literarische und kulturelle Zeitschriften

Zeitschriften *Der Sturm* und *Die Aktion*, die renommierte *Neue Rundschau*, die als Flaggschiff des S. Fischer Verlags positioniert war, die *Weltbühne*, die mit solch bekannten Namen wie Siegfried Jacobsohn, Kurt Tucholsky und Carl von Ossietzky verbunden ist, *Die literarische Welt*, die vom Ernst Rowohlt-Verlag gegründet und von Willy Haas weitergeführt wurde, oder *Die Fackel*, deren Beiträge von ihrem Herausgeber Karl Kraus mehr und mehr allein verfasst wurden. All diese Zeitschriften waren jedoch als literarische oder kulturelle Zeitschriften und Informationsblätter konzipiert.

<small>Entwicklung von Lifestyle-Blättern</small>

An der Schnittstelle zur Presse und zu den Publikumzeitschriften hingegen waren jene Zeitschriften angesiedelt, die das Profil der Weimarer Republik besonders prägten: Zeitschriften wie *Der Querschnitt*, den der Kritiker Benedikt Erenz jüngst noch als das „intellektuell eleganteste Magazin überhaupt" jener Jahre bezeichnet hat (Erenz 2008), *Die neue Linie* oder *Die Dame* (→ ABBILDUNG 3) waren als Kultur- und ‚Lifestyle'-Zeitschriften angelegt, die ein breites Publikum erreichen sollten. Ihr Profil ist gekennzeichnet durch literarische Texte, Reportagen, Beiträge zu Mode und Gesellschaft, attraktive Titelillustrationen, Fotos und Karikaturen.

Blätter wie die *Arbeiter-Illustrierte Zeitung (AIZ)* (→ ABBILDUNG 4) nahmen die neuen Möglichkeiten auch am linken Rand des politischen Spektrums auf und entwickelten eigene Präsentationsformen, die insbesondere mit dem Namen John Heartfields verbunden sind, der zahlreiche Titelcollagen der *AIZ* gestaltete.

Abbildung 3: Titel der Zeitschrift *Die Dame* (Heft 2/1933)

Abbildung 4: John Heartfield: *Der Sinn des Hitlergrußes*, Titel der *AIZ* (16.10.1932)

In den Publikumszeitschriften – zu denen auch die politisch engagierte *AIZ* zu rechnen ist – wurde das Verhältnis von Bild zu Text neu bestimmt. Bücher und Zeitschriften veränderten ihr Aussehen radikal. Neue, farbige und um Aufmerksamkeit buhlende Umschlaggestaltungen erhöhten die Attraktivität auch der Bücher. Georg Salters Gestaltung des Buchumschlags von Alfred Döblins *Berlin Alexanderplatz* (1929 bei S. Fischer erschienen) verband Textteile des Romans mit Illustrationen. Heartfield gestaltete seine Buchumschläge mit kritischen, teils polemischen Collagen, die als politische Stellungnahmen zu verstehen waren (→ ABBILDUNG 2). George Grosz und Franz Masereel lieferten Einbandzeichnungen für die Bücher des Malik-Verlags. E. R. Weiß verwendete für Robert Musils *Mann ohne Eigenschaften* (der erste Band 1930 bei Rowohlt) streng geometrische Muster. Das Buch veränderte sein Gesicht. Es begann für sich zu werben.

Umschlaggestaltung

Auch die Bestsellerliste – heute eines der zentralen Vermarktungsmittel – verdankt sich dieser Entwicklung. Die Zeitschrift *Die literarische Welt* veröffentlichte die erste deutsche Bestsellerliste im Oktober 1927 (vgl. Kaes 1983, S. 291). Auf Platz 1 nicht ganz unerwar-

Die Erfindung der Bestsellerliste

Abbildung 5: Alfred Döblin: *Berlin Alexanderplatz*. Umschlag der Erstausgabe von Georg Salter (S. Fischer 1929)

Abbildung 6: Robert Musil: *Der Mann ohne Eigenschaften*. Einband der Erstausgabe von E. R. Weiß (Rowohlt 1930)

tet: Hermann Hesses *Der Steppenwolf* (1927). Auch das war Anlass für zahlreiche zivilisationskritische Bemerkungen: Wenn schon das Kulturgut Buch nach Verkaufszahlen bewertet wurde wie andere Konsumgüter auch, was unterschied die Welt des Geistes noch von der des Wochenmarktes?

Crossmarketing

Insbesondere die Ullsteinpresse baute in Zeitschriften wie *Uhu* oder *Querschnitt* Autorinnen und Autoren durch den Einsatz einer breiten Palette von Werbemaßnahmen auf, zu denen Beiträge der Autoren ebenso gehörten wie eine zugeschnittene Biografie und eine marktgerechte Präsentation. Im Fall Vicki Baums, dem unbestrittenen Star des Literaturbetriebs der Weimarer Republik, gelang sogar die Etablierung einer literarischen Marke (vgl. Bertschik 2003). Carl Zuckmayer, Bertolt Brecht oder Thomas Mann setzten sich in anderen Rollen und in unterschiedlichen Segmenten gleichfalls durch: Zuckmayer war der große neue Mann des Volkstheaters, Brecht der bedingungslose Neuerer, Mann der Mahner und Lehrer des deutschen Volkes.

2.3 Demokratisierung des Buches

Der Buchhandel hatte in diesen Modernisierungsprozessen mit einer ideologischen Altlast zu kämpfen, nämlich mit seinem Selbstverständnis als Vermittler „geistige[r] Werte" (Wittmann 1991, S. 302). Das „gute" Buch, so Samuel Fischer im Jahr 1926 anlässlich des vierzigjährigen Jubiläums seines Verlags, trage in sich „die Kraft und die Mission einer inneren Bindung". Insofern sei sein Wert unbestritten, obwohl es sich der massiven Konkurrenz anderer Unterhaltungs- und Freizeitangebote gegenübersah: „Man treibt Sport, man tanzt, man verbringt seine Abendstunden am Radioapparat, im Kino, man ist neben der Berufsarbeit völlig in Anspruch genommen und findet keine Zeit, ein Buch zu lesen", konstatierte Fischer. Das Buch gehöre augenscheinlich „zu den entbehrlichsten Gegenständen des täglichen Lebens" (S. Fischer Verlag 1986, S. 357). Gegen diese Konkurrenz und diese Tendenz müsse es sich durchsetzen, und zwar nicht, indem es in seinen Inhalten „Auto und Flugapparat" eine Rolle spielen lasse. Aktualität besitze ein „Dichtwerk" nur dann, wenn es die Leser „in die seelischen und geistigen Kräfte des Dichters" eindringen lasse und sie „dadurch eine Verzauberung in sich selbst erleben" (S. Fischer Verlag 1986, S. 360).

Krise des „guten Buchs"

Bücherfluten

Carl von Ossietzky bestätigte Fischers Haltung in seinen *Ketzereien zum Büchertag*, die er 1929 in der von ihm redigierten Zeitschrift *Die Weltbühne* publizierte. Er ergänzte aber Fischers Argumentation um weitere Gründe, die zur Krise des Buchhandels geführt und die der Buchhandel und die Literatur zum größeren Teil selbst zu verantworten hätten. An erster Stelle nannte Ossietzky zwar noch die Verarmung der Bevölkerung: „Das deutsche Volk ist nachweislich ärmer geworden, seine Lebenshaltung hat sich verschlechtert, sein geistiger Habitus reduziert" (Ossietzky 1994, S. 73). Aber er bemerkte zugleich verwundert, dass das an der Bücherflut nichts geändert habe:

„Auf ein Volk, das in breiten Schichten einem heitern Analphabetismus zustrebt und dessen heranwachsende Generation auf leichten Kreppsohlen über den von den Vätern gehäuften Bildungshausrat steigt, kommt ein Büchersturz herab, als wäre jeder einzelne unsrer Mitbürger ein Dichter und Denker und jeder dritte Mann ein Studienrat." (Ossietzky 1994, S. 73f.)

Widersprüchlich sei, so Ossietzky, das Auftreten des Buchhandels. Einerseits gebe er sich „steifleinen" und werbe auf einem „unfreudige[n], einschläfernde[n] Propagandaplakat [...] mit der welken Goethemaske" für den Büchertag des Jahres 1929 – damit bediente die Standesvereinigung der deutschen Verleger und Buchhändler, der Börsenverein des deutschen Buchhandels, offensichtlich das bildungsbürgerliche Bildungsideal, für das der Autor Goethe zugleich Vorbild- und Idealfigur war. Andererseits laufe der Betrieb jedem kurzfristigen Trend und Erfolg hinterher, nicht ohne Grund, denn „der bedrängte Verleger [...] braucht Erfolg um jeden Preis" (Ossietzky 1994, S. 76). Die eigentliche Ursache der Krise liege aber in der Literatur selbst, die maßstablos alles nachahme, was nur einigermaßen erfolgreich sei:

Buchhandel im Umbruch

„Schnell sind seit zehn Jahren literarische Moden gekommen und gegangen, und geblieben ist nur ein riesiger unsortierter Bücherhaufen. [...] Und die große Zahl der Bücherleser irrt ohne Kompaß und Chronometer im Zauberwald der Neuerscheinungen, faßt wahllos zu, ist bitter enttäuscht, wenn der best seller nicht den heiß gegessenen Superlativen entspricht, und schwört es sich zu, sich möglichst von ‚Modernem' fernzuhalten." (Ossietzky 1994, S. 75)

Orientierung als Problem

Diese Sätze zeigen weniger die Abgründe des sich rasch weiter entwickelnden Buchmarktes als die Orientierungsprobleme der Autoren, die ihm einerseits bereitwillig zuarbeiteten, andererseits aber den Verlust ihrer Bedeutung beklagten. Der Autor war nicht mehr Dichter, sondern verwandelte sich in den Schriftsteller, dem weniger Genie denn handwerkliches Können zugestanden wurde.

Vom Dichter zum Schriftsteller

Allerdings standen sich Massenbuch und Qualitätsbuch nicht unversöhnlich gegenüber, wie gerade Thomas Mann betonte, dem 1918 noch alles, was mit Demokratisierung und Vermassung zusammenhing, suspekt gewesen war (vgl. Heimböckel 2005). Knapp zehn Jahre später, nach seinem Bekenntnis zur deutschen Republik und als Herausgeber seiner preiswerten Roman-Reihe, die er für den Knaur-Verlag betreute und die Klassiker der Literatur in großen Auflagen in den Markt drücken sollte, entwickelte Thomas Mann eine deutlich positivere Haltung zu jener „massenfreundliche[n] Großzügigkeit". Die Massen hätten, so Manns neue Position, dasselbe Recht auf qualitativ hochwertige Literatur wie die kulturelle Elite. Könne denn nicht einmal, so fragte Mann, das „Massenhafte, das Massengerechte" gut sein? (Th. Mann 1927, zitiert nach: Kaes 1983, S. 287) Immerhin trage die „kulturelle Demokratie" die „Hebung des Niveaus" als Anspruch in sich. Das Bildungsniveau der Massen hänge entsprechend ursächlich auch daran, dass das „vorzüglich gemachte Mittlere" zwischen „hoher Dichtung" und „blamabel empfundener Blödheit" erschwinglich sei. Das Bedürfnis danach sei jedenfalls vorhanden, Literatur und Publikum hätten sich verändert:

Demokratisierung des Buchs

„Wir haben heute in Deutschland Bücher, von denen man sagen kann, daß sie viel schlechter würden gewesen sein, wären sie vor dreißig Jahren geschrieben worden. Einfacher gesagt: sie hätten damals überhaupt nicht geschrieben werden können. Ihre Autoren waren nicht erzogen, und im Publikum fehlte das Bedürfnis danach, denn dieses venerierte [bewunderte] das ‚Klassische' und las das Blöde. Das ist nun anders geworden. Die Bücher sind da, die vorzügliche Unterhaltung ist da, das Massengerechte von durchaus unlächerlicher Qualität; und namentlich ist das Bedürfnis nach dieser Qualitätsware entwickelt" (Th. Mann 1927, zitiert nach: Kaes 1983, S. 288).

Neue Qualität der Literatur

Auch der technische Apparat ermöglichte es, diese Verbindung von Kultur, Bildung und kleinem Preis herzustellen, was den elitären Großautor Thomas Mann zu einer unerwarteten Begeisterung verleitete:

Lob des Großbetriebs

„Großbetrieb, Großbetrieb! Jede Woche ein Buch, geschleudert zwar, denn technische Kraft und Präzision geben den Nachdruck, doch durchaus nicht Schleuderware, sondern gut gemacht außen und innen, in demokratisierten Luxus gehüllt, wohlfeil durch Massenhaftigkeit." (Th. Mann 1927, zitiert nach: Kaes 1983, S. 289)

Zwei Jahre später würde Mann mit der Volksausgabe der *Buddenbrooks* selbst von diesen neuen Möglichkeiten profitieren. Mit seinem Plädoyer für die Demokratisierung der Literatur stieß Thomas Mann freilich eine heftige, teils ihn deutlich kritisierende Diskussion um „kulturelle Demokratie" an, in deren Verlauf die „gut-gemacht-mittlere[] Literatur" für Lesermassen thematisiert wurde, „denen man mit geistiger Dichtung nicht jeden Wochentag kommen" dürfe (Mann/Katzin 1928/29, zitiert nach Kaes 1983, S. 291).

Manns Haltung berührte allerdings das Bild des Buchs als Kulturgut im Kern noch nicht. Dieser Schritt blieb Autoren und Feuilletonisten vorbehalten, die in der jüngeren Entwicklung eine radikale Abkehr vom bisherigen Status und eine entschiedene Modernisierung des Buches sahen: Ein Autor wie Bertolt Brecht plädierte radikal für die Nützlichkeit von Literatur. Er setzte einen „wissenschaftlichen Menschentypus" voraus (Brecht 1988–97, Bd. 21, S. 280), Literatur müsse an die Ratio des Menschen appellieren, die Zuschauer eines Theaterstücks etwa sollten nicht miterleben, sondern sich mit dem vorgeführten gesellschaftlichen Problem auseinandersetzen (→ KAPITEL 7.4). Der Literaturhistoriker Werner Mahrholz brachte das in einem Vortrag 1929 auf den Punkt: Dieser moderne Leser besitze „den gesunden Instinkt eines Barbaren, alles das abzulehnen, was ihm nur Tradition und nur Bildungsgerede aufladen will" (Mahrholz 1929, zitiert nach: Wittmann 1991, S. 324).

Radikalisierung der Buchkultur

Fragen und Anregungen

- Welche grundlegenden Veränderungen erfährt der Literaturbetrieb in den 1920er-Jahren?

- Überlegen Sie, wie sich die Veränderungen auf die Gestaltung von Büchern und das Selbstverständnis von Autoren auswirken.

- Skizzieren Sie die Selbstsicht der Branche.

- Diskutieren Sie die Erfolgsfaktoren für Bücher in den 1920er-Jahren.

Lektüreempfehlungen

- Carl von Ossietzky: Ketzereien zum Büchertag [1929], in: ders., Sämtliche Schriften. Bd. V: 1929–1930. Texte 830–968, hg. von

Quellen

Bärbel Boldt, Ute Maack und Gunter Nickel, Reinbek bei Hamburg 1994, S. 73–78. *Scharfe Kritik Ossietzkys am bigotten Auftreten des Buchhandels, der zugleich jede Novität in den Himmel lobte.*

- **Thomas Mann: Romane der Welt. Geleitwort**, in: Hugh Walpole: Bildnis eines Rothaarigen, Berlin: Th. Knaur Nachf. 1927, S. 7–12, in: Anton Kaes (Hg.), Weimarer Republik. Manifeste und Dokumente zur deutschen Literatur 1918–1933. Mit einer Einleitung und Kommentaren, Stuttgart 1983, S. 287–291. *Manns Lob des „gut gemachten Mittleren".*

Forschung
- **Julia Bertschik: „Ihr Name war ein Begriff wie Melissengeist oder Leibnizkekse." Vicki Baum und der Berliner Ullstein-Verlag**, in: Walter Fähnders / Helga Karrenbrock (Hg.), Autorinnen der Weimarer Republik, Bielefeld 2003, S. 119–135. *Präzise Beschreibung der Vermarktung Vicki Baums durch ihren Verlag.*

- **Marion Janzin / Joachim Güntner: Das Buch vom Buch. 5 000 Jahre Buchgeschichte**, Hannover 2. Auflage 1997. *Informative Darstellung der Geschichte der Buchproduktion und -gestaltung. Ein reich bebildertes Standardwerk.*

- **Bärbel Schrader (Hg.): Der Fall Remarque. Im Westen nichts Neues. Eine Dokumentation**, Leipzig 1992. *Umfängliche Dokumentation der Entstehung, Vermarktung und der Reaktionen auf dieses Buch bis hin zu den Aktionen der Nationalsozialisten gegen Buch und Film.*

- **Reinhard Wittmann: Geschichte des deutschen Buchhandels. Ein Überblick**, München 1991. *Standardwerk zur Geschichte des Buchhandels mit einer ausführlichen Beschreibung der Entwicklung im frühen 20. Jahrhundert.*

3 Der Große Krieg als Signum der Epoche

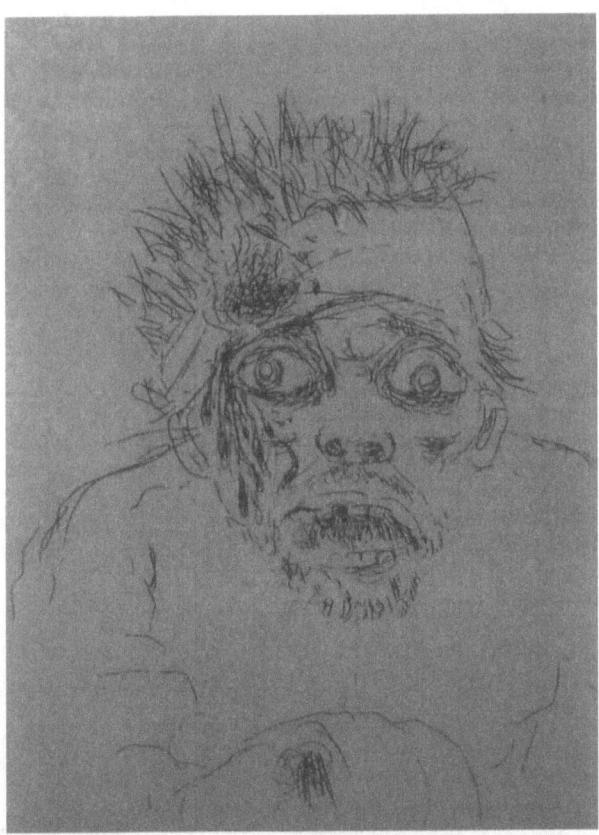

Abbildung 7: Otto Dix: *Fliehender Verwundeter (Sommeschlacht 1916)* (aus der Mappe ‚Der Krieg') (1924).

Die Skizze von Otto Dix, hier ausgeführt als Kaltnadel-Radierung, zeigt einen verwundeten Soldaten, der mit aufgerissenem Mund und Augen, hohlwangig und blutig, trotz des Verbandes, am Betrachter vorbei blickt. Das Entsetzen ist offensichtlich. Die harte Konturierung der Kaltnadeltechnik verstärkt die Unbehaustheit, Verlassenheit, den Schrecken, denen der Einzelne ungeschützt ausgesetzt ist.
In fünf Mappen, die unter dem Titel „Der Krieg" standen, fasste Otto Dix 1924 im Auftrag des Galeristen Karl Nierendorf seine Eindrücke und Erinnerungen aus dem Großen Krieg zusammen. Dabei übertrug er seine zahlreichen Zeichnungen aus den Jahren 1915 bis 1918 in ein neues, härteres und dauerhaftes Medium: die Radierung. Und in keiner dieser Mappen ist der heroische Krieger zu sehen, sondern stattdessen das Grauen, das die Materialschlachten bei den Soldaten auslöste, oder die Zerstörung, die der Krieg anrichtete. Nicht der gestählte, harte Arbeiter des Krieges, sondern das auf sein blankes Entsetzen und seine Kreatürlichkeit reduzierte Wesen wird hier sichtbar. Überleben um jeden Preis, und sei es in der kleinstmöglichen Größe.

Das eigentliche „Vermächtnis der Front" (Adolf Hitler) ist nicht die Kameradschaft, die Durchsetzungskraft oder der Kampf ‚Mann gegen Mann', sondern die Hilflosigkeit des einzelnen Soldaten, der in den Schlachten des Krieges selber nur Material ist. Die nationalistischen Parteien der Weimarer Republik werden diese Erfahrung der Front ersetzen durch den Heroismus des Opfers für das Vaterland. Der Kampfverbund, die Ehre und Opferbereitschaft werden zu den Kernelementen einer nationalistischen Ideologie, die dem Einzelnen vor allem eins verspricht: dass sein Leben Sinn hat, nicht dass es erhalten bleibt. Das aber ist ein drastischer Paradigmenwechsel in der Zeit nach dem Ersten Weltkrieg, der auch in der Literatur seinen Niederschlag fand.

3.1 **Mann gegen Mann: Heroisierung des Krieges**
3.2 **Die neuen Barbaren: Materialschlacht und Erfahrungsverlust**
3.3 **Krieg als Identitätsstiftung**

3.1 Mann gegen Mann: Heroisierung des Krieges

Im März 1918 wird das Bataillon, dessen Führung Leutnant Ernst Jünger übernehmen muss, an die vorderste Front bei Cagnicourt (in der nordfranzösischen Picardie bei Peronne) befohlen. Am 21. März ist der Beginn der großen deutschen Frühjahrsoffensive an der Somme geplant, mit der das Deutsche Reich die Entscheidung suchen will und kurzfristig auch zu erreichen scheint. Auf dem Weg zum Einsatz gerät der Trupp Jüngers in die Irre, Jünger lässt anhalten, kaum dass sich die Männer in die umliegenden Trichter verteilen können, schlägt eine Granate mitten zwischen die Soldaten und tötet oder verwundet die meisten des ursprünglich über hundertfünfzig Mann großen Trupps. Nach einem weiteren Tag Wartezeit beginnt der Sturm pünktlich um 5.05 Uhr mit einem orkanartigen Geschützfeuer:

Ernst Jünger im Krieg

„Ein flammender Vorhang fuhr hoch, von jähem, nie gehörtem Aufbrüllen gefolgt. Der rasende Donner, der auch die schwersten Abschüsse in seinem gewaltigen Rollen verschlang, ließ die Erde erschüttern." (Jünger 1934, S. 255)

Der Sturmangriff soll um 9.40 Uhr folgen, nachdem die feindliche Artillerie zerstört ist, die feindlichen Truppen mürbe geschossen sind. „Der Endkampf, der letzte Anlauf schien gekommen" (Jünger 1934, S. 258). Drei Minuten vor dem Angriff nimmt Jünger einen großen Schluck Schnaps aus der Feldflasche, dann fehlt nur noch die „Offensivzigarre", die kaum zu entzünden ist, so stark ist der Sog der explodierenden Geschosse. Dann beginnt der Angriff und Jünger stößt auf den ersten feindlichen Soldaten: „Es war eine Erlösung, den Feind endlich als Erscheinung greifbar zu sehen." (Jünger 1934, S. 260) Jünger schont das Leben dieses Mannes. Dann aber erfasst auch ihn der „Vernichtungstrieb". Er zieht seinen Mantel aus und ruft „einige Male sehr energisch": „Jetzt zieht Leutnant Jünger seinen Mantel aus" (Jünger 1934, S. 261).

In diesen kurzen Textpassagen, die dem „Kriegstagebuch" Ernst Jüngers entnommen sind, sind die wichtigsten Elemente der Kriegsliteratur und Kriegserfahrung enthalten: die Materialschlachten des Stellungskriegs, die Zufälligkeit und Sinnlosigkeit, mit denen ihnen die Soldaten beider Seiten zum Opfer fallen, und der beinahe abenteuerliche Moment des Sturmangriffs, in dem der Einzelne sich all dem stellt und dem Krieg seinen persönlichen Stempel aufzudrücken versucht. In der Attacke, im Kampf Mann gegen Mann, im Töten – und im Siegen.

Materialschlachten, Zufall, Sinnlosigkeit

Aber das Siegen half nicht, wie etwa der Historiker Wolfgang J. Mommsen berichtet:

„[Der] erhoffte Durchbruch konnte nicht erzielt werden, und am 5. April 1918 musste die Offensive schließlich angesichts der völligen Erschöpfung der deutschen Angriffseinheiten und der Unwegsamkeit des Geländes, in dem eine angemessene Versorgung der Truppen nicht mehr möglich war, abgebrochen werden." (Mommsen 2004, S. 57)

Der letzte Angriff

Die deutsche Niederlage war damit besiegelt. Jünger selbst wurde während der Offensive verwundet, erholte sich aber schnell wieder und kehrte an die Front zurück. Um dort weiter zu machen, wo er zuvor hatte abbrechen müssen:

„Wie oft waren wir in den verflossenen Jahren in ähnlicher Stimmung in die westliche Sonne geschritten! Les Esparges, Guillemont, St. Pierre-Vaast, Langemarck, Paschendale, Moeuvres, Vraucourt, Mory! Wieder winkte ein blutiges Fest." (Jünger 1934, S. 310)

Jünger wurde beim Vormarsch erneut getroffen, von einem „Geschoss", wie er schreibt, das „scharf ins Leben schnitt" (Jünger 1934, S. 312). Der Krieg war für ihn vorbei. Auch Deutschland kapitulierte wenig später. Am Ende dieses berühmt-berüchtigten Kriegsbuches von den „Stahlgewittern" der Westfront des Ersten Weltkriegs steht aber etwas ganz anderes als die deutsche Niederlage: nämlich der persönliche Triumph des Leutnant Ernst Jünger, der als letzter Träger mit dem Orden Pour le mérite ausgezeichnet wurde.

Der Orden als Schlusspunkt

Im Laufe der 1920er-Jahre hat sich der 1895 geborene Ernst Jünger immer wieder an der Erfahrung des Großen Krieges, wie er in ganz Europa genannt wurde, abgearbeitet. Berühmte Bücher sind daraus entstanden: Sein wichtigstes ist zweifelsohne das auf dem „Tagebuch eines Stoßtruppführers" (Untertitel des Ausgabe 1929) beruhende *In Stahlgewittern*, das Jünger 1920 im Selbstverlag in einer ersten Fassung veröffentlichte und im Laufe der kommenden Jahre immer wieder überarbeitete, bis es um 1930 – mittlerweile vom Verlag Mittler & Sohn betreut – zu einem der wichtigsten Kriegsbücher des nationalistischen Spektrums geworden war. In schneller Folge ließ Jünger weitere Kriegsbücher erscheinen: *Der Kampf als inneres Erlebnis* (1922), *Das Wäldchen 125* (1925), *Feuer und Blut* (1929) und als Herausgeber den Bildband *Das Antlitz des Weltkrieges* (1930–31).

In Stahlgewittern

Das Thema Ernst Jüngers, das er in immer neuen Notizen, Überlegungen, Reflexionen und Beschreibungen umkreiste, ist der persönliche, individuelle Kampf des einzelnen „Kriegers" gegen seinen Feind. Der Moment, in dem „Leutnant Jünger seinen Mantel" auszieht, ist der eigentliche Moment, auf den Bücher wie *In Stahlgewittern* wie in einem starken Gefälle zulaufen: „Im Kampf, im Kriege [...] steigt das Tier als geheimnisvolles Ungeheuer vom Grunde der Seele auf", schreibt Jünger etwa in *Der Kampf als inneres Erlebnis* (Jünger 1926, S. 6f.). Jegliche zivilisatorische Hülle falle in diesem Moment vom Soldaten ab und der Kampf werde auf seinen eigentlichen, elementaren Sinn reduziert, Mann gegen Mann:

> „Ob im Augenblick der Begegnung die Krallen gespreizt und die Zähne entblößt, ob roh gekantete Beile geschwungen, hölzerne Bogen gespannt werden, oder ob sehr feine Technik die Vernichtung zu höchster Kunst erhebt, stets kommt der Punkt, wo aus dem Weißen im Auge des Feindes der Rausch des roten Blutes flammt." (Jünger 1926, S. 7)

Kampf Mann gegen Mann

Die Technik des Weltkriegs, die Materialschlachten, die Industrialisierung des Krieges, die Vernichtung von Menschenmaterial, Kontingenz, Sinnlosigkeit und Zufälligkeit – alle diese Phänomene geraten in Jüngers Frühwerk zur Nebensache:

Technik als Nebensache

> „Denn alle Technik ist Maschine, ist Zufall, das Geschoß blind und willenlos, den Menschen aber treibt der Wille zu töten durch die Gewitter aus Sprengstoff, Eisen und Stahl, und wenn zwei Menschen im Taumel des Kampfes aufeinanderprallen, so treffen sich zwei Wesen, von denen nur eins bestehen kann. Denn diese zwei Wesen haben sich zueinander in ein Urverhältnis gesetzt, in den Kampf ums Dasein in seiner nacktesten Form." (Jünger 1926, S. 7f.)

Freilich ist dem Literaturhistoriker Alexander Honold zuzustimmen, wenn er befremdet angemerkt hat: „Leutnant Jünger müßte es eigentlich besser wissen" (Honold 1998, S. 37), denn gerade dieses „Urverhältnis" ist im modernen Krieg suspendiert.

Der Kritiker und Philosoph Walter Benjamin hat diesen Widerspruch bereits 1930, anlässlich der Rezension des von Ernst Jünger herausgegebenen Sammel- und Bildbandes *Das Antlitz des Weltkrieges* über den Ersten Weltkrieg, bemerkt und notierte verwundert:

> „Die Verfasser haben sich an keiner Stelle gesagt, daß die Materialschlacht, in der einige von ihnen die höchste Offenbarung des Daseins erblicken, die kümmerlichen Embleme des Heroismus, die hier und dort den Weltkrieg überdauerten, außer Kurs setzt." (Benjamin 1991, Bd. III, S. 239).

Heroismus außer Kurs gesetzt

Diesen blinden Fleck der nationalistischen Autoren hielt Benjamin jedoch nicht für ein Versehen, sondern für ein „Kuriosum" und für ein „Symptom" (Benjamin 1991, Bd. III, S. 240). Denn nichts passt weniger in die reale Situation des Stellungskrieges und der Materialschlachten des Großen Krieges zwischen 1914 und 1918 (insbesondere an der Westfront) als der individuelle Held, als der Kampf Mann gegen Mann, als die Vorstellung, es komme auf jeden Einzelnen an.

3.2 Die neuen Barbaren: Materialschlacht und Erfahrungsverlust

Über fast die gesamte Dauer des Krieges, seit Herbst 1914 bis zum Kriegsende 1918 standen sich an der Westfront die Heere der Entente (Frankreich, Großbritannien und später USA) und Deutschlands in Nordfrankreich beinahe bewegungslos und ohne Raumgewinn gegenüber. Die Offensive des deutschen Heeres war bereits im Herbst 1914 in Nordfrankreich zum Stillstand gekommen, der Graben- und Stellungskrieg begann, in dem die geballte Kriegsmacht der weltweit größten Industrieländer in Aufstellung gebracht wurde. Neue Technologien wie Kampfflugzeuge, Gaskrieg oder Panzer kamen zum Einsatz. In einzelnen Frontabschnitten verloren binnen Kurzem Hunderttausende ihr Leben. Der individuelle Soldatentod wurde in die massenhafte Vernichtung von Menschen gewandelt. Das aber veränderte den Charakter des Krieges grundsätzlich. Die abgeschlossenen, kurzfristigen Kampagnenkriege, in denen einzelne Feldzüge den Kriegsverlauf prägten und zu denen sogar noch der deutsch-französische Krieg 1870/71 gehört hatte, waren überholt. Die Kriegsdauer wurde unbestimmt, die Rüstungspotenziale beider Seiten wurden von ihrem jeweiligen wirtschaftlichen, technischen und industriellen Leistungsvermögen bestimmt. Für den einzelnen Soldaten hatte das weit reichende Folgen:

Materialschlachten statt Kampagnenkriege

Leidensfähigkeit statt Tapferkeit

„Unter den Bedingungen des Stellungskrieges waren Tapferkeit und individuelle Leistung weit weniger gefragt als Leidensfähigkeit und Durchhaltevermögen unter widrigsten Umständen. Die Ideale der persönlichen Tapferkeit und des selbstlosen Einsatzes für das Vaterland, welche den Soldaten in der Heimat gepredigt worden waren, verloren weitgehend ihren Sinn." (Mommsen 2004, S. 141)

Stattdessen wurden die Soldaten zur Manövriermasse der Generalstäbe, eine präzise einzusetzende mobile Waffe, die in einem genau vorherzubestimmenden Moment zum Einsatz kommen musste, um Erfolg haben zu können. Zum taktischen Arsenal gehörten auch jene Sturmangriffe, in denen Truppen beinahe schutzlos in das Sperrfeuer der anderen Seite geschickt wurden und in denen die Truppen binnen Minuten völlig aufgerieben werden konnten. Die Realität des Krieges verwies somit nicht auf den Kampf als elementare Erfahrung, sondern auf die Wertlosigkeit der individuellen Existenz für die Kriegsstrategen und die Sinnlosigkeit des persönlichen Opfers, das in den Massen der Kriegstoten unterging.

Der Krieg zog damit einen neuen Menschentypus heran, der nicht mehr emphatisch mit der ihn umgebenden Welt verbunden war, sondern ihr gleichmütig und distanziert gegenüberstand, nur ums eigene (Über-)Leben besorgt, dessen Ende allerdings zugleich fatalistisch hingenommen wurde. In Erich Maria Remarques Roman *Im Westen nichts Neues* (1929), der den Gegenentwurf zu Jüngers heroischen Schriften präsentierte, werden die Soldaten auf ihre kreatürliche Existenz zurückgeworfen (→ KAPITEL 2.1). Diese hat aber einen völlig anderen Charakter als die elementare Haltung in Jüngers Text:

Ein neuer Menschentypus

„[Das] Leben ist nur auf einer ständigen Lauer gegen die Bedrohung des Todes – es hat uns zu denkenden Tieren gemacht, um uns die Waffe des Instinktes zu geben – es hat uns mit Stumpfheit durchsetzt, damit wir nicht zerbrechen vor dem Grauen, das uns bei klarem, bewußtem Denken überfallen würde – es hat uns die Gleichgültigkeit von Wilden verliehen, damit wir trotz allem jeden Moment des Positiven empfinden und als Reserve aufspeichern gegen den Ansturm des Nichts." (Remarque 1929, S. 268)

Todesdrohung

Während Jüngers *In Stahlgewittern* auf den einen Moment des Kampfes Mann gegen Mann abhebt, betonte Remarque die Normalität des Soldatenlebens und -sterbens an der Westfront: Remarque beschrieb die psychischen Strategien, mit denen die einzelnen Frontsoldaten die Sinnlosigkeit des Krieges, die Zufälligkeit des jeweiligen Schicksals und die völlige Auslieferung an diese extreme Situation zu bewältigen versuchten. Die Leidensfähigkeit der Soldaten habe sich als nahezu unbegrenzt erwiesen, konstatiert etwa Mommsen (Mommsen 2004, S. 144). Aber das war nur die eine Seite:

Unbegrenztheit der Leidensfähigkeit

„Die Erfahrung, dass persönliche Leistung und Tapferkeit unter den Bedingungen des vom Artilleriefeuer immer wieder umgepflügten und sich zeitweilig in Schlammwüsten verwandelnden Kampffeldes nichts auszurichten vermochten, sondern die Soldaten umgekehrt auf weiten Strecken passiv dem anonymen Feuerwirbel des mechanisierten Krieges ausgesetzt waren, hatte eine traumatische Wirkung auf die Truppen." (Mommsen 2004, S. 47) Leidensfähigkeit, Distanz, Gleichmut unter extremen, von Zufall und Beliebigkeit geprägten Verhältnissen kennzeichnen aber nur die eine Seite des Soldatenlebens im Großen Krieg. Auf der anderen Seite stand die hierarchische Unterordnung unter die Befehls- und Funktionskette des militärischen Betriebs. Jeder Soldat hatte demnach seinen genau bezeichneten Platz, seine Aufgabe, seine Funktion und sein definiertes soziales Umfeld mit Vorgesetzten, Kameraden und Untergebenen.

Zufälligkeit – philosophisch gesprochen: Kontingenz – und Integration in einen gesellschaftlichen Apparat sind nicht nur Kennzeichen der soldatischen Existenz, sondern zugleich des neuen, modernen Menschentyps in einer Gesellschaftsform, die von Dynamik und Unübersichtlichkeit einerseits, von großen gesellschaftlichen Formationen und Institutionen andererseits bestimmt ist. Der Große Krieg brachte somit den modernen Menschen, mit all seinen Fähigkeiten und Defiziten, hervor oder beförderte wenigstens seine Entstehung.

Auch diese Überlegung findet sich bereits bei Walter Benjamin, allerdings in einem Zusammenhang, der auf den ersten Blick befremdlich wirkt: In seinem erst im Exil geschriebenen Aufsatz *Der Erzähler. Betrachtungen zum Werk Nikolai Lesskows* (1936) verstand Benjamin die Erfahrung des Krieges als Verstärkung der Erfahrung von Modernität überhaupt. Die Differenz zwischen dem Typus des Erzählers und dem des Romanciers nutzte er, um die Veränderung der Gesellschaft bis in seine Gegenwart besser verstehen zu können.

Die als historisch verstandene Figur des Erzählers nehme das, „was er erzählt, aus der Erfahrung", „aus der eigenen oder berichteten", und mache „es wiederum zur Erfahrung derer, die seiner Geschichte zuhören." Der Romancier hingegen sei, so Benjamin, eine solipsistische, „abgeschieden[e]" Figur, ein „Individuum [...], das sich über seine wichtigsten Anliegen nicht mehr exemplarisch aussprechen vermag, selbst unberaten ist und keinen Rat geben kann." (Benjamin 1991, Bd. II,2, S. 443) Mit anderen Worten: Der Erzähler ist Repräsentant einer Gesellschaft, in der Erfahrungen eine Orientierung gebende Funktion haben, während die Gesellschaft, in der der Romancier lebt, sich derart rasch verändert und derart in Einzelteile zerfallen ist, dass die Erfahrung des Einzelnen anderen nicht mehr nützt, sondern nur noch als Sonderfall und Erweiterung gelten kann.

Die Individuen, schreibt Benjamin, hätten das „Vermögen" verloren, „Erfahrungen auszutauschen" (Benjamin 1991, Bd. II,2, S. 439). Erfahrung ist in der Sicht Benjamins an die Kontinuität der historischen und gesellschaftlichen Entwicklung gebunden und daran, dass in diesem Kontinuum Erlebtes zu Erfahrung verarbeitet und kommunizierbar gemacht werden kann. Ist diese Kontinuität unterbrochen, greift Erfahrung nicht mehr.

Mit dem Großen Krieg habe sich dieses Phänomen allgemein durchgesetzt. Die Modernisierung der Gesellschaft sei vom Krieg so weit und so schnell vorangetrieben worden, dass die Gesellschaft der Nachkriegszeit mit der der Vorkriegsjahrzehnte nichts mehr gemein zu haben schien. Erfahrung hat demnach im Verständnis Benjamins keine Funktion mehr in der modernen Gesellschaft. Daraus erklärt sich jener viel sagende Satz im *Erzähler*-Aufsatz, den Benjamin aus einem seiner früheren Texte zur Kriegserfahrung übernommen hatte:

Verlust der Funktion der Erfahrung in der Moderne

„[Nie] sind Erfahrungen gründlicher Lügen gestraft worden als die strategischen durch den Stellungskrieg, die wirtschaftlichen durch die Inflation, die körperlichen durch die Materialschlacht, die sittlichen durch die Machthaber. Eine Generation, die noch mit der Pferdebahn zur Schule gefahren war, stand unter freiem Himmel in einer Landschaft, in der nichts unverändert geblieben war als die Wolken und unter ihnen, in einem Kraftfeld zerstörender Ströme und Explosionen, der winzige, gebrechliche Menschenkörper." (Benjamin 1991, Bd. II,2, S. 439)

Krieg lässt nichts unverändert

Das Resultat einer solchen sich in den Modus der Veränderung verlagernden Gesellschaft sei ein neuer Menschenschlag, der vor allem daran interessiert sei zu überleben. Entstanden sei „eine Art von neuem Barbarentum", wie Benjamin im Aufsatz *Erfahrung und Armut* aus dem Jahr 1933 formulierte. Diese neuen Barbaren zeichne aus, stets „von vorn zu beginnen; von Neuem anzufangen; mit Wenigem auszukommen; aus Wenigem heraus zu konstruieren und dabei weder rechts noch links zu blicken." (Benjamin 1991, Bd. II,1, S. 215)

Neues Barbarentum

Damit stehen sich in der Kriegsliteratur zwei Positionen unvereinbar gegenüber: die Position Walter Benjamin, der im distanzierten und erfahrungslosen Menschen den Typus der Moderne wahrnahm und beschrieb, und die Position Ernst Jüngers, der sich (vermeintlich) heroisch gegen die Kontingenz und Übermacht der Moderne und ihrer Institutionen stemmte – wenngleich vergeblich.

Zwei Positionen: Barbar und Held

3.3 Krieg als Identitätsstiftung

Texte, die sich mit dem Großen Krieg beschäftigten, gab es während der gesamten Zwischenkriegszeit. Dennoch ist der Boom der Kriegsromane seit dem Ende der 1920er-Jahre unübersehbar. Das hängt damit zusammen, dass sich in diesen Jahren die Qualität der Auseinandersetzung mit dem Krieg änderte, die in der unmittelbaren Nachkriegszeit von konkreten bildlichen Darstellungen verwundeter und verkrüppelter Soldaten geprägt war, wie sie etwa mit den Malern Otto Dix (→ ABBILDUNG 7) oder George Grosz verbunden ist. Unmittelbar nach dem Krieg besaß man, so stellte der Historiker Richard Bessel fest, für „den verlorenen Krieg [...] zunächst keine Metapher" (Bessel 1991, S. 108). Ernst Jüngers permanente Bearbeitung der *Stahlgewitter* war eben nicht nur den Professionalisierungsbemühungen des Autors zu verdanken, sondern auch der Suche nach dem richtigen Zugriff auf den Stoff, der sich „in aller Regel der narrativen Darstellung" entzog (Mommsen 2004, S. 48). Das änderte sich erst Ende der 1920er-Jahre, als der Krieg zum ideologisch heftig umkämpften Gegenstand wurde.

Boom von Kriegstexten ab 1929

Der Krieg erhielt eine mythische, existenzielle und psychologische Dimension, nicht zuletzt auch deshalb, weil er als Initiationsereignis der neuen Gesellschaftsform verstanden wurde: Er wurde zur Schwelle stilisiert, die die Moderne hatte überschreiten müssen, um zu sich selbst zu kommen. Zugleich war das Ereignis derart umfassend, dass seine sinnstiftende Verarbeitung auf sich warten ließ. Revolution, Inflation und die vermeintliche Ruhephase zwischen 1923 und 1929 standen dem zunächst entgegen. Erst mit der Verschärfung der Krise gegen Ende der 1920er-Jahre, angeheizt durch die politischen Auseinandersetzungen zwischen der extremen Linken und extremen Rechten, wurde der Krieg zum gleichfalls hart umkämpften Thema. Er wurde „im Lichte der Erfahrungen" interpretiert, „die ihre Verfasser in den Jahren der Weimarer Republik" gemacht hatten (Müller 1986, S. 35). Zugleich ging es um die Interpretation der Nachkriegszeit unter dem Blickwinkel des Großen Krieges, hatte sich in ihm doch die „Krisenerfahrung [...] schockhaft, traumatisch konzentriert" (Mecklenburg 1982, S. 84).

Krieg als Interpretationsfolie von Gegenwart um 1930

Aus diesem Blickwinkel ist erklärbar, weshalb die Kriegsromane nicht nur pazifistischen Charakter hatten, sondern das Sujet auch genutzt wurde, um nationalistischen Positionen Nachdruck zu verleihen. Der Literaturhistoriker Hans-Harald Müller weist darauf hin, dass zwar „alle nationalistischen Kriegsromane zusammen [bis Anfang 1933] nicht die Auflage von Remarques *Im Westen nichts Neues*" erreichten, dass die nationalistischen Gruppen das Thema aber dennoch in ihrem Sinne besetzen konnten. Es sei ihnen gelungen, eine „Tendenzwende" von einer „rationalistisch-aufklärerischen zu einer antirationalistisch-mythischen Literatur" durchzusetzen (Müller 1986, S. 298f).

Der Soldatentypus, den die nationalistischen Autoren dabei entwarfen und den sie mit dem Siegel der Authentizität versahen, war nahe liegend mehr ihren politischen Absichten in der Gegenwart als einer sachlich angemessenen Darstellung geschuldet:

> „Die Vorstellung, dass namentlich in den harten Stellungskämpfen an der Westfront ein neuer, stahlharter Menschentyp hervorgebracht worden sei, der sich von bürgerlichen Idealen verabschiedet und im Krieg seine eigentliche Lebenserfüllung gesucht habe, ist einigermaßen verfehlt und genau genommen das Produkt einer nachträglichen ideologischen Verklärung des Ersten Weltkrieges aus der Sicht rechtsextremer politischer Gruppierungen." (Mommsen 2004, S. 145)

Mythos stählerner Soldatentypus

In dieser Stilisierungsstrategie scheuen die Vertreter des nationalistischen Lagers auch nicht vor drastischen Umwertungen und Neuinterpretationen zurück. Das trifft sogar auf eine der Zentralformeln des nationalistischen Kriegsbildes zu, die aus dem Gedicht *Soldatenabschied* (1916) des aus dem Rheinland stammenden Heinrich Lersch entnommen wurde: „Deutschland muß leben, und wenn wir sterben müssen". Diese Zeile wird bis heute als Unterwerfungsforderung unter das Verdikt des nationalistischen Staates verstanden und eingesetzt: „Kaum ein Gedicht hat dem Krieg eine so hohe Legitimationskraft vermittelt, wie Heinrich Lerschs ‚Soldatenabschied'" (Cepl-Kaufmann 2006, S. 260).

Umwertung ins Heroische

„Deutschland muss leben, und wenn wir sterben müssen"

Das Gedicht, 1916 in der Sammlung *Herz! Aufglühe dein Blut* erschienen, inszeniert in fünf Strophen und fünf kleinen Rollenspielen den Abschied eines Soldaten, der ins Feld zieht, in der ersten Strophe von der Mutter:

> „Lass mich gehen, Mutter lass mich gehen!
> All das Weinen kann uns nichts mehr nützen,
> denn wir gehen, das Vaterland zu schützen!
> Lass mich gehen, Mutter lass mich gehen!
> Deinen letzten Gruß will ich vom Mund dir küssen:
> Deutschland muss leben, und wenn wir sterben müssen!"
> (Lersch 1916, S. 14f.).

Soldatenabschied In den folgenden Strophen verabschiedet sich der Soldat von Vater, Frau, Geliebter und Freunden respektive der Menschheit. Er muss sie verlassen, weil eine höhere Instanz – das Vaterland – ihn – selbstverständlich zur Verteidigung – braucht und er sich – wiederum selbstverständlich – für das Vaterland opfern wird, sollte es notwendig sein. Betont wird dies durch die Wiederholung des Verses „Deutschland muss leben, und wenn wir sterben müssen!" im jeweils letzten Vers aller Strophen des Gedichts, der dann zum Sinnspruch der nationalistischen Propaganda wurde.

Allerdings ist die Inszenierung Lerschs weit entfernt von der nationalen Euphorie zu Beginn des Krieges. Nationalistische, gar nationalsozialistische Selbstgewissheit und Überlegenheit sind ihm fremd. Lerschs Text frönt nicht dem Hurrapatriotismus, sondern zeigt den Schmerz des Abschieds. Zwar ist der Text keineswegs pazifistisch, der Sinn des Kriegs wird nicht in Abrede gestellt. Aber ebenso wenig verherrlicht er den Krieg. Im Klagegestus geschrieben, hält er noch die Balance zwischen (angeblicher) Notwendigkeit und dem Bewusstsein für den Preis, der dafür zu zahlen ist.

Der klagende, trauernde Ton des Gedichtes wurde jedoch in der Nachkriegsrezeption verdrängt. An seine Stelle trat der heroische Gestus, mit dem der Einzelne seine bedingungslose Unterwerfung und das Opfer für die Nation feiert – eine Interpretation, die von Lersch selbst befördert wurde: „Die Entscheidung über Tod oder Leben sah er nicht in das Ermessen des Einzelnen gestellt, sondern an das ‚Schicksal der Deutschen' geknüpft." (Cepl-Kaufmann 2006, S. 261)

Nation und Kameraden als kollektive Orientierungen Im nationalistischen Kriegsroman wurde dies noch forciert: Die Texte erzählen zwar in der Regel und notwendig aus der Perspektive des Einzelnen, der sich selbst als Kriegsteilnehmer authentifiziert. Zugleich aber banden sie das Kriegserleben an eine übergeordnete mythische Instanz, die Nation, und an die direkten Kameraden, die als einzig belastbare soziale Beziehungsgruppe erhalten blieben. Von dort aus ist der Schritt nicht mehr groß zu den nationalsozialistischen Opfermythen um einen Horst Wessel oder einen Dietrich Eckart, die als „Märtyrer der Bewegung" gefeiert wurden.

„Das Massensterben [verlor] in den rechten Frontromanen seinen Schrecken [...]. Dem qualvollen Krepieren, wie es die pazifistische Kriegsliteratur abschreckend wiedergibt, stellen sie monumentale Sterbeszenen entgegen, wo die ‚Helden' in einem Zustand der Verklärung sanft hinüberdämmern in dem tröstenden Wissen, daß ihr ‚Opfer' im kollektiven Sinnbezug aufgehoben ist." (Prümm 1976, S. 146)

Dennoch ist die Darstellung der Front selbst der nationalistischen Autoren brüchig: Der junge Kadett in Ernst von Salomons autobiografischem Roman *Die Geächteten* (1930), der später zu den Freikorps und zu den Walther Rathenau-Attentätern stoßen würde, reagiert jedenfalls bei der Rückkehr der Frontsoldaten eher verstört denn begeistert:

Brüchigkeit der Kriegsdarstellung

„O Gott, wie sahen sie aus, wie sahen diese Männer aus! Was war das, was da heranmarschierte? Diese ausgemergelten, unbewegten Gesichter unter dem Stahlhelm, diese knochigen Glieder, diese zerfetzten, staubigen Uniformen! Schritt um Schritt marschierten sie, und um sie herum war gleichsam unendliche Leere. Ja, es war, als zögen sie einen Bannkreis um sich, einen magischen Zirkel, in dem gefährlich Gewalten, dem Auge der Ausgeschlossenen unsichtbar, geheimes Wesen trieben. [...] Dies war kaum zu ertragen. Sie marschierten ja, als seien sie Abgesandte des Todes, des Grauens, der tödlichsten, einsamsten, eisigsten Kälte." (Salomon 1935, S. 29)

Die Rückkehr der Frontsoldaten

Nicht die Härte und Entschlossenheit der Frontsoldaten sieht der junge Mann, sondern die Prägung der Soldaten durch die Erfahrung der Front, die sie nicht gestählt, sondern ausgemergelt, verstört und von der Friedensgesellschaft entfremdet hat. Auch ein dezidiert nationalsozialistischer Autor wie Hans Zöberlein, dessen ausdrücklich gegen Remarque gestellter Kriegsroman *Der Glaube an Deutschland* 1931 mit einer Empfehlung Adolf Hitlers erschien, lässt bei den Schilderungen der Trommelfeuer die Erschütterung seines Protagonisten erkennen:

Keine Helden im Trommelfeuer

„Daß es gar nicht aufhören mag? – So ein Wahnsinn! Aufhören, aufhören, he, aufhören – hört doch einmal auf. Ich will ja nichts weiter; ich gehe schon wieder zurück, nur aufhören!" (Zöberlein 1934, S. 89)

Das Problem, das sich vor allem bei den nationalistischen Autoren zeigt, hat der Literaturwissenschaftler Matthias Schöning auf den Punkt gebracht:

„Wenn der Krieg schmerzhaft verdeutlicht, dass die seit 1914 apostrophierte Gemeinschaft eine Fiktion ist, fällt es schwer, anschließend an dessen realistische Darstellung eine kollektiv verpflichtende Schlussfolgerung nicht-individualistischen Inhalts zu formulieren" (Schöning 2007, S. 348).

Autoren wie Zöberlein oder Salomon überwanden diesen Widerspruch mit dem Verweis auf die Nation und ihre kommende Wiedergeburt. Die Vereinzelung der Front-Soldaten wurde als vorüberge-

Wiedergeburt der Nation als Vision

hendes Phänomen der bürgerlichen Nachkriegszeit verstanden, die in einer nationalsozialistischen Gemeinschaft irrelevant werde.

Autoren wie Remarque, Ludwig Renn oder Edlef Köppen hingegen zogen die Konsequenz aus der Kernerfahrung des Krieges: Sie verweigerten sich dem Kollektiv und beriefen sich auf ihre eigene Urteilskraft, ihre persönliche Verantwortung oder ihre vereinzelte vitale Existenz. Der Protagonist Adolf Reisiger in Edlef Köppens Roman *Heeresbericht* (1930) wird – nach vier Jahren Krieg – in die Irrenanstalt gesperrt, als er „erklärt, daß er den Krieg für das größte aller Verbrechen hält" (Köppen 1977, S. 457). In Remarques *Im Westen nichts Neues* spricht der Ich-Erzähler davon, dass ihm die Jahre, die da noch kommen mögen, nichts mehr nehmen könnten, da er durch den Krieg radikal auf seine individuelle Existenz zurückgeworfen worden sei: „Ich bin so allein und so ohne Erwartung, daß ich ihnen [den kommenden Jahren] entgegensehen kann ohne Furcht." (Remarque 1929, S. 288) Die Idee des Subjekts hat für ihn dabei beinahe jede Bedeutung verloren: Das, was in ihm noch „Ich" sage, sei weniger bestimmend als jener vitale Impuls, der ihn auch die Kriegserfahrungen habe überleben lassen. Im anschließenden und das Buch abschließenden Absatz aber wird von seinem Tod berichtet: „Er fiel [...] an einem Tage, der so ruhig und still war, daß der Heeresbericht sich nur auf den Satz beschränkte, im Westen sei nichts Neues zu melden." (Remarque 1929, S. 288)

Reduktion auf den Einzelnen und dessen Überleben

Fragen und Anregungen

- Skizzieren Sie die Positionen Ernst Jüngers und Erich Maria Remarques zur Darstellung des Krieges in der Literatur.

- Erklären Sie den Zusammenhang von Modernisierung und Erstem Weltkrieg.

- Diskutieren Sie die Stichhaltigkeit von Walter Benjamins Thesen zum „Erfahrungsverlust" aus seinem Aufsatz *Der Erzähler* (1936).

- Rekapitulieren Sie die Uminterpretation von Heinrich Lerschs Gedicht *Soldatenabschied* (1916).

- Begründen Sie die erzählerische Notwendigkeit, den Krieg aus der Perspektive des einzelnen Soldaten zu schildern.

Lektüreempfehlungen

- Walter Benjamin: Der Erzähler. Betrachtungen zum Werk Nikolai Lesskows [1936], in: ders., Gesammelte Schriften. Unter Mitwirkung von Theodor W. Adorno und Gershom Scholem herausgegeben von Rolf Tiedemann und Hermann Schweppenhäuser, Frankfurt a. M. 1991, Bd. II,2, S. 438–465. *Benjamins Exil-Essay stellt einen engen Zusammenhang zwischen Kriegserfahrung und der Erfahrung der gesellschaftlichen Modernisierung her und fasst deren Konsequenz im Attest der „Erfahrungslosigkeit".* [Quellen]

- Ernst Jünger: In Stahlgewittern. Ein Kriegstagebuch [1920]. Einmalige Ausgabe, Hamburg: Deutsche Hausbücherei 1934. *Der klassische Text des ehemaligen Stoßtruppführers zum Ersten Weltkrieg, der hier die Faszination des Kampfes Mann gegen Mann hervorhebt. Die Textfassungen der Ausgaben weichen stark voneinander ab, da Jünger den Text immer wieder bearbeitet hat.*

- Erich Maria Remarque: Im Westen nichts Neues, Berlin: Propyläen-Verlag 1929. *Der erfolgreichste Roman zum Ersten Weltkrieg, der zwar vorgibt, keine Anklage erheben zu wollen, in seiner Grundstruktur aber die Sinnlosigkeit des Krieges präsentiert. Der Text ist auch als Taschenbuch zugänglich.*

- Thomas F. Schneider: Erich Maria Remarques Roman „Im Westen nichts Neues". Text, Edition, Entstehung, Distribution und Rezeption (1928–1930) [mit CD-Rom], Tübingen 2004. *Kritische Edition mit detaillierter Analyse der Überlieferung, inklusive CD-Rom, auf der Manuskript, Zeitungs- und Buchdruck synoptisch verglichen werden.*

- Christine Beil / Werner Biermann / Heinrich Billstein / Jürgen Büschenfeld / Anne Roerkohl / Susanne Stenner / Gabriele Trost: Der Erste Weltkrieg, Reinbek bei Hamburg 2006. *Einführung in die zentralen Aspekte des Ersten Weltkriegs, u. a. zum Krieg an West- und Ostfront, zum Gaskrieg, zur Heimatfront, zum Trauma Versailles. Mit Chronik und Karten.* [Forschung]

- Gertrude Cepl-Kaufmann: Schriftsteller und Krieg, in: dies. / Gerd Krumeich / Ulla Sommers in Zusammenarbeit mit Jasmin Grande (Hg.), Krieg und Utopie. Kunst, Literatur und Politik im Rheinland nach dem Ersten Weltkrieg. Begleitband zur Ausstellung 2006

Düsseldorf und Königswinter, Essen 2006, S. 260–270. *Abhandlung über die direkte Verarbeitung des Krieges in der deutschsprachigen Literatur.*

- Alexander Honold: Metropolis im Schützengraben. Über den Zusammenhang von Masse und Mobilmachung bei Ernst Jünger und anderen, in: kultuRRevolution (1998) Nr. 36: Dynamik der Massen – Dynamik der Diskurse, S. 34–42. *Alexander Honold konzentriert sich auf den Widerspruch zwischen Ernst Jüngers heroischer Kampfmystik und seiner eigenen Kriegschilderung.*

- Wolfgang J. Mommsen: Der Erste Weltkrieg. Anfang vom Ende des bürgerlichen Zeitalters, Frankfurt a. M. 2004. *Essaysammlung des Historikers zu den Kernereignissen des Ersten Weltkriegs.*

- Matthias Schöning: Versprengte Gemeinschaft. Kriegsroman und intellektuelle Mobilmachung in Deutschland 1914–33, Göttingen 2009. *Grundlegende Untersuchung der intellektuellen Konstruktionen um den Krieg 1914–18.*

- Peter Walther (Hg.): Endzeit Europa. Ein kollektives Tagebuch deutschsprachiger Schriftsteller, Künstler und Gelehrter im Ersten Weltkrieg. Mit zeitgenössischen Farbfotografien von Hans Hildenbrand und Jules Gervais-Courtellemont, Göttingen 2008. *Eine beeindruckende Zusammenschau von zeitgenössischen Stimmen zum Ersten Weltkrieg.*

4 Dada: Kunst als Provokation

Abbildung 8: Hugo Ball spricht ein Lautgedicht im *Cabaret Voltaire* (1916)

DADA: KUNST ALS PROVOKATION

Hugo Ball notierte in seinem Tagebuch 1916, wie er ein Lautgedicht im Zürcher „Cabaret Voltaire" – dem Ursprungsort des Dadaismus – vortrug: „Meine Beine", schrieb er, „standen in einem Säulenrund aus blauglänzendem Karton, der mir schlank bis zur Hüfte reichte, so daß ich bis dahin wie ein Obelisk aussah. Darüber trug ich einen riesigen, aus Pappe geschnittenen Mantelkragen, der innen mit Scharlach und außen mit Gold beklebt, am Halse derart zusammengehalten war, daß ich ihn durch ein Heben und Senken der Ellbogen flügelartig bewegen konnte. Dazu einen zylinderartigen, hohen, weiß und blau gestreiften Schamanenhut." Für die Aufführung hatte Ball einige Lautgedichte geschrieben, für die er ein passendes Kostüm gesucht und gefunden hatte. Mit Auswirkungen auf die Rezitation, denn beim dritten Gedicht fiel er spontan in „die uralte Kadenz der priesterlichen Lamentation [...], jenen Stil des Meßgesangs, wie er durch die katholischen Kirchen des Morgen- und Abendlandes wehklagt. / Ich weiß nicht, was mir diese Musik eingab. Aber ich begann meine Vokalreihen rezitativartig im Kirchenstile zu singen" (Ball 1916, zitiert nach: Schuhmann 1991, S. 84).

Der Dadaismus wollte eine neue Gesellschaft und eine neue Kunst schaffen, avisierte also einen grundsätzlichen kulturellen Wandel. Mittel dazu waren ihm der Zufall, die kreative Spontaneität und das Zitat, also eine scheinbar sinnlose Kombination bestehender kultureller Traditionsbestände. Dabei verfiel er auf groteske Verzerrungen gesellschaftlicher Realität: im Falle Balls auf eine Groteske, die ebenso die Liturgie der Kirche lächerlich machte wie sie neue Assoziationsräume eröffnete. Die Kunst Dadas war somit zweierlei zugleich: Kritik und Neuerung. Um dahin zu kommen, musste der Dadaismus extrem, provokativ und destruktiv sein.

4.1 **Der offene Horizont der Avantgarden**
4.2 **Revolte des Unsinns gegen den Sinn**
4.3 **Ende und Weiterwirken des Dadaismus**

4.1 Der offene Horizont der Avantgarden

Literatur verlor im beginnenden 20. Jahrhundert im Zusammenhang mit den künstlerischen Avantgarden ihren selbstverständlichen Charakter. Funktionen wie Kultus, Flucht vor der profanen Gesellschaft, Selbstdarstellung und Selbstfeier der Gesellschaft, ja sogar Kunst überhaupt wurden radikal infrage gestellt. Kunst im Selbstverständnis der Avantgarden wollte nicht mehr Kunst sein, sie wollte alles sein und überall wirken, in der Politik, im Wirtschaftsleben, in der Gesellschaft, im Alltag. Der Ort der Kunst sei ungewiss geworden, konstatierte deshalb der Philosoph und Soziologie Theodor W. Adorno in seiner 1970 aus dem Nachlass herausgegebenen *Ästhetischen Theorie*, in deren Einleitung er seine Gewinn- und Verlustrechnung der avantgardistischen Kunst komprimiert darstellte. Damit benannte er das Resultat eines Radikalisierungsprozesses, in dem die Kunst und damit auch die Literatur ihre angestammte Rolle verließ und sich „auf das Meer des nie Geahnten" begab. Mit anderen Worten: Die Kunst eröffnete sich die „absolute Freiheit" ihrer Gestaltungs- und Wirkungsmöglichkeiten. Das verheißene „abenteuerliche Glück" blieb aber aus, wie die Akteure schnell merkten (Adorno 1997, Bd. 7, S. 9). Mit der absoluten künstlerischen Freiheit hatten sie sich nicht nur unendliche Möglichkeiten eröffnet. Sie überforderten sich und ihr Publikum zugleich radikal, indem sie alles infrage stellten, alle Konventionen unterliefen und sich gegen jede Form von Ordnung wandten.

Avantgarden: „das Meer des nie Geahnten"

Aber auch die Avantgarden hatten zwei Widersprüche zwischen Kunst und Gesellschaft nicht auflösen können, wie Adorno betonte:

Zwei Widersprüche

- Zum einen widerspreche der Anspruch absoluter Freiheit dem „Stande der Unfreiheit im Ganzen" (Adorno 1997, Bd. 7, S. 9). Denn die Freiheit der Kunst hatte nicht zur Befreiung von gesellschaftlichen Machtapparaten und -institutionen geführt. Der Einzelne blieb Objekt gesellschaftlicher Mächte, die er weder angemessen begreifen, noch beeinflussen konnte.

Absolute Freiheit versus Unfreiheit im Ganzen

- Zum anderen hatte die bürgerliche Kunst ihre kritische Autorität aus der „Idee der Humanität" gezogen, was nun verloren ging: Die Autonomie der Kunst „wurde zerrüttet, je weniger Gesellschaft zur humanen wurde." (Adorno 1997, Bd. 7, S. 9) Je mehr die Kunst ihre aus Klassik und Idealismus übernommene Position als Repräsentantin des Humanen aufgab, um ihre neuen Möglichkeiten in Anspruch nehmen zu können, desto weniger konnte sie eine Gesellschaft kritisieren, die immer mehr verrohte.

Aufgabe der Idee der Humanität

Adornos Position speist sich freilich aus den Erfahrungen des 20. Jahrhunderts und tut damit den Avantgarden unter Einschluss des Dadaismus, der die radikalste Form der literarischen Avantgarde des frühen 20. Jahrhunderts ist, eigentlich Unrecht. Der Dadaismus nämlich musste jene Erfahrungen erst noch machen, die Adorno im Rückblick vom Scheitern reden ließen. Er erprobte noch die Freiräume, die ihm die sich rasch verändernde Gesellschaft und die sich gleichfalls radikal ändernde Kunst eröffneten. Er löste die Grenze zwischen Kunst und Leben auf. Er zielte auf die „Aufhebung der Kunst in Lebenspraxis" ab (Bürger 1980, S. 69). Ihm wurde alles zum Material seiner künstlerischen Arbeiten. Seine Kunstwerke sollten sich in das alltägliche Leben einschreiben.

Von der Kunst zur Gesellschaftskritik

Auch wenn der Dadaismus als Kunst, genauer gesagt: als Gebrauchskunst begann, ließ er ihre Grenzen schnell hinter sich. Er verband die verschiedenen Künste zu einem Gesamtensemble und machte dabei auch vor der Gesellschaft nicht halt. Dadaistische Kunst griff die Basis-Konventionen der Gesellschaft an, die ihre Funktionsfähigkeit in Zeiten der Modernisierung gesichert hatte: An erster Stelle stand dabei der Sinn des gesellschaftlichen Sprechens, dem er mit offensichtlich provokativem Unsinn begegnete und ihn so nicht nur kritisierte, sondern auch zu zerstören suchte. Die Missachtung von Syntax und Grammatik einerseits, die Überzeichnung gesellschaftlicher Verhältnisse andererseits dienten dem Angriff auf die gesellschaftlichen Konventionen insgesamt. Indem der Dadaismus Verstehen unmöglich machte, attackierte er zugleich auch die gesellschaftlichen Strukturen, die auf Konventionen und Sinn aufbauten.

Protest gegen die Moderne

Der Dadaismus war nicht zuletzt Ausdruck des Protests gegen die Inanspruchnahme der Individuen durch die Gesellschaft, gegen die Willkür, der die Einzelnen unterworfen waren, gegen die Zwänge, mit denen sie leben mussten und die die Modernisierungsprozesse der Industriegesellschaften kennzeichneten.

Der Dadaismus führte also fort, was der Expressionismus und andere gesellschafts- und zivilisationskritische literarische Bewegungen begonnen hatten, allerdings war er dabei radikaler. Aber dem Dadaismus war mit seiner extremen Haltung eine kurze Haltbarkeit eingeschrieben. Seine Provokationskraft, die er noch 1920 auf der „Ersten Internationalen Dada-Messe" in Berlin bewies, führte ihn zwar von Skandal zu Skandal und sicherte ihm Aufmerksamkeit. Außerdem weitete der Dadaismus zugleich das künstlerische Vokabular entscheidend aus. Damit aber setzte er einen Überbietungswettlauf in

Gang, in dem die jeweils ältere Provokation an Wirkung verlor und Provokation zum Selbstzweck wurde.

4.2 Revolte des Unsinns gegen den Sinn

Begonnen hatte alles 1916 „in einem kleinen Saal mit 15 bis 20 Tischen und einer Bühne von zirka zehn Quadratmetern, einem Raum für etwa 35 bis 50 Besucher" (Korte 2000, S. 32). Am 1. Februar 1916 gründete der aus Deutschland vor dem Krieg geflohene Hugo Ball mit seiner Frau Emmy Ball-Hennings das *Cabaret Voltaire* in der Meierei in Zürich-Niederdorf. Mit dabei waren der rumänische Autor Tristan Tzara, der gleichfalls aus Rumänien stammende Architekt Marcel Janko, der Elsässer Maler Hans/Jean Arp und der aus Deutschland kommende Schriftsteller Richard Huelsenbeck.

Anfänge im *Cabaret Voltaire*, Zürich

Wirt und Künstler hatten verschiedene, aber einander ergänzende Interessen: Der Wirt der Meierei wollte mit dem Cabaret den Umsatz seines Lokals heben, Ball hatte die Absicht, der jungen, pazifistischen Künstlergeneration ein Forum zu geben. Dass dieser 1. Februar 1916 die Geburtsstunde einer der radikalsten avantgardistischen Literatur- und Kunstformen des frühen 20. Jahrhunderts sein würde, des Dadaismus, war wohl keinem der Beteiligten klar.

Anfangs bestand das Programm des *Cabaret Voltaire* noch aus einer mehr oder weniger zufälligen Mischung von Texten, Musikstücken, Malereien, Vorführungen, bei denen die Unterhaltung im Vordergrund stand, wie das Couplet *Cabaret* von Hugo Ball zeigt:

Start als Kleinkunst

„Der Exhibitionist stellt sich gespreizt am Vorhang auf
und Pimpronella reizt ihn mit den roten Unterröcken.
Koko der grüne Gott klatscht laut im Publikum.
Da werden geil die ältesten Sündenböcke."
(Ball 1916, zitiert nach: Richter 1964, S. 15)

Bereits diese kabarettistischen Texte aber reizten die Sensationslust ihres Publikums. Das *Cabaret Voltaire* war ein großer Erfolg.

Der sich selbst erfindende Dadaismus radikalisierte sich jedoch und entwickelte ein konsistentes gesellschafts-, kultur- und sprachkritisches Kunstkonzept. Literatur, Musik, Tanz, Theater, bildende Kunst und Gebrauchkunst gingen dabei eine enge Verbindung ein und wurden zum Gesamtkunstwerk zusammengefügt. Die Dadaisten verwendeten außerdem alles, was ihnen geeignet schien, als Material (Materialkunst) oder gaben Alltagsgegenstände – provokativ – als Kunstwerk aus (Readymade). Dabei bildeten sie eine Vielzahl von

Radikalisierung und konsistentes Gesamtkonzept

Varianten aus, die sich vor allem in der Radikalität unterschieden, mit denen sie das Sprachmaterial bearbeiteten. Das Spektrum reicht von originellen, aber auf Anhieb verständlichen Couplets, wie dem bereits zitierten Hugo Balls, bis hin zu in Tonfolgen aufgelösten Lautgedichten.

Beispiel
An Anna Blume

Kurt Schwitters „Merzgedicht" mit dem Titel *An Anna Blume* zeigt eine Reihe der Verfahrensweisen und Quellen, die die Dadaisten anwandten:

Kurt Schwitters
AN ANNA BLUME Merzgedicht 1 (1919)

„O du, Geliebte meiner siebenundzwanzig Sinne, ich liebe dir! –
Du deiner dich dir, ich dir, du mir. – Wir?
Das gehört [beiläufig] nicht hierher.
Wer bist du, ungezähltes Frauenzimmer? Du bist – – bist du? –
Die Leute sagen, du wärest, – laß sie sagen, sie wissen nicht, wie der Kirchturm steht.
Du trägst den Hut auf deinen Füßen und wanderst auf die Hände, auf den Händen wanderst du.
Hallo, deine roten Kleider, in weiße Falten zersägt. Rot liebe ich Anna Blume, rot liebe ich dir! – Du deiner dich dir, ich dir, du mir. – Wir?
Das gehört [beiläufig] in die kalte Glut.
Rote Blume, rote Anna Blume, wie sagen die Leute?
Preisfrage: 1. Anna Blume hat ein Vogel.
           2. Anna Blume ist rot.
           3. Welche Farbe hat der Vogel?
Blau ist die Farbe deines gelben Haares.
Rot ist das Girren deines grünen Vogels.
Du schlichtes Mädchen im Alltagskleid, du liebes grünes Tier, ich liebe dir! – Du deiner dich dir, ich dir, du mir, – Wir?
Das gehört [beiläufig] in die Glutenkiste.
Anna Blume! Anna, a-n-n-a, ich träufle deinen Namen. Dein Name tropft wie weiches Rindertalg.
Weißt du es, Anna, weißt du es schon?
Man kann dich auch von hinten lesen, und du, du Herrlichste von allen, du bist von hinten wie von vorne:
„a-n-n-a".
Rindertalg träufelt streicheln über meinen Rücken.
Anna Blume, du tropfes Tier, ich liebe dir!"
(Schwitters 1987, S. 46)

Das Gedicht, das Schwitters erstmals 1919 in einem schmalen Band beim Hannoveraner Verleger Paul Steegemann veröffentlicht hatte, erregte im Jahr 1920 großes Aufsehen, weil es – auf Anregung des Verlegers – in ganz Hannover plakatiert wurde. Diese Aktion war eine direkte Reaktion auf ein Plakat, in dem Honoratioren der Stadt eine Woche zuvor die Zehn Gebote in der Stadt verbreitet hatten, mit dem Zusatz: „Irret Euch nicht, Gott lässt sich nicht spotten." (Nündel 1999, S. 37)

1920 Plakatgedicht in Hannover

Die Reaktion auf Schwitters waren wütende Beschimpfungen. Der Autor wurde als Idiot bezeichnet, man zeigte ihm den Vogel, schlug vor, ihn in eine psychiatrische Heilanstalt einzuweisen. Dennoch hatte *Anna Blume* einen unglaublichen Erfolg. Das Gedicht wurde ein (dadaistischer) Bestseller, der in zahlreichen Varianten verlegt und ins Englische, Französische, Niederländische, Italienische und Ungarische übersetzt wurde (vgl. Nündel 1999, S. 38).

Der Erfolg von *Anna Blume* ist aber wohl einem produktiven Missverständnis zu verdanken: „Auf ein breites Publikum wirkte es [das Gedicht] nicht nur als ein Produkt dadaistischer Verrücktheit, sondern in gewissem Maße als ein populärer Schlager." (Schmalenbach 1984, S. 214) *Anna Blume* kann eben auch als originelles und sprachspielerisches Liebesgedicht gelesen werden, „in dem Grammatik und Vokabular nicht bloß deshalb durcheinandergeraten, weil es der Dadaismus, sondern weil es die – gespielte – Liebestrunkenheit so will." (Schmalenbach 1984, S. 215) Dass das Gedicht zwischen diesen Polen – dadaistische Sinnzertrümmerung und verrückte Liebespoesie – nicht bestimmbar ist, zeigt, mit welcher Sorgfalt Schwitters den Text konstruiert hat. Die heitere Ironie des Textes lässt offen, ob es sich hier um die Persiflage eines Liebesgedichtes handelt, um eine spöttische Kritik an der romantisierenden Liebeslyrik oder um seine spielerische Übersteigerung. Schwitters eigener Vortrag (vgl. Arp/Schwitters/Hausmann o. J.), bei dem er den Text höchst ernsthaft deklamierte, bricht noch ein weiteres Mal mit der Verständniserwartung. Dennoch funktioniert der Text, er lässt sich verstehen und interpretieren.

Erfolg als produktives Missverständnis

Die überlieferten Varianten des Textes zeigen zudem, dass er nicht abgeschlossen und endgültig fertig war, sondern – ganz im Kunstverständnis der Dadaisten – variabel und unabgeschlossen blieb.

Unabgeschlossenheit

Was fällt auf an diesem Gedicht?

Die Wortwahl weicht ebenso von der Norm ab wie die grammatikalischen Konstruktionen und die Syntax. Schwitters spielt nicht nur mit Bedeutungen (semiotisch gesprochen: mit den Signifikaten), son-

Spiel mit Signifikaten und Signifikanten

dern auch mit Begriffen (den Signifikanten). Im Resultat wird damit die Wahrnehmung und Interpretation von Realität als Referenz, auf die sich Signifikat und Signifikant beziehen, verändert. Im Einzelnen:

<small>Mundartliche Elemente</small>
- Es finden sich mundartliche Elemente („ich liebe dir", „und wanderst auf die Hände").

<small>Glossolalie</small>
- Die Rede gerät zum Teil zur Stammelei (Glossolalie); dies ließe sich als Verlust der Selbstkontrolle verstehen, was ja zum begeisterten ‚Liebestaumel' passt („Du deiner dich dir, ich dir, du mir. – Wir?").

<small>Suche nach Worten</small>
- Der Sprecher scheint immer wieder nach Worten zu suchen, als ob sie ihm – zustands- oder bildungsbedingt – nicht zur freien Verfügung stünden. Statt der im Kontext korrekten werden falsche Worte eingesetzt („rot liebe ich dir").

<small>Übertreibungen</small>
- Das reicht bis zu teilweise grotesken Übertreibungen („du tropfes Tier", „Dein Name tropft wie weiches Rindertalg.").

<small>Unbestimmtheit</small>
- Einzelne Sätze oder Wendungen bleiben dabei unbestimmt. Der Satz „Anna Blume hat ein Vogel" ist z. B. nicht eindeutig (was ist Subjekt, was Objekt?).

<small>Sensuelle Orientierung</small>
- Generell ist der Text sehr sensuell orientiert und spielt mit der Sinnlichkeit der Angesprochenen („Blau ist die Farbe deines gelben Haares./Rot ist das Girren deines grünen Vogels").

<small>Konterkarierung des Alltags</small>
- Die Sätze konterkarieren zum Teil lebensweltliche Standards („Du trägst den Hut auf deinen Füßen").

Mit diesen Operationen hintertreiben Texte wie *An Anna Blume* nicht nur ironisch die Ernsthaftigkeit des Genres, der Kunst und der romantisierenden Liebessemantik. Sie greifen zentral auch das Vertrauensverhältnis zwischen Sprache und Realität an. Wenn die Sprachverhältnisse selbst in Unordnung geraten, wie können sie dann Wirklichkeit beschreiben und, mehr noch, wie könnte man dann von einer geordneten Welt ausgehen?

<small>Lautgedicht</small>
Das Verhältnis von Sinn zerstörender Schreibstrategie und Sinn produzierender Rezeption ist im Lautgedicht, das wohl die bekannteste literarische Form für die Dadaisten ist, noch komplizierter als in Schwitters' *An Anna Blume*.

Die Dadaisten verbanden im Lautgedicht Texte und Lettern mit visuellen Zeichen. Die Trennung zwischen Literatur, Typografie und Malerei wurde aufgehoben, wie auch die Übergänge zu anderen <small>Verbindung der Kunstformen</small> Kunstformen fließend gestaltet wurden. Im Lautgedicht wurden Buchstaben, Wortfragmente oder Worte teils in zufälliger Reihenfolge, teils in genau kalkulierten Konstruktionen miteinander kombiniert. Das Lautgedicht arbeitet auf der ersten Ebene mit der Lautgestalt der Buchstaben und Buchstabenkombinationen. Lektüre und Vortrag sind klangorientiert, die Tonhaltigkeit der Buchstabenkombinationen rückt in den Vordergrund, nicht zuletzt mangels Bedeutung des einzelnen Zeichens oder Buchstabens. Die Basis der Sprache, der Laut, wird als Material genutzt (→ ASB FELSNER/HELBIG/MANZ, KAPITEL 4.3).

Lautgedichte sind bewusst unverständlich gehalten. Es ist im ersten Moment keine Wortbedeutung erkennbar, die Einheiten sind zum Teil nicht als Wörter identifizierbar oder gar bedeutungstragend. Sinn und vor allem das Pathos, das in der bürgerlichen Literatur des späten 19. Jahrhunderts, aber auch im Expressionismus eine zentrale Stellung hatte, werden konterkariert. In der Konsequenz wird Sprache als Medium der Selbstbeschreibung und -definition der Gesellschaft zerschlagen und der Rezipient auf die Suche nach neuen Wahrnehmungsformen und Bedeutungen geschickt. Die freie Assoziation, die mit nur wenigen Hinweisen auskommen muss, ist dabei die einzige Orientierungshilfe und Sinn stiftende Instanz.

Lautgedichte

Das lässt sich an Hugo Balls Lautgedicht *Karawane* aus dem Jahr 1917 zeigen, das in der Gestaltung von Richard Huelsenbecks *Dada Almanach* (1918) bekannt geworden ist (→ ABBILDUNG 9).

Typografische Gestalt, Buchstaben, Zeichen und wortähnliche Kombinationen gehen eine enge Verbindung ein. Hinzu kommt der Vortrag, da in der Entwicklung der dadaistischen Avantgarde das

Enge Verbindung von Typografie und Sprachmaterial

KARAWANE
jolifanto bambla ô falli bambla
grossiga m'pfa habla horem
égiga goramen
higo bloiko russula huju
hollaka hollala
anlogo bung
blago bung
blago bung
bosso fataka
ü üü ü
schampa wulla wussa ólobo
hej tatta gôrem
eschige zunbada
wulubu ssubudu uluw ssubudu
tumba ba- umf
kusagauma
ba - umf

Abbildung 9: Hugo Ball: *Karawane* (1917)
gestaltet von Richard Huelsenbeck

performative Element des Dadaismus zentral ist, das vom Cabaret und von der Soiree gelöst und in Richtung politisches Engagement weiter entwickelt wurde. Die Dadaisten stellten Masken her, die sie bei ihren Auftritten verwendeten und mit denen sie ihnen eine bestimmte Ausrichtung gaben. Die Kombination des lamentierenden Tonfalls der rezitierenden Stimme mit dem Kostüm und der Ernsthaftigkeit, mit der Lautgedichte aufgeführt wurden, hatte den Effekt, dass diese Textgebilde schließlich doch wieder interpretiert werden können und damit – paradoxerweise – wieder Sinnträger werden. Die Assoziationen, die Lautgedichte hervorrufen, verweisen im Fall *Karawane* unter anderem auf Karawanengeräusche, auf Elefantenstampfen oder Treiberrufe, Zauberrituale oder liturgische Formen, wie die Forschung festgestellt hat (vgl. Korte 2000, S. 53). Obwohl also die Dadaisten die Sinn tragenden Strukturen der Gesellschaft zu unterlaufen und zu zerstören suchten, lässt sich auch ihren Werken Sinn zuweisen, wenngleich oft auf einem rudimentären, assoziativen und damit unklaren Niveau.

Diese widersprüchlichen Strategien des Dadaismus prägte sogar die überaus zahlreichen Versuche, den Begriff Dada zu erklären. Ein solcher Versuch findet sich das erste Mal in einem Brief Hugo Balls an Tristan Tzara vom 29. Februar 1916. Richard Huelsenbeck berichtete:

„Das Wort Dada wurde zufällig entdeckt von Ball und mir in einem deutsch-französischen Wörterbuch, als wir einen Künstlernamen für Madame LeRoy, die Sängerin in unserem Kabarett, suchten. Dada ist ein französisches Wort für Steckenpferd." (Huelsenbeck o. J., zitiert nach: Richter 1964, S. 30f.)

Kolportiert wurden noch andere Ableitungen und Bedeutungen: So hätten die Dadaisten in der Zeitung gelesen, dass die „Kru-Neger" den Schwanz einer heiligen Kuh ‚dada' nannten, Würfel und Mutter hießen in gewissen Gegenden Italiens dada, Dada heiße außerdem im Italienischen Amme und sei ein deutsches Stammelwort. Die beiden Rumänen Marcel Janco und Tristan Tzara hätten sich ihre Redeströme mit einem wiederholten „da, da" bestätigt, erinnert sich Hans Richter (Richter 1964, S. 30). Es gibt auch den Hinweis auf ein haarstärkendes Kopfwasser, das den Markennamen Dada getragen habe (→ ABBILDUNG 10).

Hans Arp schließlich versuchte, den unterschiedlichen Erklärungs- und Behauptungsversuchen mit der folgenden Anekdote ein Ende zu machen, vergeblich allerdings:

„Ich erkläre hiermit, daß Tzara das Wort Dada am 6. Februar 1916 um 6 p. m. erfand. Ich war gegenwärtig mit meinen 12 Kin-

REVOLTE DES UNSINNS GEGEN DEN SINN

Abbildung 10: Werbung für das Kopfwasser „DADA" (1917)

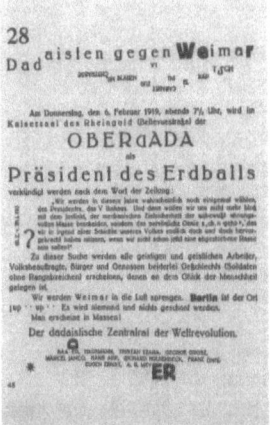

Abbildung 11: Johannes Baader: Dadaisten gegen Weimar, Flugblatt (6. 2. 1919), Vorderseite

dern, als Tzara zuerst das Wort äußerte ... das geschah im Café de la Terrasse in Zürich, und ich trug ein Brioche in meinem linken Nasenloch." (Arp 1921, zitiert nach: Richter 1964, S. 30).

Die Verbindung von Performance und politischer Aktion erreichte in den Aktionen Johannes Baaders ihren Höhepunkt: Baader unterbrach etwa im Jahr 1918 den Hofprediger (wahrscheinlich Ernst von) Dryander im Berliner Dom mit den Worten „Christus ist mir wurscht!" oder, nach einem anderen Bericht: „Sie selbst verspotten ja Christus, er ist Ihnen ja wurscht." (Richter 1964, S. 130) Im Jahr 1919 ließ er auf die versammelte verfassunggebende Versammlung der jungen Republik im Weimarer Staatstheater einen Regen von Flugblättern niederkommen, in denen er sich selbst als Präsidenten vorschlug (→ ABBILDUNG 11).

Politische Aktionen

Das Flugblatt ist eine überaus wirksame Verbindung unterschiedlicher Textteile, die insgesamt ein kritisches Potenzial entfalten. Parolen wie „Dadaisten gegen Weimar" oder „Wir werden Weimar in die Luft sprengen. [...] Es wird niemand und nichts geschont werden" wirken auf den ersten Blick wie ernsthafte politische Positionsbestimmungen, auch wenn sie extrem sind. Auch die Rede vom „Glück der Menschheit" weist in diese Richtung und schließt an die Konventionen literarischer und politischer Reden an. Spätestens aber bei (typo-

Ironische Demontage politischer Parolen

grafisch verfremdeten) Wendungen wie „Berlin ist der Ort .. da .. da!" und mit der Ortsangabe „Cabaret zur blauen Milchstraße" wird der Abstand zu normalen politischen Parolen deutlich.

Revolution? Sicher, es ging den Dadaisten um eine Revolutionierung der Gesellschaft. Dabei stand jedoch die Abwendung von dem, was sie „Weimarische Lebensauffassung" nannten, im Vordergrund, wie der Dadaist Raoul Hausmann programmatisch formulierte:

„Ich bin nicht nur gegen den Geist des Potsdam – ich bin vor allem gegen Weimar. Noch kläglichere Folgen als der alte Fritz zeitigten Goethe und Schiller – die Regierung Ebert-Scheidemann war eine Selbstverständlichkeit aus der dummen und habgierigen Haltlosigkeit des dichterischen Klassizismus. Dieser Klassizismus ist eine Uniform, die metrische Einkleidungsfähigkeit für Dinge, die nicht das Erleben streifen." (Hausmann 1919, zitiert nach: Riha/Bergius 2002, S. 50f.)

Die Weimarer Republik war aus der Sicht der Dadaisten das direkte Resultat der Weimarer Klassik, mit dem – so Hausmann – das eigentliche „Erleben" unmöglich gemacht wurde: Die Kopfarbeiter „vollführten [...] mit dem Verlangen nach Disziplin, Ruhe, Ordnung ein vornehmes Gesäusel am Bauche des Gottes Mammon." (Hausmann 1919, zitiert nach: Riha/Bergius 2002, S. 50). Unter diesen Umständen aber sei es „besser, Kaufmann zu sein als Dichter!" (Hausmann 1919, zitiert nach: Riha/Bergius 2002, S. 49), das heißt vor allem: ehrlicher. Selbst der Kommunismus sei nichts anderes als „die Bergpredigt, praktisch organisiert, [...] ein schöner Wahnsinn" (Hausmann 1919, zitiert nach: Riha/Bergius 2002, S. 51). Mit anderen Worten: Die Dadaisten unterzogen die bürgerliche Ordnung einer Radikalkritik.

Kritik an der bürgerlichen Ordnung

Erleben als Maß Dagegen machten die Dadaisten das individuelle, subjektive Erleben stark, das notgedrungen in der bürgerlichen Gesellschaft unterdrückt werde. Für sie ging es entsprechend nicht um eine politische Organisation. Demokratie, Monarchie und Diktatur des Proletariats waren ihnen gleichgültig. Für sie ging es um eine unmittelbare und von allen zivilisatorischen Schlacken befreite Lebensform:

„Wir wollen lachen, lachen, und tun, was unsere Instinkte heißen. Wir wollen nicht Demokratie, Liberalität, wir verachten den Kothurn des geistigen Konsums, wir erbeben nicht vor dem Kapital. [...] wir wollen Unwert und Unsinn! [...] Wir wollen alles selbst schaffen. [...] Der Dadaist [...] ist: für das eigene Erleben!!!" (Hausmann 1919, zitiert nach: Riha/Bergius 2002, S. 51f.)

Mit solchen radikalen Parolen meinten die Dadaisten zwar, etwas völlig Neues zu schaffen, aber auf diese Weise ordneten sie sich in eine Tradition ein, die von der bürgerlichen Zivilisationskritik bis zum Individualanarchismus eines Max Stirners (dessen radikal subjektive Konzeption großen Einfluss unter den Autoren des frühen 20. Jahrhunderts hatte) reicht und in der die Modernisierungsprozesse des 19. und frühen 20. Jahrhunderts kritisch begleitet und kommentiert wurden.

Kritik an der Moderne

Die Dadaisten legten die Finger in eine Reihe offener Wunden des postwilhelminischen Deutschland. Aber in ihrer faktischen Wirkung waren ihre Aktionen begrenzt. Die Dadaisten waren kreativ, originell, vielleicht verrückt, ganz sicher genial – politisch vertrauenswürdig und mehrheitsfähig waren sie nicht. Nach dem Ersten Weltkrieg, am Beginn einer neuen politischen Ordnung war aber politische Handlungsfähigkeit entscheidend.

4.3 Ende und Weiterwirken des Dadaismus

So begrenzt der Dadaismus in seiner politischen und auch künstlerischen Pragmatik war, so kurz seine Geschichte und so gering seine anfängliche Breitenwirkung war, übte er doch eine ungemein große Faszination auf die künstlerischen Avantgarden vor allem in Europa aus.

Die Keimzelle des Dadaismus, Dada Zürich, endete zwar in den letzten Kriegsjahren, von Zürich aus wurden jedoch zahlreiche Dada-Varianten begründet: Richard Huelsenbeck ging Ende 1917 nach Berlin und war dort an der Gründung von Dada Berlin beteiligt. Tristan Tzara zog es nach Paris. Dada Paris, an dem Marcel Janco und Tristan Tzara beteiligt waren, hatte schließlich entscheidenden Einfluss auf die Entstehung des Surrealismus. Max Ernst war der wichtigste Repräsentant der kleinen Kölner Dadaisten-Szene, während Kurt Schwitters, nachdem er sich vergeblich der Berliner Dada-Gruppe anzuschließen versucht hatte, mit MERZ eine eigene Hannoveraner Dada-Variante schuf. Bereits während des Krieges war zudem eine New Yorker Dada-Variante entstanden. Daneben sind mittlerweile weitere zahlreiche Dada-Zentren in Italien, Niederlanden, Russland, Italien, Spanien und Japan identifiziert worden: Dada wurde ein internationales Phänomen.

Kurzlebiges, aber internationales Phänomen

Die Entwicklung Dadas wurde in Berlin am stärksten vorangetrieben: Zu Dada Berlin stießen John Heartfield, Wieland Herzfelde, Raoul

Dada Berlin

Hausmann, Johannes Baader, Hannah Höch, George Grosz und Walter Mehring, die zum Teil bereits seit Jahren in expressionistischen Zeitschriften publiziert oder eigene Projekte betrieben hatten. Sie entwickelten vielfältige Aktivitäten, veranstalteten Soireen, Lesungen, Ausstellungen und brachten in den wenigen Jahren ihrer dadaistischen Phase eine ungemein lebendige und kurzlebige Zeitschriftenszene hervor.

Bereits im Jahre 1920 war der Dadaismus auf seinem kreativen, gesellschaftskritischen und provokativen Gipfel angelangt und zugleich bereits (beinahe) am Ende. Mit der „Ersten Internationalen Dada-Messe", die vom 30. Juni bis zum 25. August 1920 in Berlin stattfand, erlebten die Dadaisten den Höhepunkt der öffentlichen Aufmerksamkeit. Dass diese sich vor allem empört gab, lässt sich leicht nachvollziehen. Immerhin hatten es die Dadaisten auf Provokation angelegt. Wer 1920 eine Uniform mit einem Schweinekopf versieht und an die Decke hängt, wie in der Ausstellung geschehen, will den Krach.

Das Problem der Normalität

Aber die Dadaisten hatten Probleme mit der Normalität. Selbst der Unsinn verlor seine Provokationskraft. Der Versuch der avantgardistischen Kunst, zum Leben selbst zu werden, musste scheitern (und war wohl auf Erfolg nicht wirklich aus gewesen). Adornos Diktum, dass sich die Künstler – kaum dass sie die unbegrenzte Möglichkeiten der Moderne kennengelernt hatten – an die Wiedereinführung von Ordnung und an die Reetablierung von Strukturen gemacht hätten (vgl. Adorno 1997, Bd. 7, S. 9), trifft auch auf die Dadaisten zu. Doch auch wenn sie als ‚Lebensreformer' und ‚Politiker' erfolglos waren und wieder zu ‚Künstlern' wurden – als Künstler blieben sie radikal. Sie bezahlten dies allerdings, soweit sie sich weiterhin als Dadaisten verstanden, mit einer Existenz am Rande von Kunst- und Kulturbetrieb: Richard Huelsenbeck, Raoul Hausmann, Kurt Schwitters und Jean Arp wandten sich wieder künstlerischen Werken zu, ohne freilich ihre kritische Haltung und ihre Aktivitäten aufzugeben. Schwitters und Hausmann etwa tourten in den 1920er-Jahren durch Osteuropa und die Niederlande.

Marginalität als Preis

Der Dadaismus wurde zu einer Kunstrichtung unter vielen, durch die Nationalsozialisten wurden seine Akteure vertrieben und über Jahre vergessen. Einen Ausweg aus der künstlerischen Marginalität fanden nur diejenigen Dadaisten, die politisch weiter radikal blieben, sich dabei aber einer der großen politischen Organisationen annäherten und in deren Kontext weiter arbeiteten: George Grosz, Wieland Herzfelde und John Heartfield näherten sich der KPD an, für deren *Arbeiter Illustrierte Zeitung (AIZ)* etwa John Heartfield in den kommenden Jahren seine berühmtesten Collagen fertigte (→ ABBILDUNG 4). Franz Jung, gleichfalls einer der politisch radikalen Berliner Dadaisten, wandte sich einer extremen, linken Splittergruppe zu und verschwand – nach einer kurzen Hochzeit – aus dem öffentlichen Bewusstsein (→ KAPITEL 8.2).

Erst in den 1950er- und 1960er-Jahren wurde der Dadaismus wieder aus der Vergessenheit geholt und durch seine Rezeption in der bildenden Kunst (Neodada) zu einer der wichtigsten Formen der Avantgarden des frühen 20. Jahrhunderts erklärt. Damit bildete der Dadaismus eine der wichtigsten Grundlagen für die Entwicklung von Neomoderne und Postmoderne in den Nachkriegsjahrzehnten mit weit reichenden Konsequenzen für seine öffentliche Wahrnehmung bis heute. Mit dem Dadaismus wurde die Kunst radikalisiert und an ihr vorläufiges Extrem geführt, auch was die Verbindung der verschiedenen Kunstformen angeht. Mit ihm testete Kunst ihre Grenzen aus, die erst in den letzten Jahrzehnten des 20. Jahrhunderts weiter ausgedehnt wurden.

Wiederentdeckung Dadas

Fragen und Anregungen

- War der Dadaismus eine künstlerische oder eine politische Bewegung?
- Skizzieren Sie die Funktion des Zufalls und der Spontaneität im Dadaismus.
- Was war provozierend am Dadaismus?
- Diskutieren sie die Funktion des Unsinns im Konzept des Dadaismus.
- Aus welchen Gründen scheiterte das Konzept des Dadaismus?

Lektüre- und Hörempfehlungen

- Karl Riha unter Mitarbeit von Hanne Bergius (Hg.): Dada Berlin. Texte, Manifeste, Aktionen, Stuttgart 2002. *Auswahl der Texte und Werke der Berliner Dadaisten, vor allem aber der Essays. Zur einführenden Lektüre sehr zu empfehlen.*

- Kurt Schwitters: Anna Blume und ich. Die gesammelten „Anna Blume"-Texte. Herausgegeben von Ernst Schwitters. Mit Photos,

Quellen

Zeichnungen, Dokumenten, Zürich 1987. *Sammlung von Laut- und Figurengedichten und Prosatexten Kurt Schwitters.*

- **Kurt Schwitters: Ursonate**. Original Performance von Kurt Schwitters (CD), Mainz: Wergo Schallplatten 1993. *Schwitters trägt selbst eine seiner berühmtesten Lautdichtungen vor.*

- **Arp / Schwitters / Hausmann: Dada, Antidada, Merz**, herausgegeben von Marc Dachy, CD. [Brüssel]: Sub Rosa [2005]. *Gedichte der berühmtesten Dadaisten, von ihnen selber vorgetragen. Leider nicht einfach zu bekommen.*

Forschung

- **Walter Fähnders: Dada**, in: ders., Avantgarde und Moderne 1890–1933, Stuttgart / Weimar 1998, S. 189–198. *Knappe Darstellung von Geschichte und Begriff des Dadaismus.*

- **Hermann Korte: Die Dadaisten**, Reinbek bei Hamburg 3. Auflage 2000. *Einführende Darstellung des Dadaismus mit anschaulichem Bildmaterial.*

- **Ernst Nündel: Kurt Schwitters mit Selbstzeugnissen und Bilddokumenten dargestellt**, Reinbek bei Hamburg 4. Auflage 1999. *Knappe biografische Monografie zu Kurt Schwitters, die alles Wesentliche zu Leben und Werk präsentiert.*

- **Hans Richter: DADA – Kunst und Antikunst. Der Beitrag Dadas zur Kunst des 20. Jahrhunderts**. Mit einem Nachwort von Werner Haftmann, Köln 1964. *Eine der ersten Gesamtdarstellungen, von einem der Dadaisten selbst. Bis heute ist der Band eine der wichtigsten Quellen für die Geschichte des Dadaismus, gerade weil er sich durch Nähe zum Gegenstand (und durch Lesbarkeit) auszeichnet.*

- **Klaus Schuhmann (Hg.): Sankt Ziegenzack springt aus dem Ei. Texte, Bilder und Dokumente zum Dadaismus in Zürich, Berlin, Hannover und Köln**, Leipzig / Weimar 1991. *Gründliche und umfassende Darstellung mit zahlreichen Quellen und Abbildungen.*

5 Ästhetik der Klassischen Moderne

Abbildung 12: Collage zu Walther Ruttmanns Film *Berlin. Die Sinfonie der Großstadt*
(*Illustrierter Film-Kurier* Nr. 658, 1927)

Großstadtgetümmel, die Wolkenkratzer im Hintergrund, schwankend oder tanzend, ein Auge, das alles beobachtet, schwebt am Himmel, während am unteren Bildrand die Menschen der Großstadt ihren Geschäften nachgehen, kaufen, verkaufen, reden, zuschauen. Ihnen spielt ein Akkordeon auf, das selbst wieder frei in der Luft schwebt. Ein Totentanz oder eine vitale Szenerie? Das Programmheft der Zeitschrift „Filmkurier" zu Walther Ruttmanns „Berlin. Die Sinfonie der Großstadt" bildet nicht einfach Szenenfotos aus dem Film ab, der das Erwachen und den Tagesablauf der neuen Metropole Berlin schildert. In einer Reihe von Fotocollagen versuchten die Autoren, für den Film den angemessenen symbolischen Ausdruck zu finden.

Die bildende Kunst – und hier vor allem die Fotocollage – visualisiert den radikalen Wechsel der Lebensbedingungen. Die Literatur geht einen anderen, nicht weniger wirkungsvollen Weg, sie versucht Bilder vorstellbar zu machen. Ziel ist in beiden Künsten, die Simultaneität der Eindrücke, das unvermittelte Nebeneinander der verschiedenen urbanen Elemente zu zeigen und dabei die Auswirkungen auf das Subjekt zu demonstrieren. Das Subjekt seinerseits geht in seinen Funktionen auf, die Lebenswelt ist fragmentiert und bietet keinen übergreifenden Lebenszusammenhang mehr. Die Aufgabe der Kunst – der bildenden Kunst, der Literatur, ja auch der Musik – ist es, für diese Lebensbedingungen den geeigneten Ausdruck und eine treffende Ansicht zu finden, Modulationen der Bewältigungsformen, Lösungswege und Alternativen. Die Ästhetik in den 1910er- und 1920er-Jahren entwickelt analog zu den neuen Erfahrungswelten neue Ausdrucksformen. Ziel ist – unter Einschluss der Erträge der ästhetischen Avantgarden – die jeweils angemessene und funktionale Form: Dabei ist der Literatur jede Form recht, sofern sie tragfähig ist. Kunst und eben auch Literatur ist immer auch ein Produkt der Zeit. Sie diskutiert die Romanform, wie am Beispiel Döblin zu sehen, und richtet sie an den neuen Erfordernissen aus. Die enge Verknüpfung literarischer Formen mit den Neuen Medien lässt sich an der intensiven Entwicklung der kleinen Form in den 1920er-Jahren erkennen, die für ihren spezifischen Platz im Zeitungsfeuilleton konzipiert wurde und dabei eine eigene ästhetische Dimension entwickelte.

5.1 **Ästhetik zwischen Innovation und Kontinuität**
5.2 **Alfred Döblins Poetik des modernen Romans**
5.3 **Ästhetik der kleinen Form**

5.1 Ästhetik zwischen Innovation und Kontinuität

Die Sammlung *Morgue und andere Gedichte*, im März 1912 als 21. „Flugblatt" des Verlags A. R. Meyer in Berlin erschienen, ist Gottfried Benns Einstand in die deutsche Literatur des 20. Jahrhunderts. Der nur neun Gedichte umfassende schmale Band war „die literarische Sensation des Jahres 1912" (Hohendahl 1971, S. 26), wie der für den Expressionismus so bedeutende Verleger Alfred Richard Meyer in seinen Erinnerungen mitteilte: „Wohl nie in Deutschland hat die Presse in so expressiver, explodierender Weise auf Lyrik reagiert wie damals bei Benn." (Meyer 1948, S. 15) Zwar sollte man solchen Einschätzungen mit großer Zurückhaltung begegnen – der Band hatte immerhin nur eine Auflage von 500 Exemplaren und wurde außerhalb der immer noch kleinen expressionistischen Öffentlichkeit nicht wahrgenommen. Dennoch ist weder die Bedeutung von Benns erster kleiner Sammlung noch ihre Wirkung auf die Leser zweifelhaft. Grund dafür sind die Themen und ihre Gestaltung durch Benn. Gedichte wie *Mann und Frau gehn durch die Krebsbaracke* provozierten die Zeitgenossen und provozieren bis heute. Mit gutem Grund: Der Text imaginiert den Gang eines Paares durch eine Krebsbaracke; der Mann erläutert dabei der Frau die unterschiedlichen Krankheits- und Verfallsstadien der allesamt weiblichen Patienten. Dabei verweist er jedoch zugleich auf das besondere Verhältnis zwischen Mann und Frau, dem Liebesverhältnis, das hier in der idealisierten Fassung angespielt wird, als Größe, Rausch und Heimat:

Gottfried Benns *Morgue*-Gedichte

„Komm, hebe ruhig diese Decke auf.
Sieh, dieser Klumpen Fett und faule Säfte,
das war einst irgendeinem Mann groß
und hieß auch Rausch und Heimat."
(Benn 1986–2003, Bd. 1, S. 16)

Die Provokationskraft des Gedichts entsteht durch die Engführung von körperlichem Verfall und imaginierter Schönheit und Größe. Der Körper der Frau wird nicht in seiner idealen Gestalt, in seiner Schönheit vorgeführt, sondern im Verfall. Mit anderen Worten: Die Wahrheit von Liebe und von sexuellem Begehren liegt nicht in ihrer Idealisierung und Übersteigerung, sondern in der Materialität und damit Vergänglichkeit der Körper. Diese Erkenntnis gestaltet Benn in einem Kunstwerk, einem Gedicht.

Provokation durch Engführung von Verfall und Größe

Kunst als Erkenntnis

In ihren Erinnerungen – die allerdings nur bedingt verlässlich sind – hat die Ingolstädter Autorin Marieluise Fleißer die folgende Geschichte

Marieluise Fleißers *Pioniere in Ingolstadt*

von der Entstehung ihres zweiten Stücks, *Pioniere von Ingolstadt* (1926/28), erzählt:

„1926 kamen die Pioniere nach Ingolstadt aus Küstrin zu Flußübungen in unser Gelände; sie bauten eine Brücke über den Künettegraben. Das war wie eine Invasion. Ich erzählte Brecht davon auf einem Spaziergang am Augsburger Stadtgraben" (Fleißer 1983, Bd. 1, S. 441f.).

Brechts Tipps zum
Bau des Werks

Bertolt Brecht motivierte Fleißer, erinnerte sich die Autorin viele Jahre später, daraus ein Stück zu machen, gab gleich einige Hinweise zur Konstruktion des Werks und schlug einige Erfolgszutaten vor: Vater und Sohn, ein Auto, das nicht fährt, aber dem Sohn angedreht werde, Soldaten, die mit den Dienstmädchen des Ortes spazieren gehen, ein schikanöser Feldwebel und am Ende müsse der Sohn die Brücke der Pioniere in die Luft sprengen, weil er auf einen von ihnen eifersüchtig sei.

„Anregung von Brecht: das Stück muß keine richtige Handlung haben, es muß zusammengebastelt sein, wie gewisse Autos, die man in Paris herumfahren sieht, Autos im Eigenbau aus Teilen, die sich der Bastler zufällig zusammenholen konnte, es fahrt halt, es fahrt!" (Fleißer 1983, Bd. 1, S. 442)

Fleißer hatte zwar ihre liebe Mühe damit, Brechts Vorschlägen zu folgen, schloss das Stück aber trotzdem bereits im selben Jahr ab. Das Interesse daran war nach dem Erfolg des ersten Stücks Fleißers, *Fegefeuer in Ingolstadt* (Uraufführung 1926), erfreulich groß: Gleich drei Bühnen konkurrierten um die Uraufführung, schließlich wurden die *Pioniere* 1928 in Dresden an der Jungen Bühne Renato Moros uraufgeführt, die zweite Inszenierung in Berlin, 1929, wurde dann zum großen Skandal, weil sie als zu freizügig galt und angeblich das Militär verhöhnte.

Offene Struktur,
Reihencharakter der
Szenen

Es ist nicht gesichert, ob das Gespräch zwischen Fleißer und Brecht überhaupt stattgefunden hat und wenn ja, ob es diesen Inhalt hatte (vgl. Häntzschel 2007). Bezeichnend für Brechts Verständnis von der Struktur und Bauart eines Textes bleibt die Geschichte jedoch unabhängig davon, ob sie wahr ist: Texte sollten offene Strukturen, die Szenen Reihencharakter ohne Spannungsbogen, ja Abstimmungsfehler enthalten und keineswegs in sich geschlossen und stimmig sein. Nur so konnten sie Aufmerksamkeit auf sich ziehen und die Zuschauer zum Nachdenken anregen. Damit ging Brecht, den Avantgarden folgend, einen Schritt weiter als Benn: Er macht Kunst nicht nur zum Erkenntnisinstrument, sondern er begann damit, die dargestellte Realität so zu modulieren, dass die Wahrnehmenden – in diesem Fall die Theaterzuschauer – unter die Oberfläche des Gebotenen schauen und die gesellschaftlichen Strukturen erkennen konnten, die das Handeln der Figuren bestimmt (→ KAPITEL 7.4). Die Offenheit der Werkstrukturen bezog sich zugleich auf die Offenheit und Fragmentarität der Realität, deren Sinn- und Ordnungszusammenhang verfallen und die den Interessen der verschiedenen gesellschaftlichen Gruppen ausgeliefert war.

Offenheit, Fragmentarität, Perspektivität, Simultaneität, die Ästhetik des Hässlichen und andere (zum Teil bereits vorgestellte, teils in den anderen Kapiteln dieses Bandes behandelte) Charakteristika der Moderne waren keine Erfindungen der 1910er- oder 1920er-Jahre, sondern des 19. Jahrhunderts. Der Philosoph Karl Rosenkranz hatte etwa im Jahre 1853 das Hässliche als Form zwischen dem Schönen und dem Grotesken angesiedelt, es zugleich aber als „Hölle des Schönen" bezeichnet und auf die Allgegenwart des Hässlichen verwiesen:

<small>Das Hässliche in der Kunst</small>

<small>Allgegenwart des Hässlichen</small>

„Wir stehen inmitten des Bösen und des Übels, aber auch inmitten des Häßlichen. Die Schrecken der Unform und der Mißform, der Gemeinheit und Scheußlichkeit umringen uns in zahllosen Gestalten von pygmäenhaften Anfängen bis zu jenen riesigen Verzerrungen, aus denen die infernale Bosheit zähnefletschend uns angrinst." (Rosenkranz 1990, S. 11)

Als Allgegenwärtiges ist das Hässliche aus dem Bereich der Kunst nicht ausgeschlossen. Allerdings erfährt es, folgt man Rosenkranz, in der Behandlung durch die Kunst eine spezifische Modifikation. Es werde nämlich vom „Unbestimmten, Zufälligen [und] Charakterlosen" gereinigt und erfahre einen „Akt der Idealisierung", dessen Ziel es jedoch sein müsse, das „Häßliche in der ganzen Schärfe seines Unwesens vorzuführen" (Rosenkranz 1990, S. 41).

Die Aufnahme des Hässlichen in die Kunst sei dann zu rechtfertigen, wenn es sich als „relative Notwendigkeit" rechtfertige, um nämlich das Schöne besonders deutlich herauszustellen. Wohlgefallen am Hässlichen zu finden hielt Rosenkranz noch für widersinnig, sogar krankhaft, aber immerhin für möglich, nämlich dann, „wenn ein Zeitalter physisch und moralisch verderbt ist, für die Erfassung des wahrhaften, aber einfachen Schönen der Kraft entbehrt und noch in der Kunst das Pikante der frivolen Korruption genießen will" (Rosenkranz 1990, S. 48).

<small>Wohlgefallen am Hässlichen?</small>

Freilich hatte diese Position schon in den 1850er-Jahren keinen Bestand mehr: Der französische Autor Charles Baudelaire hatte mit der bereits 1857 erschienenen Gedichtsammlung *Les Fleurs du*

<small>Das Hässliche als Gegenstand ästhetischer Wahrnehmung</small>

Mal / Die Blumen des Bösen das Hässliche – in Gestalt eines verwesenden Hundeleichnams – als Gegenstand der ästhetischen Wahrnehmung in die Kunst eingebracht. Mit weit reichenden Folgen, wie der Literaturhistoriker Helmuth Kiesel konstatiert hat:

> „Die von Baudelaire inaugurierte Einbeziehung des Häßlichen und Widerwärtigen in die einst ‚schön' genannte Literatur hat wesentlich dazu beigetragen, daß das idealistische Denken mit seiner Ineinssetzung von Wahrem, Gutem und Schönem verabschiedet wurde." (Kiesel 2004, S. 107)

Abschied vom Wahren, Guten, Schönen

Damit aber änderte die Kunst ihren Auftrag: Kunst wird mit solchen Gedichten wie denen Baudelaires oder Benns nicht mehr als Übersteigerung der Realität gedacht, sondern als Ausdrucksform ihrer Wahrheit. Auf diese Weise werden das Hässliche und das Groteske, die bis dahin im Reich des Schönen nur dosiert zugelassen waren, zu ihrem originären Gegenstand, denn das Hässliche ist nun das Signum des Realen, während das Schöne ins Reich des Imaginären gehört. Kunst setzte die Techniken der Imagination nicht mehr länger zur Verschönerung von Realität ein, sondern zu ihrer Erfassung. Sie wurde zu einem Instrument der Wahrnehmung von Welt, die allerdings die Position des Wahrnehmenden jeweils mitreflektiert, wie Peter Bürger erkannt hat:

Ästhetik als Wahrnehmung von Realität

> „Ästhetische Wahrheit ist nicht das Feste, Überprüfbare, das die Härte des Tatsächlichen hat, sondern eine Weise, in der das Subjekt, vermittelt über sein Tun und das Tun anderer, sich auf sich selbst bezieht." (Bürger 1988, S. 46)

Hinzu kommt, dass Kunst zu akzeptieren hatte, dass die Realität in ihrer Totalität nicht mehr zu erfassen war, sondern in subjektive Einzelwahrnehmungen und in fragmentierte Realitäten zerfiel:

Verlust der Totalität

> „Jede Reflexion aufs Ganze, die auf der Höhe der Zeit sein wollte, führte zur Erkenntnis, daß jeder Erfassungsversuch zu kurz griff und jeder Darstellungsversuch fragmentarisch bleiben mußte." (Kiesel 2004, S. 165, → KAPITEL 1)

Avantgardistische Literaturströmungen wie Expressionismus (→ ASB AJOURI) und Dadaismus konzentrierten sich darauf, das literarische Formenreservoir zu erweitern. Zwar scheiterte der Dadaismus mit dem Projekt, die Realität durch die Kunst zu verändern, und zog sich wieder auf seinen Kunststatus zurück (→ KAPITEL 4). Aber die Klassische Moderne der 1920er-Jahre führte diesen Ansatz weiter, entwickelte dabei neue Formen unter Berücksichtigung traditioneller und konventioneller Elemente. Sie ging zudem eine enge Verbindung mit der Massen- und Medienkultur ein, nahm die Anregungen und

Anforderungen der urbanen und technisierten Kultur auf, kalkulierte ihre Wirkungen und reflektierte den jeweiligen Standort und die Haltung von Produzent und Rezipient.

Diese reflektierte Haltung hat zu dem Eindruck geführt, dass sich um 1930 „eine Art ‚Sattelzeit'" in der „Entfaltung der literarischen Moderne" gebildet habe. Die Autoren konzentrierten sich demnach weniger auf die Entwicklung neuer, revolutionärer Formen, sondern reflektierten vielmehr die bereits erfolgte Entwicklung, zogen die Summe ihrer bisherigen ästhetischen Erfahrung und nahmen den Einsatz literarischer Mittel kontrollierter vor (vgl. Kiesel 2004, S. 299). Helmuth Kiesel hat für diese Phase den Begriff der „reflektierten Moderne" vorgeschlagen (Kiesel 2004, S. 301). Die Literaturhistoriker Gustav Frank, Rachel Palfreyman und Stefan Scherer, die diese ‚Sattelzeit' bereits mit dem Jahr 1925 beginnen lassen, haben stattdessen den Begriff „synthetische Moderne" bevorzugt (Frank/Palfreyman/Scherer 2005, S. 404). Die Beschreibungen und Überlegungen Kiesels und Franks, Palfreymans und Scherers sind im Wesentlichen identisch und verweisen auf eine Konsolidierungsphase der literarischen Modernisierung.

Reflektierte ...

... oder synthetische Moderne?

Demgegenüber haben Hubert van den Berg und Walter Fähnders die Kontinuität der Avantgarden seit dem Beginn des 20. Jahrhunderts betont:

„Zwar gibt es zwischen den [19]30er und 60er Jahren Brüche, so wie es diese auch vorher gab. Zugleich gibt es aber auch eindeutige Kontinuitäten über den Zweiten Weltkrieg hinaus." (van den Berg/Fähnders 2009, S. 12)

Kontinuität von Avantgarden und Moderne

Ohne die Phänomene, die Kiesel einerseits, Frank, Palfreyman und Scherer andererseits vermerken, zu negieren, können sich van den Berg und Fähnders auf die ungemein große Produktivität und den Variantenreichtum der Literatur stützen, die besonders dann hervortreten, wenn die Vernetzung der Literatur mit anderen Künsten und den Neuen Medien Berücksichtigung findet, die exklusive Fokussierung auf die Stilinnovationen der Avantgarden aufgegeben wird und die Neuorientierung des Gesamtfeldes der Literatur im 20. Jahrhundert in den Blick genommen wird. Die Modernität auch von Texten der Klassischen Moderne – Thomas Manns *Zauberberg* (1924) (→ KAPITEL 13.1), Döblins *Berlin Alexanderplatz* (1929) (→ KAPITEL 11.1, 13.1), Musils *Mann ohne Eigenschaften* (1930/33/43) (→ KAPITEL 11.3), aber auch von Texten der Neuen Sachlichkeit (→ KAPITEL 6.2), der Reportagen Egon Erwin Kischs (→ KAPITEL 9), der Romane Lion Feuchtwangers oder der Gebrauchslyrik Erich Kästners (→ KAPITEL 6) –

wird erkennbar. In diesen Texten wird die Weiterentwicklung der literarischen Mittel anders als in den Avantgarden betrieben, dennoch blieb sie seit Mitte der 1920er-Jahre nicht aus. Der Avantgardeschub der 1910er-Jahre erscheint so als spezifische Extremphase der Modernisierung, nicht jedoch als deutlich abgrenzbare Entwicklungsstufe, deren Qualität später nicht mehr erreicht wurde.

Reflexion als Dauerhaltung der Moderne

Zudem reflektierten gerade die Autoren der Moderne und der Avantgarden ihre literarische Produktion von Anfang an intensiv, sodass das Manifest, so Wolfgang Asholt und Walter Fähnders, zu einem der zentralen Ausdrucksmittel der Avantgarden wurde (vgl. Asholt/Fähnders 2005). Aber auch in anderen Textformen wurde die künstlerische Produktion befördert.

5.2 Alfred Döblins Poetik des modernen Romans

Seit den 1910er-Jahren positionierte sich Alfred Döblin in der poetologischen und literaturpolitischen Debatte um eine angemessene moderne Literatur. In dieser Debatte forderte Döblin die konsequente Anpassung der Literatur an die Anforderungen der modernen Gesellschaft. Allerdings verwies er von Beginn an darauf, dass es mit der kritiklosen Annäherung an die Modernisierung der Gesellschaft und der Synchronisierung der eigenen Entwicklung mit der gesellschaftlichen Dynamik nicht getan sei. Gegenüber dem Futuristen Filippo Tommaso Marinetti – der zu diesem Zeitpunkt wohl der bekannteste und avancierteste literarische Avantgardist war – betonte Döblin schon 1913, dass es in der Literatur vor allem um die Bewältigung der Realität gehe: „Das alte Lied: Dichter heran müssen wir an das Leben." (Döblin 1989, S. 115)

Dichter heran ans Leben

Marinetti hatte die Schönheit der Technik und ihren Vorrang vor der konventionellen Kunst 1909 in seinem berühmt gewordenen *Futuristischen Manifest* gefeiert:

Schönheit der Technik

„Ein Rennwagen, dessen Karosserie große Rohren schmücken, die Schlangen mit explosivem Atem gleichen ... ein aufheulendes Auto, das auf Kartätschen zu laufen scheint, ist schöner als die Nike von Samothrake." (Marinetti 1909, zitiert nach: Asholt/Fähnders 2005, S. 5)

Döblin wandte sich gegen eine solche Selbstaufgabe der Kunst in der neuen Technikkultur und plädierte dafür, den spezifischen Zugang der Kunst zur Realität zu erhalten:

„Sie meinen doch nicht etwa, es gäbe nur eine einzige Wirklichkeit, und identifizieren die Welt ihrer Automobile, Aeroplane und Maschinengewehre mit der Welt?" (Döblin 1989, S. 114)
Dieser Position blieb Döblin auch in den 1920er-Jahren treu, hob er doch noch in seinem Sektions-Vortrag *Schriftstellerei und Dichtung* bei der Preußischen Akademie der Künste im Jahr 1928 hervor, dass das „Dichten [...] einen sehr scharfen Blick auf die Realität" verlange (Döblin 1989, S. 207). Sachlichkeit, Ehrlichkeit, ja schließlich „Naturalismus" – womit er einen extremen und konsequenten Realismus meinte – seien gefordert, immerhin stehe man, so Döblin, „im Beginn des naturalistischen Zeitalters" (Döblin 1989, S. 171). Der „Kinostil", bei dem in „höchster Gedrängtheit und Präzision" die „Fülle der Gesichte" vorbeizieht (Döblin 1989, S. 121), und der „steinerne Stil", also der „Fanatismus der Selbstverleugnung" als Autor (Döblin 1989, S. 122), sind die bekannten Begriffe des ‚Döblinisten' Döblin dafür.

Scharfer Blick auf die Realität

Allerdings hat Döblin zugleich für eine spezifische Zugriffsweise der Literatur auf die Realität plädiert. In seinem Akademievortrag betonte er den kategorialen Unterschied von Literatur und Realität: „‚Literarisch' und ‚Realität' sind Widersprüche in sich." (Döblin 1989, S. 203) „Nachlaufen und Photographie genügt nicht", fügte er in *Der Bau des epischen Werkes* (1928) hinzu (Döblin 1989, S. 228), seinem „wohl bedeutendste[n] Beitrag zur Romanpoetik der Moderne", wie die Döblin-Forscherin Gabriele Sander betont (Sander 2001, S. 281).

Spezifische Qualität des literarischen Zugriffs

Er setzte dagegen, auf den ersten Blick unvermittelt und ohne Not, auf die Souveränität der „Phantasie und der Wortkunst" (Döblin 1989, S. 208), als ob er sich hier von seinen Sachlichkeitsforderungen der Frühzeit distanzieren wollte. Allerdings stimmen seine Äußerungen der Jahre ab 1928 mit denen der Jahre um 1913 im Wesentlichen überein. Denn auch in den frühen Texten hatte er die „kinetische Phantasie", die „Tatsachenphantasie" (Döblin 1989, S. 123) und den Variantenreichtum der Realität hervorgehoben (vgl. Döblin 1989, S. 126). Nur der Fokus Döblins hatte sich mittlerweile verschoben.

Damit reagierte Döblin auf die veränderte Situation. Im Vorfeld des Ersten Weltkriegs hatte er sich im Spannungsfeld von bürgerlicher Erbauungskunst und expressionistisch-futuristischem Aufbruch bewegt – im Umfeld einer Kultur also, die man, so Heinrich Mann 1906, auch als wilhelminischen Byzantinismus bezeichnen kann (H. Mann 2001a, S. 530). Bei der gesellschaftlichen Aufgabe, die literari-

Veränderung des Kontextes

sche Sprache an die Realität anzupassen, habe die Literatur des späten Wilhelminismus versagt: Aus dem „alten Pegasus" sei, so Döblin 1913/1914, ein „störrische[r] Esel" geworden (Döblin 1989, S. 119), weshalb Expressionismus, Futurismus und Dada notwendig radikal hätten werden müssen (Döblin 1989, S. 186f.).

Sprecher der literarischen Avantgarde

1928 aber sprach Döblin als Repräsentant der literarischen Avantgarde der Weimarer Republik. Er forderte immer noch, dass die Literatur lernen müsse, mit der Realität Schritt zu halten, ohne in ihr oder auch im Schritthalten aufzugehen. Aber er hatte selbst inzwischen in seinen großen Romanen (darunter *Die drei Sprünge des Wang-Lun* (1915), *Wadzeks Kampf mit der Dampfturbine* (1918) oder *Berge, Meere und Giganten* (1924)) die dafür notwendigen Exempel geliefert, und das noch bevor er sein wohl bedeutendstes Werk, *Berlin Alexanderplatz* (1929), publizierte.

Offen bleibt, gegen wen sich Döblin Ende der 1920er-Jahre wandte. Auf den ersten Blick anscheinend gegen die Texte der Neuen Sachlichkeit (→ KAPITEL 6.2), auf den zweiten Blick jedoch sind vor allem die Repräsentanten einer eben auch politisierten Gebrauchsliteratur angesprochen, die sich in den Dienst ihrer politischen Überzeugung, vor allem in den der KPD gestellt hatten (→ KAPITEL 8). Döblin betonte ausdrücklich, dass Gesinnung vielleicht Antrieb für die literarische Produktion sein könne, nicht aber Gegenstand der Dichtung (vgl. Döblin 1989, S. 245–251). Kein Wunder also, wenn ihm die linke Kritik spätestens bei *Berlin Alexanderplatz* nicht mehr besonders gewogen war (vgl. Döblin 1996). Zudem schloss Döblin an eine der Kerndiskussionen im Umfeld der Sektion für Dichtkunst der Preußischen Akademie der Künste an, in der zwischen essenzieller Dichtkunst und oberflächlicher Schriftstellerei unterschieden wurde (vgl. Mittenzwei 1992, S. 95–130; → KAPITEL 12).

Wechsel zum komplexen Modell

Aus der neuen Situation ergibt sich im Wesentlichen Döblins in der Forschung immer wieder bemerkte „poetologische[ ] Wende" vom „depersonalen" zum „komplexere[n] Modell" (Kleinschmidt 1982, S. 395), in dem Kunst eine spezifisch Position in den unterschiedlichen Verarbeitungsmodi von Literatur zufällt: Kunst habe den Auftrag, das „Exemplarische des Vorgangs und der Figuren", „starke Grundsituationen, Elementarsituationen des menschlichen Daseins" aufzunehmen und vorzustellen (Döblin 1989, S. 218). Damit wird für Döblin Kunst nicht zu einer privaten, sondern zu einer dezidiert „öffentliche[n] Angelegenheit", salopp gesprochen eine Aufgabe für ‚echte Kerle' und keine Sache von „Nägelkauern und Zahnstochern" (Döblin 1989, S. 120). Sie müsse für sich beanspruchen, auf die Realität Einfluss zu nehmen und zu wirken (Döblin 1989, S. 245).

Diese Realität jedoch hat sich radikal verändert: „Was", fragt Döblin, „treiben die Menschen heute, die Großstädter, was bewegt sie, wozu werden sie bewegt?" (Döblin 1989, S. 174) Das ist die Basis, auf der insbesondere sein berühmter Berlin-Roman ruht (→ KAPITEL 11).

> Was bewegt Großstädter?

Nicht anders als Brecht wandte sich Döblin in diesem Zusammenhang vehement gegen den Psychologismus der Literatur (→ ASB AJOURI, KAPITEL 8, 9). Er forderte das „Los vom Menschen!" (Döblin 1989, S. 123), Affekt ja, Psychologie aber nein (vgl. Döblin 1989, S. 120). Das schärft auch den Blick auf den späten Roman *Berlin Alexanderplatz*, der zahlreiche psychische Phänomene und Binnenansichten seiner Figuren präsentiert. Döblin schneidet jedoch die geradezu beliebigen Motivationsstränge weg und bleibt bei einer Phänomenologie der Haltungen und Handlungen stehen. Er begründet Handlungen und Geschehnisse nicht aus der seelischen Lage seiner Figuren, sondern er erzählt sie, er schlüsselt sie auf, er zeigt sie in ihren Teilen und Auswirkungen. Die Motivationen sind in jedem Fall nach außen verlegt. Psychische Phänomene haben keinen anderen Status als körperliche. Ganz im Gegenteil.

> Kein Psychologismus

Vor allem liegt der Fokus nicht auf dem Subjekt und seinem Profil, sondern auf den jeweiligen Gattungsexemplaren. Döblin baut das einzelne Individuum in einen Kollektivkörper ein. Die Technik, die Ausdruck des neuen Materialismus ist, der in Europa und Amerika herrsche, schaffe ein überlegenes Kollektivwesen, so Döblin, dem er in den Giganten seines utopischen Romans *Berge Meere und Giganten* (1924) sinnfälligen Ausdruck gab: „Das Kollektivwesen Mensch stellt als Ganzes erst die überlegene Art Mensch dar." (Döblin 1989, S. 180)

> Kollektiv

5.3 Ästhetik der kleinen Form

Während Döblin primär als Romanautor hervorgetreten ist und sich seine poetologischen Reflexionen vor allem auf die Modernisierung des Romans konzentrierten, entwickelte sich – wiederum von den Reflexionen ihrer wichtigsten Autoren begleitet – im neuen Medium Massenpresse eine spezifische literarische Form: kurze Texte mit Augenblicksbeobachtungen und Reflexionen, die ihren Platz auf den Feuilletonseiten der Tageszeitungen hatten.

ÄSTHETIK DER KLASSISCHEN MODERNE

Enormer Textbedarf der Presse

Der Ursprung dieser Textform liegt im ungeheuren Bedarf vor allem der Berliner Tageszeitungen und dem Unterhaltungsbedürfnis ihrer Leser.

„147 politische Tageszeitungen, von denen 93 wenigstens sechsmal in der Woche erschienen, hat man allein in Berlin gezählt; für das Jahr 1928 hat man die phantastisch anmutende Zahl von 2 633 Zeitschriften und Zeitungen errechnet, die die Stadt hervorgebracht habe." (Bienert 1992, S. 7f.)

Hintergrund dieser Vielfalt der Publikationen war die radikale Modernisierung der Öffentlichkeit: Sie wurde zur Institution, in der über den Zustand der Gesellschaft und die Verfahren, mit denen sie den Ausgleich von Interessen schafft, diskutiert wurde. Teil dieser institutionalisierten Öffentlichkeit waren die Medien, in denen die gesellschaftlichen Gruppen kommunizieren (vgl. Schiewe 2004). Der Bedeutungszuwachs der Presse zu Beginn des 20. Jahrhunderts wird zwar gelegentlich als „Funktionsverlust" des öffentlichen Raumes verstanden, in dem sich Menschen persönlich treffen und miteinander kommunizieren (vgl. Köhn 1989, S. 9). In einer komplexen Industriegesellschaft wie in Deutschland nach dem Krieg übernahm die Presse jedoch notwendig die Aufgabe, Öffentlichkeit überhaupt herzustellen, allerdings nicht als einheitliche Stimme, sondern als Konzert widerstrebender, streitender Meinungen und Darstellungen. Zugleich diente die Pressevielfalt der Orientierung des Massenpublikums vor allem in den neu entstandenen Metropolen (vgl. Stöber 2000).

Presse als Teil der institutionalisierten Öffentlichkeit

Diese Funktion konnte die Presse aber nur übernehmen, wenn sie tagtäglich gefüllt wurde, und eben nicht nur mit dem Neuesten vom Tage, sondern auch mit Texten, die Reflexionen und Bewertungen einerseits, Ablenkung und Ruhe andererseits boten. Als Feuilletons, ‚Unter dem Strich', als Glossen ergänzten diese Texte die Nachrichtensparten der Zeitungen. Sie waren Gelegenheitstexte, Momentaufnahmen einer großstädtischen Kultur, die einerseits vom Tempo der Moderne geprägt war, andererseits auch ihre eigenen, neuen Nischen ausbildete, die von der Dynamik der Veränderung unbehelligt zu bleiben schienen.

Feuilletons

Dem Votum des Literaturwissenschaftlers Volker Klotz zum Trotz, der gerade im Roman das adäquate Medium der metropolitären Kultur sah (vgl. Klotz 1969), scheint die Großstadt in diesem Genre literarisch zu sich selbst zu finden, weil eben nur die kleine Form dem kurzatmigen, temporeichen Leben in der Metropole entsprach und zugleich Orientierung zu ermöglichen schien.

Spezifische Form der Moderne

Der Literaturkritiker und Philosoph Walter Benjamin hat die Bedeutung der kleinen Form zu Beginn seiner Sammlung *Einbahnstraße* (1928) begründet. Unter der Überschrift „Tankstelle" notierte Benjamin:

> „Die Konstruktion des Lebens liegt im Augenblick weit mehr in der Gewalt von Fakten als von Überzeugungen. Und zwar von solchen Fakten, wie sie zur Grundlage von Überzeugungen fast nie noch und nirgend geworden sind." (Benjamin 1992, S. 7)

Deshalb müsse der Schriftsteller sich, um wirken zu können, verstärkt auf die „unscheinbaren Formen" werfen, die „ihrem Einfluß in tätigen Gemeinschaften besser entsprechen als die anspruchsvolle universale Geste des Buches", nämlich in „Flugblättern, Broschüren, Zeitschriftenartikeln und Plakaten". Man stelle sich ja auch nicht, so Benjamin, vor eine Turbine und übergieße sie mit Maschinenöl, um sie zu schmieren: „Man spritzt ein wenig davon in verborgene Nieten und Fugen, die man kennen muß." (Benjamin 1992, S. 7f.)

<small>Wirkung des Feuilletons</small>

Nicht also der Autor der großen Form, des Romans, sondern der Schriftsteller, dessen Ausdrucksmittel vielfältig und dessen Medium gerade Zeitungen und Zeitschriften sind, wurde damit zur literarischen Leitfigur der Zeit (zur Diskussion um den Gegensatz Schriftsteller – Dichter → KAPITEL 12). In der Abgrenzung zum altbackenen Dichter-Seher-Bild und zugleich in Aufwertung der eigenen Position hat der Feuilletonist Joseph Roth 1926 in einem Brief an Benno Reifenberg gerade im Feuilleton das zentrale Element der Presse gesehen:

<small>Feuilletonist als Leitfigur der 1920er-Jahre</small>

> „Das Feuilleton ist für die Zeitung ebenso wichtig wie die Politik und für den Leser *noch* wichtiger. [...] Ich bin nicht eine Zugabe, nicht eine Mehlspeise, sondern die *Hauptmahlzeit*. [....] M I C H liest man mit Interesse. *Nicht* die Berichte über das Parlament, *nicht* die Telegramme. [...] *Ich zeichne das Gesicht der Zeit*. Das ist die Aufgabe einer großen Zeitung." (Roth 1970, S. 87f.)

Das mag übertrieben und als Werbeschrift in eigener Sache zu verstehen sein, weist aber dennoch darauf, wie stark sich die auf diesem neuen Feld tätigen Autoren fühlten.

In rasch geschriebenen kleinen Beiträgen, die im bevorzugten Medium der Stadt, der Tageszeitung, erschienen, wurden Beobachtungen, Reflexionen und Stimmungen vermittelt, die das gesamte widersprüchliche und facettenreiche Ensemble der Stadt erfassen sollten. Als „Sammler" von „Bilder[n] des Alltags" hat Eckhard Köhn die Feuilletonisten in seiner großen Studie charakterisiert (Köhn 1989, S. 193).

<small>Sammler der Bilder des Alltags</small>

Exempel Franz Hessel

Franz Hessel ist ihm dafür der wichtigste Zeuge: In seinem 1929 erschienenen Band *Spazieren in Berlin* (Neuausgabe unter dem Titel *Ein Flaneur in Berlin*, 1984) stellte Hessel das Verfahren des Flaneurs detailliert vor. Dabei beschrieb er zugleich den Widerspruch zwischen dem temporeichen Großstadtleben und der verlangsamten Geschwindigkeit dessen, der flaniert: „Langsam durch belebte Straßen zu gehen, ist ein besonderes Vergnügen. Man wird überspielt von der Eile der anderen, es ist ein Bad in der Brandung." (Hessel 1984, S. 7) Wer in der großstädtischen Hektik offensichtlich Zeit hat, ist aber verdächtig (wie der Fußgänger im Auto fahrenden Amerika). Hessel berichtet, dass er immer wieder misstrauische Blicke erntet: „Ich glaube, man hält mich für einen Taschendieb." (Hessel 1984, S. 7)

Der langsame, ziellose Gang durch die Stadt ist notwendig, damit der Flaneur einen unverstellten, unverfälschten Blick auf die Szenerie der Stadt und damit auf ihren eigentlichen Charakter erhält: „Ich möchte beim Ersten Blick verweilen. Ich möchte den Ersten Blick auf die Stadt, in der ich lebe, gewinnen oder wiederfinden..." (Hessel

Flanieren als urbane Erfahrungsform

1984, S. 7). Die „Erfahrung der Schreibenden mit der Stadt" prägt ihre Darstellung also wesentlich, ist insofern auch der Ästhetik dieser Texte eingeschrieben (Bienert 1992, S. 18).

Von dieser, wie Hessel mehrfach betont, unsicheren weil immer wieder misstrauisch beäugten Basis aus lassen sich andere, wie die Feuilletonisten selber sagen: wesentlichere Eindrücke gewinnen, als aus der ökonomischen oder politischen Perspektive. „[A]uf einer halben Seite einer Zeitung gültige Dinge [zu] sagen", und das wenn möglich amüsant, sei die Aufgabe des Feuilletons, betonte etwa Joseph Roth in einem Feuilleton 1921 (Roth 1989, Bd. 1, S. 617).

Variationsvielfalt

Freilich beziehen sich diese frühen Definitions- und Behauptungsversuche nur auf einen Teil der feuilletonistischen Beiträge und Varianten. Die kleinen reflektierenden Texte üben zwar den größten Reiz aus, sie waren aber in die Vielfalt der feuilletonistischen Formen aufgehoben.

„Literarische Äußerungen mit dem Anspruch auf zeitlose Geltung, materialistisch und metaphysisch ausgerichteten Gegenwartsanalysen, Sonntagsunterhaltung und operative Texte, literarische Konfektionsware und Stimmen einer aufklärerisch gesonnenen Gegenöffentlichkeit, Heimat- und Asphaltliteratur." (Bienert 1992, S. 18) – Das alles lässt sich dem Genre zuordnen. Widersprüchlichkeit und Variantenreichtum sind somit zentrale Kennzeichen der kleinen Form:

„Die literarischen Städtebilder spiegeln die Vielstimmigkeit des Feuilletons wider. So uneinheitlich wie ihre politische Tendenz ist die formale Gestaltung der Städtebilder; sie unterliegt nicht verbindlichen ästhetischen Normen." (Bienert 1992, S. 18)

Fragen und Anregungen

- Skizzieren Sie die Funktion der Ästhetik des Hässlichen in der Moderne.
- Diskutieren Sie die Begriffe reflexive und synthetische Moderne.
- Diskutieren Sie Begriffe wie Offenheit und Fragmentarität.
- Erläutern Sie Alfred Döblins Literaturkonzept und überlegen Sie, warum Döblin das Konzept Marinettis ablehnt. Was versteht man unter Kinostil oder steinernem Stil?
- Wie leitet sich die Entstehung der Kleinen Form aus der Veränderung der Medienlandschaft ab?
- Tragen Sie die Kernelemente der Poetik der Kleinen Form zusammen.

Lektüreempfehlungen

- **Walter Benjamin: Einbahnstraße** [1928], Frankfurt a. M. 12. Auflage 1992. *Benjamins berühmte Feuilletons im fotomechanischen Nachdruck.*   Quellen

- **Alfred Döblin: Der Bau des epischen Werks** [1929], in: ders., Schriften zu Ästhetik, Poetik und Literatur, herausgegeben von Erich Kleinschmidt, Olten/Freiburg i. Br. 1989, S. 215–245. *Einer der wichtigsten Texte Alfred Döblins in der poetologischen Diskussion der 1920er-Jahre.*

- **Franz Hessel: Ein Flaneur in Berlin** [1929]. Mit Fotografien von Friedrich Seidenstücker, Walter Benjamins Skizze „Die Wiederkehr des Flaneurs" und einem „Waschzettel" von Heinz Knobloch, Berlin 1984. *Franz Hessels Berlin-Feuilletons im Neudruck.*

- Michael Bienert: Die eingebildete Metropole. Berlin im Feuilleton der Weimarer Republik, Stuttgart 1992. *Überblicksstudie zum Feuilleton in der Weimarer Republik.*

- Gustav Frank / Rachel Palfreyman / Stefan Scherer: Modern Times? Eine Epochenkonstruktion der Kultur im mittleren 20. Jahrhundert – Skizze eines Forschungsprogramms, in: dies. (Hg.), Modern times? German Literature and Arts Beyond Political Chronologies / Kontinuitäten der Kultur: 1925–1955, Bielefeld 2005, S. 388–430. *Die Autoren skizzieren ihr Verständnis der Moderne nach 1925 als „synthetische Moderne".*

- Helmuth Kiesel: Geschichte der literarischen Moderne. Sprache Ästhetik, Dichtung im zwanzigsten Jahrhundert, München 2004. *Die einzige aktuelle Überblicksdarstellung zur Geschichte der literarischen Moderne, in der Kiesel seine These zur „reflektierten Moderne" vorstellt.*

- Gabriele Sander: Alfred Döblin, Stuttgart 2001 (= RUB 17632). *Eine knappe, werkorientierte Einführung zu Alfred Döblin.*

- Hubert van den Berg / Walter Fähnders: Die künstlerische Avantgarde im 20. Jahrhundert – Einleitung, in: dies. (Hg.), Metzler Lexikon Avantgarde, Stuttgart / Weimar 2009, S. 1–19. *Übersicht zum Begriff und zur Wirkung der Avantgarden im 20. Jahrhundert.*

6 Neue Lyrik für eine neue Zeit

Abbildung 13: Erich Kästner: *Abendlied des Kammervirtuosen.* Zeichnung von Erich Ohser (1927)

Ein Zeitungsblatt: Ein Mann hält eine Frau in inniger Umarmung, eher wie ein Instrument als wie einen Menschen. Das Ganze in plüschiger Umgebung: gerahmte Fotografien an den Wänden, ein Fenster, das durch Vorhänge gesäumt wird, ein geblümter Teppich. Daneben das vierstrophige Gedicht eines Autors namens Erich Kästner. Eine Idylle, was sonst. Und der Anlass zu einem Provinzskandal.
Eigentlich ist es kaum der Rede wert, dieses kleine vierstrophige Gedicht, illustriert von Erich Ohser, das in der Karnevalszeit 1927 in der „Plauener Volkszeitung" erschien. Eine erotische Petitesse, ein amüsantes Liebesgedicht – und doch der Anlass für die „Neue Leipziger Zeitung", mit ihrem politischen Kolumnisten Erich Kästner zu brechen, der daraufhin nach Berlin ging. Die Engführung von Beethovens Neunter Symphonie mit dem Liebesakt wurde vom Konkurrenzblatt der „Neuen Leipziger", den „Leipziger Neuen Nachrichten", als „Tempelschändung" skandalisiert (Görtz/Sarkowicz 1998, S. 66).

Was als Sturm im sächsischen Wasserglas die lokalen Gemüter empörte, erwies sich als großer Glücksfall für die Literatur der späten 1920er- und frühen 1930er-Jahre. Denn bis 1933 veröffentlichte Erich Kästner vier Gedichtbände, einen Roman für Erwachsene und sechs Kinderbücher. Kästner wurde zu einem der tonangebenden Lyriker der Neuen Sachlichkeit und damit zu einem der repräsentativen Autoren der Zeit, gekennzeichnet durch einen spezifischen, den neusachlichen Ton. Nach den Experimenten von Expressionismus und Dadaismus setzte die Neue Sachlichkeit auf die Wirklichkeit selbst und auf eine kontrollierte Haltung, die mit Ironie und Distanz verbunden war. Unterhaltung wie Erkenntnis durch Literatur wurden in eine neue Balance zueinander gebracht, bei politischen Autoren wie Bertolt Brecht nicht anders als bei Autoren wie Erich Kästner, die der Republik zwar kritisch gegenüber standen, sie aber dennoch akzeptierten. Die Lyrik wurde ‚nützlich'. Und so gegensätzliche Lyriker wie Gottfried Benn, Bertolt Brecht, Erich Weinert oder Erich Kästner einte dabei die Distanz zu den Autoren, denen das Gedicht Selbstausdruck und Fluchtraum war.

6.1 **Neuentwurf der Lyrik?**
6.2 **Die Neue Sachlichkeit**
6.3 **Kritik und Kampf**

6.1 Neuentwurf der Lyrik?

Brechts Absage an die Lyrik

> „Was nützt es, [...] die Photographien großer Städte zu veröffentlichen, wenn sich in unserer unmittelbaren Umgebung ein bourgeoiser Nachwuchs sehen läßt, der allein durch diese Photographien vollgültig widerlegt werden kann? Was nützt es, mehrere Generationen schädlicher älterer Leute totzuschlagen oder, was besser ist, totzuwünschen, wenn die jüngere Generation nichts ist als harmlos?" (Brecht 1988–97, Bd. 21, S. 192, vgl. Kaes 1983, S. 441–444)

Nichts nützt das, lautet die einzig mögliche Antwort auf diese beiden zugleich rhetorischen wie kraftmeierischen Fragen, die der Jungstar der deutschen Literatur, Bertolt Brecht, 1927 in der Literaturzeitschrift *Die literarische Welt* veröffentlichte. Brecht hatte seinen *Kurzen Bericht über 400 (vierhundert) junge Lyriker* als Lyrik-Juror des Literaturwettbewerbs der im Rowohlt-Verlag, Berlin, erscheinenden *Literarischen Welt* geschrieben – und er erntete für diesen „Bericht" vor allen Dingen Empörung. Brecht, als Dramatiker bereits bekannt, war berüchtigt für seine provokanten Auftritte. Aber dieses Mal schien er den Bogen überspannt zu haben, zumal er selbst als Lyriker nicht viel vorzuweisen hatte: Bis dahin hatte er nur verstreut Gedichte publiziert, die zwar bereits seinen Ruhm als Neuerer begründet hatten, ihn aber noch keineswegs zur prägenden Gestalt der neuen Lyrik machten. Sein lyrisches Hauptwerk, *Bertolt Brechts Hauspostille. Mit Anleitungen, Gesangsnoten und einem Anhange* sollte erst noch im laufenden Jahr beim Propyläen-Verlag in Berlin erscheinen. Die Songs der *Dreigroschenoper* würden erst im Jahr darauf folgen und mit der Uraufführung des Stücks 1928 zu Gassenhauern werden.

Der Lyrikwettbewerb der *Literarischen Welt*

Dennoch wies Brecht mit großer Geste sämtliche Einsendungen zum Lyrikwettbewerb der *Literarischen Welt* zurück, kritisierte sie als veraltet und weltfremd und hielt ihnen auch noch das Gelegenheitsgedicht *He! He! The Iron Man!* eines gewissen Hannes Küpper entgegen, das er in einer Sportzeitschrift gefunden hatte und das einen Radrennfahrer namens Reggie Mac Namara und seine Leistungen hymnisch besingt: „Es kreist um ihn die Legende, / daß seine Beine, Arme und Hände / wären aus Schmiedeeisen gemacht" (Küpper 1927, zitiert nach: Brecht 1988–97, Bd. 21, S. 669) Gelungen hin oder her, das Gedicht lässt einen neuen Ton, ein neues Thema und eine neue Haltung erkennen. Es feiert eine neue Art von Helden auf neue Weise.

Hannes Küpper

NEUE LYRIK FÜR EINE NEUE ZEIT

Lyrik als Flucht

Brechts Provokation wies auf das Dilemma der Lyrik in den 1920er-Jahren hin: Sie war (immer noch) die Domäne der Besinnlichkeit, des Empfindsamen und Verträumten. Wo sie etwa mit Stefan George oder Rainer Maria Rilke ihr höchstes Niveau erreicht hatte (→ ASB AJOURI), errichtete sie ein ästhetisches Reich jenseits der Realität und setzte auf die Flucht in eine bessere, wenn auch literarische Welt (Eskapismus). Dem setzte Brecht den Gebrauchswert und die Zugänglichkeit von Lyrik entgegen: „[G]erade Lyrik muß zweifellos etwas sein, was man ohne weiteres auf den Gebrauchswert untersuchen können muß." (Brecht 1988–97, Bd. 21, S. 191) Diese Position erläuterte er in der Einleitung zur *Hauspostille* (1927) ausführlicher: Die *Hauspostille* sei zum „Gebrauch der Leser bestimmt", sie solle nicht „sinnlos hineingefressen" werden (Brecht 1988–97, Bd. 11, S. 39). Die Forderung an Dichtung, sie müsse nützlich sein, machte Texte von George, Rilke oder Franz Werfel in der Sicht Brechts unbrauchbar, weil sie sich „zu weit von der ursprünglichen Geste der Mitteilung eines Gedankens oder einer auch für Fremde vorteilhaften Empfindung" entfernt hätten (Brecht 1988–97, Bd. 21, S. 191).

Brechts Lob des Gebrauchswerts

Den Wettbewerbs-Gedichten, die er zu beurteilen hatte, warf Brecht „Sentimentalität, Unechtheit und Weltfremdheit" vor (Brecht 1988–97, Bd. 21, S. 192), sie seien verbraucht und unbrauchbar. Sie könnten weder Gesellschaft angemessen darstellen noch bei ihrem Verständnis hilfreich sein.

Neudefinition des Lyrischen

Damit aber brach er radikal mit dem Selbstverständnis der modernen Lyrik seit der Jahrhundertwende und führte eine „Neudefinition des Lyrischen herbei" (Kuhn 2001, S. 1). Wo Lyriker wie Rilke oder George sich der Nivellierung der Massengesellschaft entgegen zu stemmen und ein eigenes, elitäres Reich des Ästhetischen zu etablieren suchten, sah Brecht auch in der Lyrik ein Instrument zur „Erkenntnis der neuen gesellschaftlichen Realitäten" (Knopf 1996, S. 86). Dabei entwickelte er eine lyrische Sprache, die ihn, so der Literaturwissenschaftler Franz-Norbert Mennemeier, zum „Großstadtlyriker" vom Format eines Charles Baudelaire (1821–67) oder Georg Heym (1887–1912) gemacht habe (Mennemeier 1998, S. 80).

Werkphasen

Das Spektrum von Brechts frühen Gedichten bestätigt zumindest sein technisches Vermögen: Es reicht von den formal und thematisch an die Tradition anknüpfenden Texten der *Hauspostille* (1927), die er freilich mit neuen Inhalten versah, über die anarchischen Lieder der *Dreigroschenoper* (1928) und die didaktischen Rollenspiele des *Lesebuchs für Städtebewohner* (verstreut 1926/27, gesammelt 1930) bis hin zu den Kampfliedern wie dem *Solidaritätslied*, das er etwa im Film *Kuhle Wampe* (1932, Regie: Slatan Dudow) platzierte, an dem Brecht als Co-Autor beteiligt war.

Die Nutzbarkeit auch von Lyrik führt konsequent dazu, dass Brechts Gedichte nicht als autobiografische Bekenntnisse lesbar sind, sondern als erkenntnisleitende Experimentalanordnungen. Ein Liebesgedicht wie *Erinnerung an Marie A.*, das Brecht in die *Hauspostille* aufnahm, ist keine sentimentale Erinnerung an eine ehemalige Geliebte Brechts, sondern erst einmal die Parodie eines sentimentalischen Schlagers, hinter der sich, so der Brecht-Forscher Jan Knopf, der Zynismus der männlichen Selbstfeier verbirgt (vgl. Knopf 1996, S. 81). Sogar wenn sich Brecht in seinen Gedichten selbst nennt, wie in *Vom armen B.B.*, spricht er von einer lyrischen Spielfigur, mit der er eine bestimmte Wahrnehmung von Welt ausprobiert (in diesem Fall die desjenigen, der nur vorläufig auf der Welt ist und sie mit Distanz betrachtet – eine Variante der Position des ‚Dichters' als Beobachter).

<small>Erkenntnisleitende Experimentalanordnungen</small>

Unter denjenigen, die gegen Brechts Diktum protestierten, befand sich der junge Klaus Mann, der mit Willi Fehse (1906–77) im Herbst 1927 eine *Anthologie jüngster Lyrik* veröffentlichte. Diese Anthologie stellte sich konzeptionell gegen den Ansatz Brechts und versammelt später bekannt gewordene Autoren wie Günter Eich (hier als „Erich Günter"), Joachim Maass, Martin Raschke oder W. E. Süskind. Diese Autoren standen auf Distanz zur Neuen Sachlichkeit und zur Gebrauchslyrik. Ihre Texte aus dieser Zeit werden heute zum Magischen Realismus gezählt und stehen für ein Lyrik-Verständnis, in dem das Verhältnis von Subjekt zu Natur, zur Gesellschaft und zu sich selbst verrätselt wird.

<small>Klaus Manns energischer Widerspruch</small>

Klaus Mann, ältester Sohn Thomas Manns und Debütant des Jahres 1924, machte sich zum Fürsprecher dieser Gruppe junger Autoren, die sich den Fluchtraum der Poesie erhalten wollten. Lyrik könne, so Klaus Mann, niemals entbehrlich werden, solange sie sich dem Nützlichkeitsverlangen entziehen könne. Sobald sie diese Fähigkeit aufgebe, gebe sie ihre besondere Qualität auf: Das Gedicht kann „sich also niemals beteiligen an den entscheidenden Diskussionen, um sich dadurch sozial nützlich und unentbehrlich zu machen, es hörte denn auf, Gedicht zu sein" (K. Mann 1992, S. 121). Mann verstand subjektive Wahrnehmung und persönliches Gefühl als Kernelemente jeder lyrischen Produktion und räumte damit dem Subjekt, ganz in der Tradition seiner Vorbilder Stefan George und Hugo von Hofmannsthal, eine Sonderstellung ein: „*Jede* Zeit muß, jenseits ihrer

<small>Jenseits des Nützlichkeitsverlangens</small>

sozialen Problematik, den Ausdruck ihres geheimsten Erlebens im Lied, im Gedicht finden." (K. Mann 1992, S. 122)

Positionen der 1920er-Jahre

Damit sind die stärksten Positionen der jungen Lyrik der 1920er-Jahre gekennzeichnet, die allerdings in einem unübersichtlichen Feld variantenreicher Texte zu verorten sind. So gehört zur Gebrauchslyrik die Lyrik der Neuen Sachlichkeit ebenso wie die Kabarett- und Kampfdichtung, während zur Gruppe der subjektiven Lyrik, wie sie Klaus Mann skizziert, auch Formen des Klassizismus, der mythischen Moderne, der elementaren Lyrik oder des Magischen Realismus zu zählen sind. Hinzu kommt, dass das Spätwerk Rainer Maria Rilkes und Stefan Georges in die 1920er-Jahre fällt und der George-Kreis insgesamt eine breite Produktivität entwickelte. Daneben agierte ein Solitär wie Gottfried Benn, der – aus dem Expressionismus kommend – eine Sonderrolle einnahm.

6.2

Kennzeichnend für die 1920er-Jahre ist zweifelsohne dennoch jenes weite Feld lyrischer Gebrauchskunst, die unter dem Begriff „Neue Sachlichkeit" gefasst wird. Das Schlagwort wurde spätestens mit einer Ausstellung in die Diskussion eingeführt, die 1925 in der Städtischen Kunsthalle Mannheim unter dem Titel *Neue Sachlichkeit – Deutsche Malerei seit dem Expressionismus* veranstaltet wurde. Mit dieser Ausstellung und mit diesem Schlagwort hatte die neue Republik auch ihren künstlerischen Ausdruck gefunden.

Einführung 1925

Der Literaturwissenschaftler Walter Fähnders hat der Neuen Sachlichkeit, ausgehend von der Malerei, eine neue forcierte Gegenstandstreue attestiert: Der Blick auf die Menschen und ihre Welt werde durch Präzision und Nüchternheit gekennzeichnet. Das Sujet werde dem Alltäglichen entnommen, was auch notwendig das Hässliche mit einbezieht. Das Objekt (und die Menschen werden gleichfalls zu Objekten) werde aus den gewohnten Zusammenhängen isoliert, der Aufbau sei statisch. Erfahrungspartikel würden als Mosaik ohne Anspruch auf Schaffung eines organischen Ganzen nebeneinander gestellt. Der Produktionsprozess werde verborgen. Insgesamt lasse sich eine intensive Auseinandersetzung mit der „Dingwelt" und der „Verdinglichung des Menschen" erkennen (Fähnders 1998, S. 231). Die Übertragung von der Malerei zur Literatur ist dabei nur ein kleiner Schritt.

Präzision und Nüchternheit

Zentral ist neben der Beschreibung des Phänomens Neue Sachlichkeit seine Funktion in der kulturellen Auseinandersetzung mit der zeitgenössischen Gegenwart: Die Neue Sachlichkeit unternahm, so lässt sich zusammenfassen, den Versuch der Synchronisierung des Menschen mit der Moderne. In diesem Zusammenhang nahm das Interesse an den neuen materiellen und technischen Ausstattungen der Umwelt deutlich zu. Die „Verdinglichung" des Menschen, die Reduktion auf eine statistische Größe und als zu behandelnde Sache, wurde weiterhin kritisch gesehen, aber die Chancen der Modernisierung rückten gleichfalls in den Blick. Unter Neuer Sachlichkeit ist, so Walter Fähnders zusammenfassend, „eine komplexe gesamtkulturelle Bewegung in der Weimarer Republik" zu verstehen, die „sich auf Akzeptanz und Entwicklung massendemokratischer und konsumkultureller Tendenzen bezieht." (Fähnders 1998, S. 247) Der Literaturwissenschaftler Erhard Schütz hat die Neue Sachlichkeit als „genuin moderne Jugendbewegung" bestimmt, „die durch lifestyle-Konzepte, Habitus-Wahl und peergroup-Verhalten beschreibbar ist." (Schütz 1997, S. 247)

Synchronisierung mit Moderne

Die ästhetische Umorientierung der Neuen Sachlichkeit ist weit reichend. Statt der Imagination wird nun die Realität zum Orientierungs- und Zielpunkt von Literatur – nicht, um die Profanisierung der Literatur voranzutreiben, sondern weil die Realität zur Sensation gerät:

Realität als Orientierung

„Nichts ist verblüffender als die einfache Wahrheit, nichts ist exotischer als unsere Umwelt, nichts ist phantasievoller als die Sachlichkeit. Und nichts Sensationelleres gibt es in der Welt als die Zeit, in der man lebt" (Kisch 1995, S. 8),

begann etwa im Jahre 1924 der Journalist Egon Erwin Kisch seine berühmte Reportagensammlung *Der rasende Reporter* und formulierte damit das Basisparadigma der Neuen Sachlichkeit. Der österreichische Autor Joseph Roth assistierte ihm mit dem Verweis drauf, dass die Realität Vorrang vor der Imagination habe: „Ich habe nichts erfunden, nichts komponiert. Es handelt sich nicht mehr darum zu dichten. Das Wichtigste ist das Beobachtete." (Roth 1989, Bd. 4, S. 391)

Für die Neue Sachlichkeit spielte Technik, die einen immer größeren Anteil der sozialen und gesellschaftlichen Ausstattung bestimmte, eine zentrale Rolle. Wiederum Bertolt Brecht hat dazu im Jahr 1927 einen der aufschlussreichsten Texte geschrieben: *Singende Steyrwagen*, konzipiert als Werbegedicht für den österreichischen Waffen- und Autofabrikanten Steyr. Brecht hatte sich von dieser Arbeit ein eigenes Auto versprochen, das er auch bekam (dann zu Schrott fuhr, dem Unfall einen Bericht in der Zeitschrift *Uhu* widmete und darauf-

Rolle der Technik

hin von Steyr ein zweites Auto erhielt; vgl. Geyersbach 2006). Brecht beginnt den Text mit einer Beschreibung der Herkunft des Autos und seiner technischen Spezifikationen:

„Wir stammen // Aus einer Waffenfabrik // Unser kleiner Bruder ist / Der Manlicherstutzen. [...] Wir haben: / Sechs Zylinder und dreißig Pferdekräfte. / Wir wiegen: // Zweiundzwanzig Zentner."

Dann geht er zu den Eigenschaften über, die aus der Maschine ein menschenähnliches Wesen machen:

Menschenähnliche Maschinen

„Unser Motor ist: // Ein denkendes Erz. // Mensch, fahre uns! // Wir fahren dich so ohne Erschütterung / Daß du glaubst, du liegst / In einem Wasser. / Wir fahren dich so leicht hin / Daß du glaubst, du mußt uns // Mit deinem Daumen auf den Boden drücken und / So lautlos fahren wir dich // Daß du glaubst, du fährst / Deines Wagens Schatten." (Brecht 1988–97, Bd. 13, S. 392–393)

Der freirhythmische und reimlose Text, der nur in eine lockere Strophenstruktur gegliedert ist, spricht nicht aus der Perspektive des Menschen, sondern des Autos, dessen Intelligenz, Stärke, Ausstattung, Geschwindigkeit und Lautlosigkeit herausgestellt werden. Diese Anthropomorphisierung wertet die Maschine auf; auch wenn sie dienend ist (sie wird gefahren, sie ist nicht bemerkbar), hat sie doch Bewusstsein. Der Text (der wenig von einem Werbegedicht hat) rekurriert zugleich auf eines der zentralen Phantasmen der Zivilisationskritik: die Auslieferung des Subjekts an die Maschine. Brecht aber kennzeichnet die Mensch-Maschine-Symbiose – im Widerspruch zur Zivilisationskritik – positiv. Die Maschine ist ihm ein notwendiges und vor allem angenehmes Ausstattungsstück der modernen Gesellschaft. Es gilt nicht, sich von ihr unabhängig zu machen, sondern sie zu nutzen, auch im Sinne einer Revolutionierung der Gesellschaft.

Auslieferung des Subjekts an die Maschine

Das bestätigt sich in jenen Texten, die wie eine Absage Brechts an die Technikgläubigkeit seiner Zeit- und Berufsgenossen erscheinen. In *700 Intellektuelle beten einen Öltank an* (1928) überzog Brecht die Technikfaszination der Intellektuellen und des Kulturbetriebs mit beißendem Spott. So heißt es in der fünften Strophe des Gedichts:

Kritik der Technikgläubigkeit

„Eilet herbei, alle! / Die ihr absägt den Ast, auf dem ihr sitzet / Werktätige! / Gott ist wiedergekommen / In Gestalt eines Öltanks. // Du Hässlicher / Du bist der Schönste! / Tue uns Gewalt an / Du Sachlicher! / Lösche aus unser Ich! / Mache uns kollektiv! / Denn nicht, wie wir wollen: / Sondern, wie du willst." (Brecht 1988–97, Bd. 11, S. 175)

Aber Brecht spottete nicht nur, das Gedicht bestätigt auch seine instrumentelle Haltung zur Technik: So faszinierend oder mächtig sie auch sein mochte, sie sollte dennoch Instrument des Menschen sein und bleiben, ließe sich Brechts Position in der Umkehrung des Wortlauts des Gedichts bestimmen. Die Unterwerfung des Menschen, ja auch die Symbiose von Mensch und Maschine deutet, so kann man Brecht folgen, auf die Unterdrückungsverhältnisse in der Gesellschaft, denn hier ist nie von Unterdrückung der Menschen durch Maschinen, sondern von der Unterdrückung von Menschen mithilfe von Maschinen die Rede.

Auch in den sozialen und persönlichen Beziehungen nahm die Neue Sachlichkeit deutliche Umwertungen vor. Das wird am Gedicht *Sachliche Romanze* Erich Kästners deutlich, das im Frühjahr 1929 in seinem zweiten Gedichtband, *Lärm im Spiegel* erschien:

Rationalisierung des Gefühlslebens

> „Als sie einander acht Jahre kannten
> (und man darf sagen: sie kannten sich gut),
> kam ihre Liebe plötzlich abhanden.
> Wie anderen Leuten ein Stock oder Hut.
>
> Sie waren traurig, betrugen sich heiter,
> sie versuchten Küsse, als ob nichts sei,
> und sahen sich an und wußten nicht weiter.
> Da weinte sie schließlich. Und er stand dabei.
>
> Vom Fenster aus konnte man Schiffen winken.
> Er sagte, es wäre schon Viertel nach Vier
> und Zeit, irgendwo Kaffee zu trinken.
> Nebenan übte ein Mensch Klavier.
>
> Sie gingen ins kleinste Café am Ort
> und rührten in ihren Tassen.
> Am Abend saßen sie immer noch dort.
> Sie saßen allein, und sie sprachen kein Wort
> und konnten es einfach nicht lassen." (Kästner 1998, Bd. 1, S. 65)

Erich Kästner: Sachliche Romanze

Ein Paar kennt sich seit acht Jahren, kennt sich gut; aber sich gut zu kennen reicht nicht aus: Die Liebe kommt „abhanden", einfach so, wie anderen Leuten Stock oder Hut (beides übrigens männliche Attribute).

Anfangs versuchen beide, diese Erkenntnis zu ignorieren (sind traurig, heiter, küssen sich, sehen sich an), aber sie müssen erkennen, dass all das vergeblich ist, es ist zu Ende: Sie weint, er steht dabei (auch hier verhalten sich Mann und Frau rollengerecht). Was tun sie?

Etwas Beiläufiges, Normales, ja Banales – wie auch banal ist, was um sie herum geschieht: Es ist Zeit, Kaffee zu trinken, also gehen sie in ein Café (ins kleinste: obwohl sie in die Öffentlichkeit gehen, weil sie nicht allein sein wollen, wollen sie allein sein), dort sitzen sie, ohne zu begreifen, was mit ihnen geschehen ist. Aber irgendwann muss das vorbei gehen, auch wenn die letzte Strophe noch eine Zeile zugibt, um das Ende hinauszuzögern.

Aspekte der Neuen Sachlichkeit

Einige Aspekte, die für die Neue Sachlichkeit insgesamt typisch sind, kennzeichnen diesen Text:
- die Versachlichung der emotionalen Beziehung, das Trennungspathos fehlt völlig;
- die Normalität der privaten Krise: Liebe kommt und geht, sie wird zum normalen Affekt, zur Sache, die verloren werden kann;
- die Beiläufigkeit des Geschehens um die Liebenden herum und dessen, was sie selbst tun: Mit dem Verlust der Liebe geht keine Welt unter, sondern es endet nur eine Liebesbeziehung.

Alltagsgeschichte als Gegenstand der Kunst

Kästners Text hebt einen kleinen Augenblick hervor, den Moment vor der Trennung. Ein Stück Alltagsgeschichte, das sich jeden Tag wiederholt, ohne dass es Aufsehen erregt. Kästner lässt daran teilhaben und nachvollziehen, was mit diesem Paar geschieht und welche Gefühlslandschaft in ihnen sich ausbreitet. Zwar kennzeichnen Rat- und Hilflosigkeit die Reaktionen der Beteiligten, dennoch ist offensichtlich, dass dies nur ein vorübergehender Zustand ist.

Wie vorübergehend, das zeigt ein Exempel aus dem ersten Gedichtband Mascha Kalékos, *Das lyrische Stenogrammheft*, der 1933 bei Rowohlt erschien. Das Gedicht *Großstadtliebe* schildert den belanglosen und unspektakulären Beginn der Liebe in den großen Städten:

„Man lernt sich irgendwo ganz flüchtig kennen / Und gibt sich irgendwann ein Rendezvous / Ein Irgendwas, – 's ist gar nicht genau zu nennen – / Verführt dazu, sich gar nicht mehr zu trennen / Beim zweiten Himbeereis sagt man sich ‚du'".

Flüchtigkeit, Beiläufigkeit

Auch der weitere Verlauf bleibt unspektakulär, man hat sich „lieb", küsst einander, spricht „konkret" und wird nur „selten rot". Die jungen Menschen der Weimarer Republik sind aufgeklärt, sie teilen ihre Sorgen, organisieren ihre Zeit. So endet die Geschichte auch:

„Man schenkt sich keine Rosen und Narzissen / Und schickt auch keinen Pagen sich ins Haus. / – Hat man genug von Weekendfahrt und Küssen / Läßt mans einander durch die Reichspost wissen / Per Stenographenschrift ein Wörtchen: ‚aus'!" (Kaléko 2001, S. 20)

Das Szenario aus Kästners *Sachlicher Romanze* ist in Kalékos *Großstadtliebe* zugespitzt: Liebe ist ein großes Wort für eine normale und belanglose, selbstverständlich zum Leben gehörende Sache. Die Neue Sachlichkeit will die Normalität auch der Veränderung akzeptieren. Das Außergewöhnliche der ‚Großen Liebe' ist der Abfolge normaler Ereignisse und Beziehungen gewichen, mit denen menschliche Bedürfnisse befriedigt werden.

Das ist Gebrauchslyrik, man kann sie lesen, man kann sich darin wiedererkennen, man kann über sie lachen oder weinen, man kann sie ignorieren, weil sie einem zu seicht ist, und zweifelsohne sind solche Texte aus der Perspektive der Hochkultur Kunsthandwerk. Aber dieses Kunsthandwerk hat es in sich, denn die Texte sind handwerklich sauber und intelligent gemacht (der Wechsel vom Vier- zum Fünfzeiler zum Ende von Kästners Gedicht etwa ist bemerkenswert), in ihrer Beschreibung der Gesellschaft halten Konvention (Zeit zum Kaffeetrinken gehen bei Kästner, das Weekend bei Kaléko) und Irritation einander die Waage. Die Texte legen Wert darauf verstanden zu werden, sie separieren sich nicht von der Welt, sondern sind ein Teil von ihr – und wollen genau das auch sein.

Gebrauchslyrik

6.3 Kritik und Kampf

Aggressiver und kämpferischer gaben sich Autoren, die nicht auf Unterhaltung oder künstlerische Produktion aus waren, sondern für die Literatur eine dienende Funktion im Klassenkampf hatte. Eine entscheidende Rolle in dieser Gruppe hatte der Bund Proletarisch-Revolutionärer Schriftsteller (BPRS, gegründet 1928), in dem sich die KP-orientierten Autoren der Weimar Republik sammelten. Hier wurden die spezifischen Aufgaben einer proletarischen Literatur diskutiert, fixiert und propagiert. Ziel war die Schaffung einer Literatur, die auf die Bedürfnisse der Massen Rücksicht nahm, dabei Vorbild sein konnte und die Position der KP stärkte. Johannes R. Becher, Mitbegründer des BPRS, hielt die Entwicklung einer Literatur, die den Standpunkt des Proletariats einnahm, um 1930 für kulturpolitisch zentral:

> „Das wichtigste Ereignis auf dem Gebiet der Literatur ist die Entstehung einer proletarisch-revolutionären Literatur, einer Literatur, die die Welt vom Standpunkt des revolutionären Proletariats aus sieht und sie gestaltet." (Becher 1929, S. 1)

Entstehung der proletarisch-revolutionären Literatur

Die politische Linke entwickelte mit Propagandaformen wie Kampflied, Chorspiel, politisches Kabarett und Agitprop in den späten 1920er-Jahren eine ungeheure Produktivität. Autoren wie Erich Weinert oder die zahlreichen Agitprop-Gruppen nahmen die Gebrauchs-

Propaganda

lyrik in die politische Pflicht und stellten Inhalte und die Agitationsfunktion über die literarische Form (mit der sie freilich intensiv experimentierten).

Erich Weinert

Erich Weinert trat im Rahmen von öffentlichen KP-Veranstaltungen als Rezitator auf und schrieb, teilweise in Zusammenarbeit mit renommierten Komponisten wie Hanns Eisler, eine Reihe von Agitationsliedern. Zielscheibe waren das kapitalistische System und seine Repräsentanten, die Sozialdemokratie und der Faschismus, dessen Schlägergruppen seit Ende der 1920er-Jahre den Kommunisten die Straße streitig machten. So heißt es im Agitprop-Lied *Der rote Wedding*:

Der rote Wedding

> „Sie schlagen uns die Genossen tot, / Doch der Wedding lebt und Berlin bleibt rot. / Es wächst unser heimliches Heer / Und holt das Volk seine Freiheit zurück, / Dann spürt der Faschist unsere Faust im Genick." (Weinert 2001)

Der Kritik der Gesellschaft und dem Aufruf zum Kampf stand die Hoffnung auf eine baldige soziale Revolution gegenüber – so das Proletariat sich einte und seiner Stärke bewusst würde:

> „Haltet die roten Reihen geschlossen, / Dann ist der Tag nicht mehr weit. / Schon erglüht die rote Sonne flammend am Horizont. / Kämpft, Genossen, Sturmkolonne. / Rot-Front! Rot-Front!" (Weinert 2001)

Funktion und Form korrespondieren

Die formale Anspruchslosigkeit solcher Texte ist ihrer Funktion geschuldet: Die Sprache des Liedes ist klischeehaft (wenn nicht kitschig), es ist bewusst einfach, anschaulich, es soll zum Kampf aufrufen, die Stärke und Einigkeit der Kämpfer betonen und ihnen Mut machen, auch in ausweglosen Situationen weiter zu kämpfen. Die Musik von Hanns Eisler ist gleichfalls eingängig und gezielt so komponiert, dass sie mitgesungen werden kann. Die Hörer sollen mitsingen, sich mit den Zielen Kampfliedes und der Kämpfenden identifizieren und damit in den Kampf eingebunden werden. In Slatan Dudows und Bertolt Brechts Film *Kuhle Wampe* (1932) ist das zu hören und zu sehen: Zum Abschluss des sozialistischen Sommer- und Sportfestes stimmt die Agitprop-Gruppe *Das rote Sprachrohr* das *Solidaritätslied der Sportler* an. Die Zuhörer fallen sofort in den Gesang mit ein. Der Film zeigt – neben den Bildern der Agitpropgruppe und der durch den Film führenden Hauptfiguren – vor allem den „Massengesang" (Brecht 1969, S. 61).

In Kampfliedern wie *Der rote Wedding* oder dem *Solidaritätslied* wird die Forderung nach Literatur, die gebrauchsfähig ist und Nutzwert hat, auf die politische Propaganda zugespitzt. Die Texte nehmen Partei, vermitteln eine klare und eindeutige Weltsicht und versuchen,

Funktionen der Propaganda

ihre Zielgruppe – das Proletariat – zu formieren, auf die KP einzuschwören und auf ihre Aufgabe auszurichten. Jenseits der ästhetischen Provokation, die in der Verbindung von Agitation wie Propaganda mit dem literarischen Ausdruck steckt, ist ihr ästhetischer Anspruch jedoch gering. Die Differenzierungsfähigkeit, die noch neusachlichen Gedichten etwa von Erich Kästner zueigen ist, ist der Klarheit der politischen Überzeugung gewichen, in der Grauzonen nicht erwünscht und sinnvoll wären.

Die Nationalsozialisten haben solche funktionalen Liedformen extensiv übernommen und auf ihre Ziele angepasst. Neben den zahlreichen Neufassungen sozialistischer Kampflieder entstanden dabei auch neue Lieder wie das nach 1933 zur zweiten Nationalhymne aufgewertete *Horst-Wessel-Lied*, das der Literaturwissenschaftler Hermann Kurzke als „Aufbruchslied vom Marseillaisen-Typus" gekennzeichnet hat: „Es wird Appell geblasen. Es geht um einen Aufruf an die Kämpfer, um ihre Sammlung, Einstimmung und Rüstung, um die Situation vor einer letzten, entscheidenden Schlacht." (Kurzke 2007, S. 19) Die strukturelle Nähe des *Horst-Wessel-Liedes* etwa zu *Der rote Wedding* fällt schon nach wenigen Zeilen auf: Es werden Geschlossenheit, Kampfesmut, Einheit, Behauptungswillen und die Opfer beschworen.

> „Die Fahne hoch! Die Reihen dicht geschlossen! / S.A. marschiert mit ruhig festem Schritt. / Kam'raden, die Rotfront und Reaktion erschossen, / marschier'n im Geist in unsern Reihen mit." (zitiert nach: Kurzke 2007, S. 18)

Das lässt auf den ersten Blick auf eine große Nähe zwischen beiden totalitären Bewegungen schließen. Allerdings sind Formen der Gebrauchsliteratur, die zu Propagandazwecken eingesetzt werden, keineswegs an politische Positionen gebunden. Nicht also der Umstand, dass sowohl Kommunismus als auch Nationalsozialismus totalitaristische Ideologien sind, ist primär dafür verantwortlich, dass sich beide der Kampfliedformen bedienten, sondern der Umstand, dass beide Gruppen glaubten, sich in einem ‚Befreiungskampf' zu befinden: in dem zu einer klassenlosen Gesellschaft oder in dem der Nation.

Adaptationen des Nationalsozialismus

Gleiche Interessen, gleiche Formen?

Fragen und Anregungen

- Was sind die zentralen Argumente, die Bertolt Brecht gegen die junge Lyrik seiner Zeit vorbringt und welche Kriterien führt Klaus Mann gegen Brecht ins Feld?

- In welchem Verhältnis stehen Sachlichkeit, Neutralität und politisches Engagement in der jungen Lyrik der 1920er-Jahre zueinander?
- Warum kann die Neue Sachlichkeit als typisch für späten 1920er-Jahre angesehen werden?
- Wie entwickelt die Kampflyrik der KP-Autoren Elemente der Neuen Sachlichkeit weiter?

Lektüre-, Hör- und Sehempfehlungen

Quellen
- **Bertolt Brecht / Slatan Dudow: Kuhle Wampe oder Wem gehört die Welt** [1932]. DVD, Frankfurt a. M.: Absolut Medien 2008. *Der Film enthält Agitprop-Aufnahmen der Zeit.*

- **Mascha Kaléko: Das lyrische Stenogrammheft / Kleines Lesebuch für Große**, Reinbek bei Hamburg 25. Auflage 2001. *Im ersten Teil neue Ausgabe der Gedichte von 1933, mit denen Kaléko sich in die Neue Sachlichkeit einschrieb.*

- **Interview mit mir selbst. Mascha Kaléko spricht Mascha Kaléko.** Durch Leben und Werk führen Gisela Zoch-Westphal und Gerd Wameling. 2 CDs, Berlin: Deutsche Grammophon 2007. *Unter anderem mit Originalaufnahmen von Mascha Kaléko.*

- **Erich Kästner: Gedichte**, herausgegeben von Volker Ladenthin, Stuttgart 1998. *Eine Auswahl der Gedichte Kästners.*

- **Erich Kästner: Sachliche Romanze. Gesprochen von Erich Kästner.** CD, Berlin: Deutsche Grammophon Literatur 1998.

Forschung
- **Sabina Becker: Neue Sachlichkeit**, 2 Bde., Köln / Weimar / Wien 2000. *Umfassende Darstellung der Neuen Sachlichkeit mit einer Dokumentation aller wichtigen zeitgenössischen Texte.*

- **Dieter Hoffmann: Arbeitsbuch Deutschsprachige Lyrik 1916–1945. Vom Dadaismus bis zum Ende des Zweiten Weltkriegs**, Tübingen / Basel 2001. *Darstellung der einzelnen Strömungen und Autoren mit Musterinterpretationen.*

- **Helmut Lethen: Verhaltenslehren der Kälte. Lebensversuche zwischen den Kriegen**, Frankfurt a. M. 1994. *Erklärt die Neue Sachlichkeit als neue, dezidiert zurückhaltende, kühle Haltung zur Welt.*

7 Theater als kulturelles Leitmedium

Abbildung 14: Lotte Lenya singt Kurt Weill, Plattencover (1955)

In der „Dreigroschenoper" Bertolt Brechts (1928) wird „Das Lied der Seeräuber-Jenny" auf der Hochzeit Polly Peachums mit dem Räuberhauptmann Mackie Messer gesungen. Die Szene ist kompliziert gebaut: Eine Frau (Polly) spielt eine Frau (Jenny), die sich vorstellt, jemand ganz anderes zu sein (eine Seeräuberbraut). In eine fiktive Handlung werden weitere Handlungsebenen eingezogen: Das Spiel im Spiel, in dem sich die fiktiven Figuren wie Schauspieler verhalten können (was ihre Darsteller ja auch wirklich sind), die etwas vorspielen. Das ist der Kern des epischen Theaters: Es will die Wirklichkeit nicht vor-gaukeln, sondern vor-spielen und damit analysierbar machen. Das macht eine weitere Operation möglich, die der „Dreigroschenfilm" vornahm, der auf der Basis der „Dreigroschenoper" entstand: Dort wird das „Lied der Seeräuber-Jenny" einer anderen Figur und einer anderen Szene zugeschlagen. Nicht mehr die Räuberbraut Polly Peachum, sondern eine der Geliebten und Huren Macheaths, die Spelunken-Jenny, singt es nun. Mit Auswirkungen auf die Bedeutung: Aus der „epischen Musterszene" wird die indirekte Drohung der verlassenen Hure, die Rache sucht. Das epische Prinzip Brechts wird auf diese Weise geschwächt. Zugleich aber findet das Lied erst damit seine Sängerin. Das „Lied der Seeräuber-Jenny" ist mit der Karriere Lotte Lenyas, der Frau des Komponisten der „Dreigroschenoper", Kurt Weill, eng verknüpft. Es wurde das Paradelied ihres Lebens, obwohl sie den Song in der Uraufführung des Stückes gar nicht sang, sondern ihn erst im Film von 1931 unter der Regie von G. W. Papst übernahm. In der Inszenierung, die im März 1954 in New York herauskam, spielte sie die Rolle sieben Jahre lang.

Der internationale Erfolg der *Dreigroschenoper* und vor allem ihrer Songs verdeckt, dass das Stück einer der Meilensteine im Theater der 1920er-Jahre war. Mit ihm kommt das epische Theater zu seinem ersten Publikumserfolg, verlässt im selben Moment jedoch den Bereich der politisch-ästhetischen Avantgarde, in dem es zuvor vor allem von Erwin Piscator und eben auch Brecht entwickelt wurde. Wie eng das Theater mit dem politischen und kulturellen Leben der 1920er Jahre verbunden war, zeigt aber auch der Aufschwung formal konventioneller Volksstücke und Komödien, wie sie Carl Zuckmayer auf die Bühne brachte.

7.1 **Brechts Erfolgsstück: *Die Dreigroschenoper***
7.2 **Gegenwartskritik bei Carl Zuckmayer**
7.3 **Die Technisierung der Bühne: Erwin Piscator**
7.4 **Brechts Entwurf des epischen Theaters**

7.1 Brechts Erfolgsstück: *Die Dreigroschenoper*

Die Vorgeschichte der 1928 uraufgeführten *Dreigroschenoper* des jungen Autors Bertolt Brecht und des Komponisten Kurt Weill ist chaotisch, und den ungemein großen Erfolg der Oper hat niemand vorhersehen können. Dennoch ist der Erfolg der *Dreigroschenoper* kein Zufall, sondern die Konsequenz intensiver Arbeit und der Änderung kultureller Rezeptionsgewohnheiten. Und nicht zuletzt die Musik des Komponisten Kurt Weill hat wesentlich zum Erfolg beigetragen.

Der Schauspieler Ernst Josef Aufricht, von seinem Vater mit 100 000 Reichsmark ausgestattet, übernahm im Jahr 1928 das Theater am Schiffbauerdamm in Berlin und suchte verzweifelt nach einem Stück, mit dem er das Haus eröffnen konnte. Da ihm keiner der großen Autoren – Ernst Toller oder Lion Feuchtwanger – ein fertiges Stück liefern konnte, tingelte Aufricht durch die Berliner Künstlerlokale, wo er auf den jungen Augsburger Dramaturgen und Autor Bertolt Brecht traf, der ihm ein „Nebenwerk" anbot. Aufricht erinnert sich 1966: [Entstehungsgeschichte]

„Es ist eine Bearbeitung von John Gay's ‚Beggar's Opera'. [...] [S]ie behandelte verschlüsselt einen Korruptionsskandal: der berüchtigte Gangster ist mit dem Polizeipräsidenten befreundet und macht mit ihm Geschäfte. Der Gangster stiehlt einem sehr mächtigen Mann die einzige Tochter und heiratet sie. Der Mann ist der Chef der Bettler." (Aufricht 1966, S. 64) [Die Vorlage]

„Wie bei Opern häufig der Fall, ist die Handlung eher dünn und trivial", kommentiert der Brecht-Forscher Jan Knopf den Entwurf der 200 Jahre alten englischen Vorlage (Knopf 2000, S. 111), die die Folie für Brecht und Weill wurde. Die Idee zur Bearbeitung von Gays Oper kam wohl von Brechts Frau Helene Weigel (vgl. Kebir 1997, S. 102). Brechts enge Mitarbeiterin Elisabeth Hauptmann übersetzte den englischen Originaltext, Brecht machte sich an die Bearbeitung und zog den Komponisten Kurt Weill hinzu, mit dem er bereits bei der Oper *Mahagonny* (1927) zusammengearbeitet hatte. Aufricht musste allerdings von der Tauglichkeit der neuen, ungewohnten Musik, die Weill ihm vorspielte, erst überzeugt werden, was schließlich aber gelang. Dennoch erwartete im Vorfeld niemand, dass „gerade die Songs zur Popularität des Werkes beitrugen" (Mittenzwei 1989, Bd. 1, S. 286). [Zusammenarbeit mit Kurt Weill]

Auch wenn Aufricht nun sein Stück hatte, begannen die Schwierigkeiten erst: Der Probenbeginn war für den 1. August 1928 festgelegt, die Premiere für den 31. August des Jahres. Mehr als sonst üblich waren die Vorbereitungen zur *Dreigroschenoper*, wie das Projekt erst kurz vor der Premiere genannt wurde, von Zeitnot, Stress, Streit, Skandal, Eifersüchteleien, Eitelkeiten, Umbesetzungen, Rücktrittsdrohungen und von der Neigung des Autors Brecht geprägt, an seinem Werk immer weitere Änderungen vorzunehmen. Noch in der Nacht vor der Premiere musste das Stück um 45 Minuten gekürzt werden (vgl. Hecht 1997, S. 251).

Schwierige Proben

Die Querelen im Vorfeld hatten nicht zuletzt auch damit zu tun, dass Brecht und Weill von den Schauspielern Ungewohntes forderten:

„Die klare Landschaft Brechtscher Worte, die dünne Luft Brechtscher Diktion waren für die Schauspieler ungewohnt. Ein ungewöhnlicher Stil und eine ungewöhnliche Musik wirkten befremdend. Sie fanden nicht den vertrauten Boden des gewohnten Theaterstücks." (Aufricht 1966, S. 71)

Dramaturgische Innovationen

Das Verhältnis von Text und Musik verstieß gegen alle Konventionen, verband die Operntradition mit der zeitgenössischen Unterhaltungsmusik und war gerade deshalb von ungemeiner Modernität, wie die Musikgeschichtsschreibung festgehalten hat:

„Dem Stück und seinem Text gesellt sich eine moderne Stadtmusik zu, die wiederum in ihrem expressiven Ton, in ihrem Verweis auf zeitgenössische Tanz- und Jazzmusik, oft diametral zum geschäftlich-kalten Ton, zu den Zynismen der Texte steht." (Lucchesi 2001, S. 211)

Ungewohnt war zudem für die Schauspieler – die zum Teil wie Kurt Gerron, der den Polizeichef von London spielte, Kabaretterfahrung hatten –, dass das Orchester hinter ihnen angeordnet war, sodass die Koordination der Einsätze von Orchester und Sänger schwierig war und es zu gewollten „Asynchronizität[en]" kam (Lucchesi 2001, S. 200).

Songs und Handlung

Außerdem sollten die Songs so gesungen werden, „als ob sie nicht zur Handlung gehörten" (Aufricht 1966, S. 71), was ja auch der Fall ist: Die Handlung des Stücks und die einzelnen Songs hängen meist nur lose zusammen. So demonstriert der *Kanonen-Song* zwar die enge Bindung zwischen dem Gangster Macheath und dem Polizeichef Brown, die sich von ihrer gemeinsamen Zeit beim Militär kennen. Aber dass dies nicht geschildert oder erzählt wird, sondern dass ein Song diese Verbundenheit zu zeigen hat, ist außergewöhnlich. Andere Songs lassen ihre Interpreten noch mehr aus dem Spielzusammenhang heraustreten: So insbesondere der blutrünstige Wunschtraum der Seeräuber-Jenny, die als Abwaschmädchen in einer armseligen Kneipe in Soho arbeitet und davon fantasiert, dass ein Seeräuberschiff erscheinen und seine Besatzung auf ihren Befehl hin allen Einwohnern der Stadt den Kopf abschlagen wird: „Und an diesem Mittag wird es still sein im Hafen / Wenn man fragt, wer wohl sterben muß. / Und dann werden Sie mich sagen hören: Alle! / Und wenn ein Kopf fällt, sag ich: Hoppla!" (Brecht 1988–97, Bd. 2, S. 249) Der Song ist weder mit der Szene, in der er platziert ist – die Hochzeit zwischen dem Londoner Räuberhauptmann Macheath und der Tochter des Bettlerkönigs Peachum, Polly –, noch mit der Interpretin – Polly – in Verbindung zu bringen.

Eine „epische Musterszene" hat Jan Knopf die Präsentation der Seeräuber-Jenny genannt und dabei auf die mehrfache Theatralisierung hingewiesen, die sich in dieser Szene besonders gut erkennen lässt, aber grundsätzlich die ganze *Dreigroschenoper* bestimmt. Die Bande Macheath inszeniert eine Hochzeit in einem leeren Pferdestall, der eigens dafür mit Möbelstücken ausgestattet wird, die Bandenmitglieder spielen die gutsituierten Hochzeitsgäste (was ihnen nur ungenügend gelingt), bringen dem Hochzeitspaar ein Ständchen (das ein wenig unanständig ist), bis dann Polly selbst etwas „zum besten" gibt. Dafür fordert sie ihre Zuhörer auf, sich eine „Vier-Penny-Kneipe in Soho" vorzustellen, sie spiele nun das Abwaschmädchen und singt das *Lied der Seeräuber-Jenny* (vgl. Brecht 1988–97, Bd. 2, S. 248–250).

Spiel im Spiel

Mit diesem Spiel im Spiel versucht Brecht die Illusion des Theaters zu durchbrechen: „[D]ie Spieler demonstrieren, dass sie Rollen übernehmen und als (künstliche) Figuren in einem künstlich eingerichteten Spiel agieren." (Knopf 2000, S. 119) Damit ist das Kernstück des von Brecht so genannten „epischen Theaters" markiert. Die Simulation des Theaters wird durchschaubar gemacht. Die Schauspieler versetzen sich nicht in ihre Rollen, sie *spielen* sie und sie ‚erzählen' sie auf diese Weise. (Die Offenheit dieses Gestaltungsprinzips macht es möglich, das *Lied der Seeräuber-Jenny* später im *Dreigroschenfilm* einer anderen Figur zu übertragen, nämlich einer ehemaligen, nun eifersüchtigen und enttäuschten Geliebten Macheaths. Als Ausdruck ihres Rachebedürfnisses wird das Lied zurück in die Spielebene des Stücks verlagert.)

Basiskonzept des epischen Theaters

Auch wenn Brecht das Konzept des epischen Theaters erst in den 1930er-Jahren weiter ausarbeitete und in zahlreichen Stücken auf dem Papier umsetzte, um es dann in den Nachkriegsjahren auf der Bühne zu erproben, setzte er doch bereits in der *Dreigroschenoper* einige der zentralen „theatralische[n] Mittel des epischen Theaters [ein], so das Heraustreten aus der Rolle, die Verwendung gestischen Materials, vor allem die Trennung der Elemente im Unterschied zu ihrer Verschmelzung in ein ‚Gesamtkunstwerk', wie es in der Oper seit Richard Wagner angestrebt wurde." (Mittenzwei 1989, Bd. 1, S. 283) Das Spiel sollte als Spiel erkannt werden, die Erkenntnisse des im Spiel Vorgeführten sollten die Zuschauer zur Reflexion, zur Erkenntnis der Wahrheit und zum eigenen Handeln anregen.

Angesichts solcher gewagten Neuerungen und der konfliktreichen Vorbereitung konnte niemand von einem Erfolg ausgehen. Doch binnen eines Jahres wurde das Stück an 120 Theatern in Deutschland inszeniert und erfuhr bis 1933 Übersetzungen in 18 Sprachen. Die New Yorker Inszenierung von 1954 mit Lotte Lenya (als Hure Jenny) erlebte in sieben Jahren 2 611 Aufführungen (vgl. Lucchesi 2001, S. 213). Kurt Weill fertigte eine Konzertvariante an, die Musik wurde von der Schallplattenindustrie zwischen 1929 und 1931 elfmal produziert, im Jahr 1930/31 folgte der *Dreigroschenfilm*, von dem sich Brecht allerdings distanzierte (weil er um seinen Einfluss auf den Film fürchtete), und 1934 der *Dreigroschenroman*, der bereits im Exil erschien. Das Stück war nicht nur ein Erfolg, es zog auch weitere mediale Erfolgsprodukte nach sich.

Internationaler Erfolg

Der Erfolg aber wurde nicht von der Kritik gemacht, sondern von den Zuschauern – und von den Songs. Der Dramaturg der Uraufführung, Richard Fischer berichtete vom Verlauf der Premiere:

Songs als Gassenhauer

„Die ersten zwei Bilder gingen vorüber – das Publikum blieb kalt. Aber nach dem Kanonensong ging ein Beifallssturm los, wie ich ihn im Theater nur selten erlebt habe. Das Publikum verlangte stürmisch nach einer Wiederholung des Liedes [...]. Von da an wurde fast jedes Lied zwei- oder dreimal wiederholt." (Fischer, zitiert nach: Mittenzwei 1989, Bd. 1, S. 289).

Binnen Kurzem wurden die Songs zu „Gassenhauer[n] und sollten das Stück weltberühmt machen" (Kebir 1997, S. 103).

Brecht hatte also mit der *Dreigroschenoper* gleich mehrerlei erreicht: Er platzierte sich „über Nacht in der Verbraucher- und Vergnügungsindustrie" (Mittenzwei 1989, Bd. 1, S. 283), und es gelang ihm zugleich, das Theater zur gesellschaftlichen Entwicklung aufschließen zu lassen. Die Erkenntnis, die Brechts Konzept der *Dreigroschenoper* zugrunde lag, war die der Gesellschaft als Klassengesellschaft. Die „bürgerliche Ordnung als räuberische Ordnung" darzustellen (Knopf 2000, S. 114) und diese Botschaft massenhaft zu verbreiten, war ihm auf grandiose Weise gelungen: „Was ist ein Diet-

Gesellschaftskritik als Erfolgsstück

rich gegen eine Aktie? Was ist ein Einbruch in eine Bank gegen die Gründung einer Bank? Was ist die Ermordung eines Mannes gegen die Anstellung eines Mannes", erklärt Macheath als „untergehende[r] Vertreter eines untergehenden Standes" – des Straßenräubers – vor dem Gang zum Galgen, der ihm dank des reitenden Boten seines alten Freundes, des Polizeichefs Tiger Brown erspart bleibt (Brecht 1988–97, Bd. 2, S. 305).

7.2 Gegenwartskritik bei Carl Zuckmayer

Die Kritik der Gegenwart war das zentrale Erfolgskonzept des deutschen Theaters der 1920er- und frühen 1930er-Jahre. Schon im expressionistischen Theater waren neben dem Pathos des Subjekts und der Revolte der Jugend auch politische Themen aufgenommen worden. Selbst in Texten wie Walter Hasenclevers *Der Sohn* (1914) oder Arnolt Bronnens *Vatermord* (1920), in denen der Generationenkonflikt bis zum Tod der Väter vorangetrieben wird, ist noch ein gesellschaftskritisches und utopisches Moment erkennbar. Georg Kaisers *Von Morgen bis Mitternacht* (1916) führt die Utopie des erfüllten und nicht entfremdeten Lebens vor, wie auch in *Gas* (1918) und *Gas 2* (1920) die Kritik der in ökonomischen und machtpolitischen Zwängen verstrickten Gesellschaft immer auch auf eine Gesellschaftsutopie verweist, in der diese Zwangsapparate aufgehoben sind (→ ASB AJOURI, KAPITEL 6.4).

Kritik und Utopie im expressionistischen Drama

Im Unterschied zu den im hohen Ton angelegten Befreiungsstücken des Expressionismus war das Theater seit den späten 1920er-Jahren sachlicher, rationaler, aufgeklärter und aggressiver. Es nahm politische Themen auf, die die gesamte Bandbreite zwischen der Kritik gesellschaftlicher Missstände und der Revolutionierung der Gesellschaft abdeckten.

Auch im Unterhaltungstheater rückte die politische Haltung mehr und mehr in den Mittelpunkt. „Volksstücke" – also Komödien – wie Carl Zuckmayers *Der fröhliche Weinberg* (1925), Ödön von Horvaths *Geschichten aus dem Wienerwald* (1931) oder Marieluise Fleißers *Pioniere in Ingolstadt* (1929) waren nicht nur auf Unterhaltung aus, sondern führten auch politisch aufgeklärte und aufklärende Themen vor und feierten am Theater große Erfolge. Die Zeiten, in denen das Thema Provinz von politisch konservativen und reaktionären Autoren besetzt wurde, waren vorbei.

Politische Themen im Volksstück

Auf dem Theater war es vor allem Carl Zuckmayer, der mit seinen Komödien Unterhaltung und politische Kritik vereinbaren konnte und damit schnell zu einem der wichtigsten Theaterautoren der Weimarer Republik wurde (vgl. Rühle 2007, S. 491).

Neben *Der fröhliche Weinberg* ist die zweite große Komödie Zuckmayers das „deutsche[ ] Märchen in drei Akten" *Der Hauptmann von Köpenick* aus dem Jahr 1929 (Zuckmayer 1995, S. 7) von Bedeutung, das der Theaterhistoriker Günther Rühle ein „Satyrspiel auf den deutschen Militarismus" genannt hat (Rühle 2007, S. 610). Die Exposition ist ähnlich wie in Döblins *Berlin Alexanderplatz* (→ KAPITEL 11.1): Der Schuster und Kleinkriminelle Wilhelm Voigt wird aus der Haft entlassen und versucht einen Neubeginn: „[D]et rumlaufen ohne Paß, und det Versteckspielen, und de janze Schinderei, det kann ick nu nicht mehr mitmachen. Det kann ick nich mehr." (Zuckmayer 1995, S. 143) Aber die Polizei weist ihn aus „den Bezirken Rixdorf, Reinickendorf, Neukölln, Groß-Lichterfelde" aus (Zuckmayer 1995, S. 90). Damit beginnt für Voigt die Dauerflucht vor den Behörden, die Resozialisierung wird ihm verwehrt, weil er ohne Arbeit keine Aufenthaltserlaubnis bekommt und umgekehrt. Deshalb will er ins Ausland; dafür braucht er einen Pass, der ihm gleichfalls verwehrt wird.

So kommt er auf eine einfache Idee, die auf dem Umstand beruht, dass im wilhelminischen Deutschland niemand die Legitimation eines Uniformträgers anzweifeln würde: „Das fährt einen in de Knochen, da steht man von selber stramm, was?" (Zuckmayer 1995, S. 147) Voigt beschafft sich beim Trödler eine Hauptmannsuniform, rekrutiert auf der Straße einen Trupp Soldaten, marschiert zum Rathaus von Köpenick und beschlagnahmt die Stadtkasse. Die Aktion gerät jedoch zum Fehlschlag, denn den Pass, auf den es ihm eigentlich ankommt, erhält er nicht, da das Rathaus in Köpenick keine Pässe ausfertigt. Einmal damit angefangen, muss Voigt die Posse aber zu Ende spielen und wird schließlich verhaftet. Die Haftstrafe, die ihm droht, scheint ihm jedoch deutlich weniger bedrohlich als die Freiheit, die ihm keine Chance gibt.

Über diese offene Kritik an den sozialen Ausschlussmechanismen des Kaiserreichs – in dem der *Hauptmann von Köpenick* spielt – hinaus ist das Stück als Kritik an den starren Regeln der wilhelminischen Gesellschaft und als Diagnose der Veränderungen angelegt, die seitdem zu verzeichnen waren. Dargestellt wird das mithilfe der Uniform, die Voigt erwirbt. Deren ‚Karriere' belegt, dass die Konvention, nach der die Kleidung die gesellschaftliche Position anzeigt, in

Auflösung begriffen ist. Hauptmann von Schlettow, für den die Uniform zu Beginn geschneidert wird, kann anfangs noch unwidersprochen behaupten, dass Mensch, Körper, soziale Position und Uniform eine Einheit bildeten. Man sehe ihm auch ohne Uniform den „Schliff", den „Schnick", den „Benimm, die ganze bessere Haltung" an (Zuckmayer 1995, S. 13).

Als er aber kurze Zeit später in Zivil mit einem Grenadier aneinander gerät, nützt ihm seine angebliche Haltung nichts mehr: „Ohne Charge [d. h. Uniform] biste for mir 'n janz deemlicher Zivilist" (Zuckmayer 1995, S. 37), kommentiert der Grenadier die Befehle des Hauptmanns. Die beiden geraten in eine Prügelei und werden von der Polizei abgeführt, der Hauptmann muss seinen Abschied nehmen. Die Uniform, gerade erst frisch geschneidert, nimmt ihren Abstieg bis in den Trödel, wo Voigt sie schließlich erwirbt. Der Abstieg der Uniform bis zur Militärfarce in Köpenick verweist auf mehrere Themen:

1. Kleidung zeigt in der wilhelminischen Gesellschaft den Stand des Einzelnen an und definiert ihn. *(Kleidung als Standesmerkmal)*
2. Ohne Kleidung ist der gesellschaftliche Stand nicht erkennbar. Die Kleidung, die Körper, die Haltung oder anderes zeigen jedenfalls nichts an und geben zu nichts das Recht.
3. Die Auflösung klarer ständischer Ordnung führt zur Beliebigkeit auch der Kleiderwahl, die der Selbstauszeichnung dient (ausgedrückt in Mode) und nicht mehr der Anzeige der Standeszugehörigkeit.

Dass der Schuster und Außenseiter Voigt in der Uniform nicht von (adeligen) Militärs unterscheidbar ist, deren Stand geburtsrechtlich definiert wird, ist als deutliche Absage an alte gesellschaftliche Ordnungsmuster zu verstehen. Damit ist der Text ein radikales Plädoyer für die Gleichheit von Menschen. Das „große[ ], befreiende[ ] und mächtige[ ] Gelächter" Voigts, mit dem das Stück endet, besiegelt diese Botschaft (Zuckmayer 1995, S. 148). Und das deutsche Publikum lachte mit: „Deutschland lachte links. Deutschland lachte rechts", schrieb einer der renommiertesten Theaterkritiker der Zeit, Herbert Jhering in seiner Rezension des Stücks (Jhering 1931, zitiert nach: Rühle 1988, Bd. 2, S. 1076). Zuckmayers Stück wurde ein Riesenerfolg, gespielt von zahlreichen Theatern bis zum Ende der Republik (vgl. Rühle 2007, S. 611f.).

Mangelnde Unterscheidbarkeit

7.3 Die Technisierung der Bühne: Erwin Piscator

Neue Formen, innovative Regisseure

Zuckmayers Erfolg beruhte darauf, dass er die Form des Theaterstücks nicht erneuerte, sondern sie vor allem mit neuen Inhalten füllte: „Zuckmayer experimentierte nicht mit der szenischen Form. Sein Erfolg war die Regeneration der alten." (Rühle 2007, S. 488) Das aber stellte die Regisseure der 1920er-Jahre nicht zufrieden, die das Theater in seiner Gänze modernisieren wollten und deshalb die Inszenierungsmöglichkeiten weiter ausbauten: Max Reinhardt, Jürgen Fehling, Leopold Jeßner, Erich Engel, Erwin Piscator und Bertolt Brecht sind die großen Regienamen des langen Theaterjahrzehnts zwischen 1919 und 1933.

Neben Brecht ist Erwin Piscator – der 1924 beinahe zeitgleich mit Brecht am Berliner Theaterhimmel erschien – die „wegweisende" Figur dieser Jahre (Rühle 2007, S. 493). Piscator führte die Modernisierung des deutschen Theaters, das bereits Ende des 19. Jahrhunderts „professioneller" aber auch „volkstümlicher" als das Theater anderer Länder war (Willett 1982, S. 11), konsequent weiter. Er machte den letzten Schritt in Richtung Regietheater, das die Arbeit des Regisseurs und nicht den Text des Autors in den Vordergrund stellte. Er benutzte den Text als Material, das in der Aufführungspraxis zur Geltung und auf den Punkt gebracht werden muss: „Der Regisseur kann nicht bloßer ‚Diener am Werk' sein, da dieses Werk nicht etwas Starres und Endgültiges ist, sondern, einmal in die Welt gesetzt, mit der Zeit verwächst, Patina ansetzt und neue Bewußtseinsinhalte assimiliert", erklärte Piscator in seiner 1929 erschienenen Programmschrift *Das politische Theater*. Der Regisseur müsse den Standpunkt seiner Zeit einnehmen, um von ihm aus „die Wurzeln der dramatischen Schöpfung bloß[zu]legen" (Piscator 1986, S. 85).

Politisierung des Theaters

Dies unternahm Piscator mit einer klaren revolutionären Absicht, denn er betrieb das Theater nicht nur als politisches Theater. Er betrieb es mit dem klaren Ziel, Gesellschaft grundlegend zu verändern.

Formale Innovationen

Zu diesem Zweck musste das Theater nicht nur seine Themen ändern, sondern auch seine Form: „Das politische Theater sprengte die Grenzen des konventionellen Theaters, wie es das Drama des Autors gesprengt hatte." (Piscator 1986, S. 94) Piscator bekannte sich ausdrücklich zu radikalen politischen Strömungen wie der KPD, für die er etwa die *Revue Roter Rummel* (1924) inszenierte.

Da jedoch die geeigneten revolutionären Stücke fehlten und selbst die Stücke, die im direkten Auftrag Piscators geschrieben wurden, sein Programm nicht zu erfüllen vermochten, griff Piscator immer stärker in die Texte selbst ein. Ernst Tollers *Hoppla, wir leben*, Tolstojs *Rasputin*, die Dramatisierung des *Schwejk*-Romans (alle 1927/28), an der Brecht intensiv mitarbeitete, aber auch Alfons Paquets *Fahnen* (1924) oder *Sturmflut* (1926) und schließlich Ehm Welks *Gewitter über Gotland* (1927): Piscator veränderte, stellte um, ergänzte und schrieb neu, so sehr, dass etwa Ehm Welk im Nachhinein ausdrücklich sein Einverständnis mit den meisten Änderungen erklärte, soweit sie ihm nicht zu „Lächerlichkeiten" geraten waren (Piscator 1986, S. 100). Piscator setzte die Auflösung der strengen Akteinteilung der zeitgenössischen Dramen in revuehafte Szenenfolgen fort, die der Dynamik und der dramatischen Qualität der gesellschaftlichen Gegenwart besser entsprachen: „[N]icht der innere Bogen des dramatischen Geschehens ist wesentlich, sondern der möglichst getreue und möglichst umfassende epische Ablauf der Epoche", begründete Piscator dies (Piscator 1986, S. 153).

Darüber hinaus veränderte Piscator radikal das Regierepertoire seiner Zeit: Er setzte Filme, Fotografien und Musikeinspielungen ein, er ließ sogar neue Bühnen entwerfen, mit denen die technischen Möglichkeiten effektiver eingesetzt werden konnten. Als er ein Stück über das Wirken und die Ermordung des russischen Wunderheilers Rasputin – nach einer Vorlage der russischen Autoren Alexej Tolstoj und Paul Ščegolev – auf die Bühne brachte, wurden die wichtigsten historischen Informationen in einem Film präsentiert. Der Film hatte für Piscator allerdings nicht nur eine ergänzende, informierende Funktion, sondern war auch Signum der Moderne: „Der schäbigste Film enthielt mehr Aktualität, mehr von der aufregenden Wirklichkeit unserer Tage als die Bühne mit ihrer schwerfälligen dramatischen und technischen Maschinerie." (Piscator 1986, S. 115). Daraus leitete Piscator den Auftrag ab, das Theater inhaltlich und formal radikal zu modernisieren, es zugleich politisch zu radikalisieren und erfolgreich zu machen (vgl. Piscator 1986, S. 115)

Für den Einsatz des Films hatte das weit reichende Folgen. In Paquets *Fahnen* setzte Piscator den Film als Kulisse ein (vgl. Willett 1982, S. 27), für den *Schwejk* verpflichtete er den Maler George Grosz als Zeichentrickfilmer, was die Distanzierung zur vorgeführten Handlung verstärkte, und für *Hoppla, wir leben!* den renommierten Filmemacher Walther Ruttmann (vgl. Schwind 1995, S. 85). Damit erreichte Piscator den Punkt, an dem er „den Rahmen des Bühnenlebens" sprengte, ja überhaupt Wahrnehmung im Theater an seine Gegenwart anzupassen suchte: „Der Wahrnehmungsdruck war [...] über die bloßen ‚Inhalte' hinaus gekennzeichnet von Tempo, Dynamik, Simultaneität und Rhythmus" (Schwind 1995, S. 80, 81).

Neue Bühnentechnik

Um Dynamik und Eindrücklichkeit auch der Handlung verstärken zu können, setzte Piscator zudem neue bühnentechnische Hilfsmittel wie Transportbänder oder Drehbühnen ein.

„Mir schwebte so etwas wie eine Theatermaschine vor, technisch durchkonstruiert wie eine Schreibmaschine, eine Apparatur, die mit den modernsten Mitteln der Beleuchtung, der Verschiebungen und Drehungen in vertikaler und horizontaler Weise, mit einer Unzahl von Filmkabinen, mit Lautsprecheranlage usw. ausgerüstet war." (Piscator 1986, S. 116)

Vom Bauhausarchitekten Walter Gropius ließ er sogar ein „Totaltheater" planen, mit dem, so Gropius, nicht nur ein „technisch hochentwickeltes, variables theaterinstrument" zur Verfügung gestellt werden sollte, sondern das auch „in hohem grade die möglichkeit" bieten sollte, „die zuschauer aktiv an dem scenischen geschehen teilnehmen zu lassen" (Gropius 1929, zitiert nach: Piscator 1986, S. 118).

Piscator wollte die Trennung zwischen Theatermachern und Zuschauern aufheben, nicht zuletzt weil er das Theater nicht als Schaubühne, sondern als Form der politischen Kommunikation verstand. Dabei kamen er und Bertolt Brecht sich konzeptionell sehr nahe.

Das Scheitern Piscators

Allerdings wurde weder Gropius' „Totaltheater" gebaut, noch war Piscator als Theaterbetreiber dauerhaft erfolgreich. Der hohe technische Aufwand, der Einsatz moderner Medien (die im Vorfeld produziert werden mussten), die große Zahl der Schauspieler und der Probenaufwand trieben die Kosten der Piscatorbühnen in die Höhe. Piscators Beitrag zur Theaterentwicklung und zum epischen Theater ist dennoch hoch und geht weitgehend auf seine Inszenierungspraxis zurück: Er probierte, was Brecht später theoretisch weiterführen, in epischen Theaterstücken ausformulieren und in seiner Nachkriegspraxis anwenden würde.

Etablierung neuer Wahrnehmungsformen

Auf das Theater beschränkte sich – so der Theaterhistoriker Klaus Schwind – auch die revolutionäre Wirkung von Piscators Werk, weil „die neuen theatralen Vermittlungsformen eine ganze neue Art der Wahrnehmung auf dem Theater stimulierten" (Schwind 1995, S. 65).

7.4 Brechts Entwurf des epischen Theaters

Bertolt Brecht hat Piscators Arbeit, an der er ja beteiligt war, fortgeführt und konsequent zum Konzept des „epischen Theaters" weiter entwickelt. Bereits in einer Publikation in der *Frankfurter Zeitung* am 27.11.1927 hatte Brecht das „epische Theater" als „Theaterstil unserer Zeit" bezeichnet. Als Kern des Konzeptes bestimmte er schon zu diesem frühen Zeitpunkt, dass der „Zuschauer" nicht „miterleben", „sondern sich auseinandersetzen" sollte (Brecht 1988–97, Bd. 21, S. 210). Im *Dialog über Schauspielkunst*, der am 17.2.1929 im *Berliner Börsen-Courier* veröffentlicht wurde, führte Brecht seine konzeptionellen Überlegungen über die Auseinandersetzung mit dem Regietheater Erwin Piscators hinaus. Dabei setzte er ein aufgeklärtes Publikum, das „Publikum des wissenschaftlichen Zeitalters" voraus, das andere dramatische und inszenatorische Mittel verlange als „Suggestion" oder „Trance", mit denen das gegenwärtige Theater arbeite. Zudem rückte er entschieden vom Empathie-Konzept ab, das seit Mitte des 18. Jahrhunderts die didaktische Konzeption des Theaters bestimmt hatte: „Wenn ich den dritten Richard sehen will", erklärte Brecht im *Dialog*, „will ich mich nicht als dritter Richard fühlen, sondern ich will dieses Phänomen in seiner ganzen Fremdheit und Unverständlichkeit erblicken." (Brecht 1988–97, Bd. 21, S. 280)

Brechts Überlegungen zielten nicht auf Überarbeitung oder Neuprofilierung der Theatertexte, sondern im Wesentlichen auf die schauspielerische Präsentation, die einer radikalen Erneuerung bedürfe. Die Schauspieler müssten ihr „Wissen" von den „menschlichen Beziehungen", „Haltungen" und „Kräften" „schildern". Die Aufführung sollte keine Simulation, sondern eher eine Erzählung sein (daher leitet sich auch der Begriff „episches Theater" ab). Die Schauspieler sollten die Beziehungen der Figuren zueinander herausarbeiten und der kritischen Beurteilung der Zuschauer aussetzen. Dabei sollten sie Distanz zum Publikum und zu sich selber schaffen und jederzeit wahren, ansonsten falle „der Schrecken weg, der zum Erkennen nötig" sei. Die Distanz ist also notwendige Bedingung der Erkenntnis (Brecht 1988–97, Bd. 21, S. 280).

Diese Erkenntnis setzte Brecht in seiner Schreib- und Inszenierungspraxis konsequent um. Durch die Nutzung exotischer oder historischer Stoffe hielt er sein Publikum auf Distanz zum Geschehen. Durch Techniken wie Spiel im Spiel – die er zum Beispiel in der *Dreigroschenoper* einsetzte – machte er stets klar, dass die Zuschauer einem Theaterstück und keinem Stück simulierter Realität beiwohnten. Im Lauf der frühen 1930er-Jahre und des Exils arbeitete Brecht zwar sein Konzept weiter aus, erarbeitete aber nie eine zusammenhängende Theorie des epischen Theaters. Er verlegte sich stattdessen – beginnend mit *Die heilige Johanna der Schlachthöfe* (1. Druck 1931), die allerdings erst nach dem Krieg uraufgeführt wurde – vor

Frühe Überlegungen zum epischen Theater

Performance im Fokus

Verfremdung als Distanzierung

allem darauf, eine große Zahl epischer Theaterstücke zu schreiben und sie auf die Bühne zu bringen.

Neben der spektakulären *Dreigroschenoper* bereitete Brecht die späteren epischen Theaterstücke in den sogenannten Lehrstücken vor, die er als Übungsstücke für Schauspieler bezeichnete. Die Aufgabe, die Beziehungen und Handlungen der Schauspieler untereinander im Spiel herauszuarbeiten, stärkte er in diesen Stücken nochmals. Darstellungsform und politische Kritik gehen dabei ineinander über. Im 1930 uraufgeführten Skandalstück *Die Maßnahme* – diesmal in enger Zusammenarbeit mit dem Komponisten Hanns Eisler geschrieben – treibt er dies ins Extrem.

Lehrstücke als Vorform des epischen Theaters

Das Stück behandelt den Opfertod eines Genossen, der die Agitations- und Aufbauarbeit kommunistischer Kader in China durch seine spontane Mitmenschlichkeit gefährdet. Brecht selbst verstand *Die Maßnahme* als „Versuch, durch ein Lehrstück ein bestimmtes eingreifendes Verhalten einzuüben" (Brecht 1988–97, Bd. 3, S. 100): „Die Vorführenden (Sänger und Spieler) haben die Aufgabe, lernend zu lehren." (Brecht 1988–97, Bd. 24, S. 101) Das ist politisch gemeint und bezieht sich zugleich auf die Darstellungsform.

Die Maßnahme

Die Handlung und der Tod des jungen Genossen werden von vier Agitatoren einem Kontrollchor berichtet, der in der Uraufführung 1930 in der Berliner Philharmonie mit 300 Sängerinnen und Sängern von Berliner Arbeiterchören besetzt war. Die Schauspieler spielen neben den Agitatoren auch die Rollen der anderen Beteiligten. Auf diese Weise wird der künstlich-distanzierte, referierende Schauspielstil erst möglich, der *Die Maßnahme* auszeichnet. Die inszenatorische Qualität des Stückes – die von der neueren Forschung nicht zuletzt auf den Einsatz der Musik zurückgeführt wird – wurde bereits von zeitgenössischen Kommentatoren herausgehoben, während seine politische Tendenz umstritten blieb.

Aufgrund der vermeintlichen Eindeutigkeit der politischen Handlung blieb jedoch ein wesentlicher Aspekt unbeachtet: Brecht entwirft hier eine Situation der extremen Bedrohung und der extremen Zeitnot, in der schnelle Entscheidungen erzwungen werden, die notgedrungen selbst wiederum extrem sein können:

Handeln in der Ausnahmesituation

Der Kontrollchor:
  Fandet ihr keinen Ausweg?
Die vier Agitatoren:
  Bei der Kürze der Zeit fanden wir keinen Ausweg.
(Brecht 1988–97, Bd. 3, S. 123, Fassung 1931)

Dieser Handlungsentwurf funktioniert auf der ersten Ebene in der Tat als Rechtfertigungsschrift der kommunistischen Agitation und deren Opfer, mit der sich auch formal die Opfer der stalinistischen Verfolgung rechtfertigen ließen (so Hannah Arendt 1971, nach Krabiel 1993, S. 209). Brecht und Eisler selbst haben dieses Missverständnis durch ein Aufführungsverbot zu verhindern versucht (Krabiel 2001, S. 264). *Politisches Missverständnis*

Einer „stalinistischen" Interpretation steht allerdings schon die Charakterisierung des Stückes als „Übungsstoff für dialektisches Denken, als Versuchsanordnung und veränderbarer Übungstext" entgegen (Krabiel 2001, S. 264, vgl. Brecht 1972, S. 475–483). Hinzu kommt, dass Brechts Handlungsmodell als „Ausnahmezustand" konstruiert ist, in dem die normalen Handlungskonventionen und Rahmenbedingungen suspendiert sind. In diesem Ausnahmezustand, den Brecht als strukturelle Zuspitzung seiner Gegenwart verstanden hat, handlungsfähig zu bleiben, ist das Ziel. Die zugespitzten Modellfälle verweisen zudem auf das spezifische Paradigma der Moderne, in deren beständig komplexer und dynamischer werdenden Struktur die Individuen unter immer größer werdendem Entscheidungs- und Handlungsdruck stehen (vgl. Delabar 2007). Problematisch wird diese Struktur nicht nur durch Zeitnot und Komplexität, sondern auch durch das Dilemma, wie zwischen den verschiedenen, gleichermaßen greifenden Ansprüchen, in diesem Fall von Humanität und Revolution, zu angemessen zu entscheiden sei (vgl. Lehmann/Lethen 1978, dagegen argumentiert Krabiel 1993, S. 234). *Übungstext für Schauspieler*

Fragen und Anregungen

- Diskutieren Sie, inwiefern Brechts *Dreigroschenoper* dem epischen Theater zuzurechnen ist. Sammeln Sie Argumente dafür und dagegen.

- Besorgen Sie sich den *Dreigroschenfilm*, der nach der *Dreigroschenoper* entstanden ist. Machen Sie sich einen Eindruck vom Verhältnis zwischen Handlung und Songs. Welche ästhetische Qualität haben die Songs? Wie stark sind sie in die Handlung eingebunden? Welche Wirkung haben sie? Wie ist das Verhältnis von Musik und Text zueinander?

- Diskutieren sie den Zusammenhang zwischen Piscators Inszenierungstechniken und dem epischen Theater.

- Inwiefern sind die Volksstücke Carl Zuckmayers als politische Stücke zu verstehen?

Lektüreempfehlungen

Quellen
- **Bertolt Brecht: Dialog über Schauspielkunst** [1929], in: ders., Werke. Große kommentierte Berliner und Frankfurter Ausgabe, herausgegeben von Werner Hecht, Jan Knopf, Werner Mittenzwei und Klaus Detlef Müller, Berlin/Frankfurt a. M. 1988–97, Bd. 21, S. 279–282. *Einer der frühesten Texte Brechts, in dem er die Kernelemente des epischen Theaters diskutiert.*

- **Erwin Piscator: Zeittheater. „Das politische Theater" und weitere Schriften von 1915 bis 1966.** Ausgewählt und bearbeitet von Manfred Brauneck und Peter Stertz. Mit einem Nachwort von Hansgünther Heyme, Reinbek bei Hamburg 1986. *Die Erstausgabe von „Das politische Theater" stammt aus dem Jahr 1929, gut verfügbar ist die bearbeitete Fassung von 1963, die 1986 in dieser Taschenbuchausgabe neu vorgelegt wurde.*

- **Carl Zuckmayer: Der Hauptmann von Köpenick. Ein deutsches Märchen in drei Akten** [1929], in: ders., Der Hauptmann von Köpenick. Theaterstücke 1929–1937, Frankfurt a. M. 1995, S. 7–149. *Textausgabe des wichtigen Volksstücks von Carl Zuckmayer.*

Forschung
- **Klaus-Dieter Krabiel: Die Maßnahme**, in: Jan Knopf (Hg.), Brecht-Handbuch in fünf Bänden. Wissenschaftliche Redaktion: Brigitte Bergheim, Joachim Lucchesi, Stuttgart/Weimar 2001–03, Bd. 1, S. 253–266. *Knappe und resümierende Zusammenfassung zum Lehrstück Brechts. Zur Ergänzung dieses Überblicks zu Text und Forschung vgl. Krabiel 1993.*

- **Joachim Lucchesi: Die Dreigroschenoper**, in: Jan Knopf (Hg.), Brecht-Handbuch in fünf Bänden. Wissenschaftliche Redaktion: Brigitte Bergheim, Joachim Lucchesi, Stuttgart/Weimar 2001–03, Bd. 1, S. 197–215. *Überblick zum Stück und zur Forschung.*

- **Günther Rühle: Theater in Deutschland 1887–1945. Seine Ereignisse – seine Menschen**, Frankfurt a. M. 2007, S. 341–721. *Detailreiche Darstellung des Theaters der Weimarer Republik; Rühle stellt nicht nur die heute noch bekannten Texte, Autoren und Regisseure vor, sondern taucht in die damalige (vor allem Berliner) Theaterszene ein.*

8 Literatur im Klassenkampf

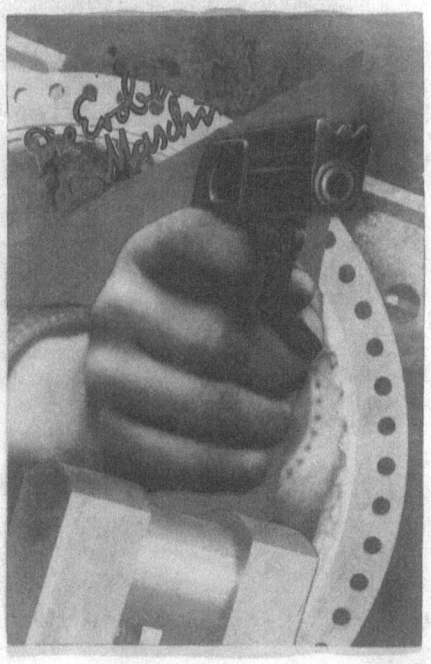

Abbildung 15: John Heartfield: Entwurf zu Franz Jung, *Die Eroberung der Maschinen* (1923)

John Heartfields Fotomontage kommt genau auf den Punkt: Die Maschine – erkennbar an den Maschinenteilen im Hintergrund – und der bewaffnete Aufstand kommen aus demselben Erfahrungsgrund: Die Arbeiter sind diejenigen, die den engsten Kontakt zu den Maschinen, d. h. zum Produktionsapparat, haben, und sie sind als einzige in der Lage, die Maschinen in ihrem Sinne zu verwenden, nämlich als Waffe im Klassenkampf.

Die sozialistische, kommunistische, proletarische oder Arbeiterliteratur emanzipierte sich im Laufe der 1920er-Jahre von der bürgerlichen Kultur. Zwar glaubten die Autoren der Arbeiterbewegung um 1918 an den baldigen Erfolg der revolutionären Bewegung, die literarischen Mittel, mit denen sie diese Gewissheit wie die Sozialisation der Arbeiter in den Betrieben und durch die Maschinenkultur zu fassen versuchten, waren jedoch der bürgerlichen Literatur entlehnt. Erst jüngere Autoren wie Franz Jung zu Beginn der 1920er-Jahre radikalisierten nicht nur die Inhalte und Themen der Literatur, sie suchten auch nach angemessenen literarischen Formen, um die Literatur in den Klassenkampf direkt einfließen zu lassen. Dabei boten sich die Mittel der Avantgarden seit 1910 an, die Montage und dokumentarische Mittel gleichermaßen umfassten. Politische und ästhetische Avantgarde schienen einander zu entsprechen. Diesem Ansatz folgte noch zu Beginn der 1930er-Jahre Anna Seghers, wenngleich sie bereits formal und inhaltlich differenzierter agieren musste. Obwohl sich im Bund Proletarisch Revolutionärer Schriftsteller Deutschlands (BPRS) die Abwendung von der Moderne ankündigte, setzte Seghers auf Montage und harten Schnitt, um die Perspektiven wie die Misserfolge der revolutionären Bewegung angemessen schildern zu können.

8.1 **Die Gezeitenwende in der politischen Linken**
8.2 **Die Masse erzählen (Franz Jung)**
8.3 **Die Kämpfer der Revolution (Anna Seghers)**
8.4 **Literatur im Auftrag der Partei**

8.1 Die Gezeitenwende in der politischen Linken

Im ersten Jahrzehnt nach der Jahrhundertwende waren politische und lebensweltliche Verweigerung für einen Autor wie Erich Mühsam noch vereinbar. Das literarische Werk Mühsams, der 1919 an der Münchener Räterepublik beteiligt war, bis 1924 in Haft saß und 1934 im Konzentrationslager von den Nationalsozialisten ermordet wurde, umfasst alle literarischen Gattungen und in jeder Gattung ein breites Spektrum an Stilen. Für den Autor selbst stehen dabei Kampf und Bekenntnis im Zentrum seines Werkes. Berühmt geworden ist er jedoch mit seinen Spottliedern, besonders mit dem 1908 entstandenen *Der Revoluzzer*, dessen erste Verse lauten: „War einmal ein Revoluzzer, / im Zivilstand Lampenputzer; / ging im Revoluzzerschritt / mit den Revoluzzern mit." (Mühsam 1998, S. 19) Die Solidarität des Lampenputzers geht soweit, wie die Revolution seinen liebsten Gegenstand, die Gaslaternen, die er zu reinigen hat, nicht anrührt. Die anderen Revolutionäre scheren sich darum aber nicht und reißen die Gaslaternen „aus dem Straßenpflaster aus. / zwecks des Barrikadenbaus" (Mühsam 1998, S. 19) – Revolutionen pflegen keine Rücksicht auf Gaslaternen zu nehmen, was als kaum verhohlene Kritik an der Sozialdemokratie gedacht war, der das Gedicht auch gewidmet ist.

<small>Erich Mühsam: Der Revoluzzer</small>

Mühsams literarische Karriere begann in dem Moment, in dem sich die älter gewordenen Repräsentanten der naturalistischen Moderne neuen lebensreformerischen Versuchen, neuen stilistischen Formen und anderen literarischen Themen zuwandten. Mühsam, 1878 in Lübeck geborener Apothekersohn, wurde schnell eine der bekanntesten Figuren erst der Berliner und schließlich der Münchener Boheme. Anzusiedeln sind seine Couplets weitgehend noch im eben entstandenen Brettl-Milieu, im Kabarett, dessen Ziel nicht die Politisierung des – zumeist bürgerlichen – Publikums war, sondern das sich mit einer Mischung von durchaus radikaler Kritik mit großem Amüsement begnügte.

<small>Herkunft aus dem Brettl-Milieu und der Moderne der Jahrhundertwende</small>

Anders hingegen die Arbeiterbewegung: Zu Beginn des Jahrhunderts hatte sie einen bereits Jahrzehnte währenden Kampf um ihre auch kulturelle Anerkennung und ihre Integration ins Kulturleben betrieben. Das hatte auch Auswirkungen auf ihre Produktion, wie ein Blick auf das Werk ihrer bekannteren Autoren wie Max Barthel zeigt. Barthel, so erläutert der Literaturwissenschaftler Frank Trommler in seiner Geschichte der sozialistischen Literatur, verschrieb sich der „Verklärung und Anklage der Arbeit, der modernen Industriesphäre" (Trommler 1976, S. 427). Das liest sich im Original folgendermaßen:

<small>Arbeiterbewegung: Kampf um Anerkennung</small>

> Max Barthel: Die Schöpfung

„Die Kraft der Maschine ist in meine Seele übergesprungen. / Ich bin ein Werksaal, lärmdurchbraust. / Eure Dynamos haben nun ausgesungen, / da mein Dynamo der Sehnsucht saust. // Ich stehe so fest wie eure erloschnen Kamine. / Ich bin voll Glut, und meine Feuerung raucht / hin über Straße und Eisenbahnschiene, / die nicht mehr auf euren Befehl zu donnern braucht." (Max Barthel 1919, zitiert nach: Heintz 1974, S. 112)

> Pathetisch im Ton
>
> Reflexion der neuen Arbeitsbedingungen

Der Ton ist pathetisch, die Themen werden der Arbeitswelt entnommen, der Eindruck der neuen Maschinenwelt ist noch relativ neu und einprägend, die Unterwerfung unter das Diktat der Maschinenarbeit und die kapitalistischen Herrschaftsverhältnisse sind in diesem Text ebenso erkennbar wie der Anspruch, dagegen aufzustehen. Die Arbeiter und ihre Arbeitsumgebung, die Maschinen und Maschinensäle, werden eins. Daraus entsteht das kämpferische Potenzial der sozialen Klasse, wie der ausleitende Vers zeigt, der auf den Aufstand und die Revolution verweist: „Wir sind bereit!" (Barthel 1919, zitiert nach: Heintz 1974, S. 113) Solidarität zu erzeugen ist die Aufgabe dieser Literatur.

Allerdings ist die Verschiebung vom Kampflied zum den Kampf ersetzenden Lied hier schon weit fortgeschritten, was nicht zuletzt den anarchistischen Lyriker Erich Mühsam immer wieder aufs Neue zu kritischen Texten motivierte. Das Pathos der frühen Arbeiterdichtung überdeckte ihre Kampfattitüde mehr und mehr. Im Vergleich dazu ist Mühsams Werk entschiedener, radikaler.

Einig waren sich Mühsam und der Barthel allerdings in der Abneigung gegen die Radikalisierung der Formen der Literatur im Expressionismus (→ ASB AJOURI) und Dadaismus (→ KAPITEL 4). Gerade Mühsam kritisierte die Formexperimente der Avantgarden, die eben nicht nur die Gesellschaft, sondern auch die Literatur zu revolutionieren versuchten:

> Ablehnung der Avantgarden

„Manche revolutionäre Dichter verkrampfen die deutsche Sprache und bilden sich ein, sonst wirke ihre Kunst nicht revolutionär. Manche revolutionäre Maler verklexen und verschmieren die Leinwand und bilden sich ein, der gesellschaftliche Umsturz müsse mit der Notzüchtigung der neuen Musen beginnen." (Mühsam 1998, S. 86)

Dagegen setzte Mühsam ein Konzept, das es ihm erlaubt, die zu Beginn des Jahrhunderts gefundene Formensprache beizubehalten.

> Dem bürgerlichen Kunstverständnis verpflichtet

Um 1920 zeigte sich die Literatur der Arbeiterbewegung zwar durchaus kämpferisch. Ihr literarisches Selbstbewusstsein war jedoch beinahe völlig dem bürgerlichen Kunst- und Kulturverständnis verpflichtet, ihre Formensprache war konventionell. Wo sie, wie im Fall der Brettl-Gedichte Mühsams, neuere Formen aufnahm, gehörten diese im Selbstverständnis der Autoren zur Nebenproduktion. Und auch wenn die Arbeiterbewegung mit solchen Nebenprodukten durchaus zur literarischen Moderne im ersten Jahrzehnt des 20. Jahrhunderts gehört (vgl. van den Berg in Mühsam 2003, S. 195), so blieb ihre generelle Ablehnung der formradikalen literarischen Strömungen doch entschieden. Sie bezog sich erst recht auf die Form-Explosionen, die nach 1918 auch die politische Literatur erfassten.

War der Grundimpuls des Expressionismus noch subjektivistisch und seine anti-bürgerliche Haltung oberflächlich, attackierte der Dadaismus das Bürgertum direkt und grundsätzlich. Zahlreiche seiner Repräsentanten wie Wieland Herzfelde, John Heartfield oder Georg Grosz wandten sich der 1919 neu entstandenen Kommunistischen Partei zu. Franz Jung, gleichfalls aus dem Dadaismus kommend, radikalisierte sich nicht nur in politischer Hinsicht, er unternahm in den frühen 1920er-Jahren den Versuch, den revolutionären Impuls auch in eine neue, revolutionäre literarische Form zu übersetzen. Aus der Sowjetunion wurden Konzepte wie der Proletkult für die politische Agitation übernommen. Das politische Kabarett wurde insbesondere von Walter Mehring und Erich Weinert an den Straßenkampf und die politische Arbeit angepasst. Die radikale Arbeiterbewegung entwickelte zudem neue Publikationsformate wie die *Arbeiter-Illustrierte Zeitung (AIZ)*, die ein Massenpublikum erreichte – nicht zuletzt wegen der politischen Montagen John Heartfields (→ ABBILDUNG 4), die auch auf den Buchumschlägen des Malik-Verlags eine breite Wirkung erzielten. Johannes R. Becher, der Ende der 1920er-Jahre einer der Fürsprecher des sozialistischen Realismus wurde, begann seine Karriere nicht nur mit expressionistischen Gedichten, sondern publizierte noch 1926 einen experimentell geschriebenen Anti-Kriegsroman (*(CH Cl = CH) $_3$As (Levisite) oder Der einzig gerechte Krieg*). Die Arbeiterkorrespondentenbewegung unternahm den Versuch, die Erfahrung des Proletariats unmittelbar erfahrbar zu machen – literarisch, journalistisch und fotografisch. Hinzuzuzählen sind Autoren wie Bertolt Brecht und Anna Seghers, die sich zur Linken bekannten und zu den wichtigsten Repräsentanten der literarischen Moderne gehörten.

Auch wenn die der KP nahe stehenden Autoren, die im Bund Proletarisch Revolutionärer Schriftsteller Deutschlands (BPRS) organisiert waren, sich massiv für eine Rücknahme all dieser Experimente und für den sozialistischen Realismus einsetzten: Die literarische Kreativi-

Innovationen nach 1918

Avantgarden als kreativer Impuls

tät, die die Arbeiterbewegung und politische Linke erfasste, ließ Autoren wie Barthel und Mühsam hinter sich zurück, obwohl diese zweifelsohne auch weiterhin ihr Publikum fanden. Der „erste Innovationsschub" in der Arbeiterliteratur ging von der „expressionistisch-avantgardistischen Generation" aus, von Autoren, Künstlern und Verlegern wie „George Grosz, John Heartfield, Wieland Herzfelde, Franz Jung, Oskar Kanehl, Franz Pfemfert, Erwin Piscator u. a., die um 1920 das Verhältnis zwischen Literatur, Revolution, Proletariat und Schriftsteller grundsätzlich neu zu bestimmen suchten." (Fähnders 2003, S. 103)

8.2 Die Masse erzählen (Franz Jung)

Revolutionäre Vita

Ohne Zweifel gehört Franz Jung zu den revoltierenden Geistern in der deutschen Literatur der 1920er-Jahre: Seine Vita liest sich weniger als die eines Autors, der sich auch politisch engagierte, denn als die eines Revolutionärs, der auch Bücher schrieb: 1888 in Neiße geboren, kam Jung in München in engen Kontakt mit Erich Mühsam und der Gruppe „Tat", 1918 gehörte er zu den Mitgründern des Berliner Dadaismus, wurde aber in der Novemberrevolution 1918 als politischer Agitator aktiv und beteiligte sich an zahlreichen Aktionen der extremen Linken, etwa an der Besetzung des Wolffschen Telegrafenbüros Ende 1918 und an den Kämpfen im Berliner Zeitungsviertel im Januar 1919, die als Spartakusaufstand bekannt geworden sind. 1919 in die KP eingetreten, wurde er bereits 1920 wegen linksradikaler Abweichung wieder ausgeschlossen und begründete die Kommunistische Arbeiterpartei Deutschlands (KAPD) mit, zu deren Führungsgruppe er eine Zeit lang gehörte. 1920 kaperte Jung ein Schiff, um im Auftrag der KAPD nach Russland zu reisen und dort deren Beitritt zur Kommunistischen Internationale zu verhandeln. Ende des Jahres (erfolglos) zurückgekehrt, saß er für diese abenteuerliche Aktion mehrfach in Haft, beteiligte sich aber bereits im März 1921 an den Mitteldeutschen Arbeiteraufständen, bevor er im August 1921 wieder in die Sowjetunion reiste, um sich dort bis 1923 am industriellen Aufbau des Sowjetstaats zu beteiligen. Insbesondere in Haft und in der Sowjetunion schrieb Jung, dessen literarische Karriere bereits 1912 begonnen hatte, zahlreiche Romane und Erzählungen, die, so der Avantgardeforscher Walter Fähnders, „mittlerweile als innovativer und eigenständiger Beitrag zur proletarisch-revolutionären Literatur der Weimarer Republik gewertet" werden (Fähnders 2003, S. 77).

Übertragung der Avantgarden

Und das mit Recht. In Romanen und Essaybänden wie *Proletarier* (1921), *Die Rote Woche* (1921), *Arbeitsfriede* (1922) und *Die Eroberung der Maschinen* (1923) wählte Jung nicht nur einschlägige proletarisch-revolutionäre Themen. Er versuchte sich auch an neuen Erzählformen, in denen sich die Erfahrung der Kämpfe und Ereignisse, an denen er beteiligt war, niederschlagen sollte. Gemeinschaftsformen, kollektive Akteure standen im Vordergrund seines Interesses, was anfangs auch von KP-Rezensenten positiv besprochen wurde: Sie hoben das „proletarische Gemeinsamkeitsgefühl" hervor (Schaefter 1921, zitiert nach: Fähnders/Hansen 2003, S. 58; vgl. Jung 1989). Jung schien die theoretischen Vorgaben zu erfüllen, die der sowjetische Autor und Proletkult-Theoretiker Alexander Bogdanov 1919 in Deutschland veröffentlicht hatte (vgl. Fähnders/Rector 1974, Bd. 1, S. 129–138). Jung selbst erklärte 1961 in seinen Erinnerungen *Der Weg nach unten,* er sei „gegen die Figuren, die Geschichte schreiben". Für ihn sei der Wunsch beherrschend gewesen, „die Maschinen zu erobern [und] die Gesellschaft aus den Angeln zu heben" (Jung 1988, S. 193f.).

Bogdanov als Stichwortgeber

Der literarische Text, sein Thema und seine Sprache sind untrennbar verbunden mit der revolutionären Situation auf der einen Seite – dem Kampf gegen das Kapital und seine Repräsentanten – und der Konstitution einer neuen kollektiven Existenzform auf der anderen Seite. Dafür suchte Jung nach Lösungen, und er fand sie.

Im ersten Teils des Kurzromans *Proletarier* (1921) führt Jung einen namenlosen, aber allwissenden „Gefangenen" ein, eine abstrakte Figur:

> „Der Gefangene ist der Mensch schlechtweg. Der Gefangene ist, wenn man will, der Typ der in der vorerwähnten Sache Eingelieferten. Jeder davon ist der Gefangene. Er ist die Gestaltung ihres Gemeinsamen, die mit und neben und unter ihnen lebt. Als Mensch, Kamerad und Bruder, ihnen und uns allen sichtbar." (Jung 1992, S. 21)

Kollektivfigur

Jung wähnte also, wie die Rezensentin der KPD-Tageszeitung *Die Rote Fahne,* Gertrud Alexander, zutreffend schrieb, den „‚Menschen' schon für so stark […], daß er nur mit dem ‚Gemeinschaftsmenschen' rechnet" (Alexander 1923, in: Fähnders/Hansen 2003, S. 126). Im zwei Jahre später erschienenen Roman *Die Eroberung der Maschinen* (1923) verzichtete Jung auf die heroischen Figuren der konventionellen, eben auch sozialistischen Romane und revolutionierte damit die Romanform.

Die Revolutionierung der Gesellschaft und die der Literatur fielen für Jung – dessen Literaturverständnis durch den Berliner Dadaismus geprägt wurde – ineins. Und umgekehrt: Wo sich die Gesellschaft änderte, konnte die literarische Sprache nicht die alte bleiben. Eine radikale Orientierung an den Tatsachen, eine Figurenführung bis hin zur Auflösung der Individualfiguren, die Konstituierung eines Kollektivs, eine genaue Sprache, schneller Rhythmus und große Dynamik zeichnen sein Konzept aus, selbst die Beteiligung der Leser an der Konstitution des Textes stand für Jung zur Diskussion. In der Einleitung des Romans *Arbeitsfriede* von 1922 thematisierte er diesen Ansatz offensiv:

> „Ich will dem Leser schon vorher sagen, was ich will und wie das technische Problem liegt. Er soll beim Lesen mithelfen an der Lösung und Gestaltung, prüfen wo das Tempo ins Stocken gerät, und so die wirkliche Verbindung zwischen Autor und Leser herstellen, die der wesentlichste Teil des Inhalts dieses Buches ist. Jeder Inhalt, den man darstellen will, gewinnt dadurch einen neuen Rhythmus. Er wird nicht mehr so sehr ausschließlich Handlung, die sich aufbaut, sondern ein Teil unseres Selbst, der Geschehnisse in und mit uns, unserer Empfindungen, des als lebendige Gemeinschaft Miteinanderverbundenseins. Es wird Handlung mit uns mit, eine neue Form des rhythmisierten Lebens. Die Revolution der Sprache dämmert bereits herauf." (Jung 1984, S. 105)

Der Roman sollte – im Sinne Jungs – belehrend sein und die Revolution mit vorbereiten helfen. Er war damit Anleitung und Bericht zugleich, und eben nicht – wie Walter Benjamin in seinem *Erzähler*-Aufsatz 1936 schreiben würde – Signum der Individualisierungstendenzen der Moderne (vgl. Benjamin 1991, Bd. II,2, S. 443; →KAPITEL 3.2). Der KPD-Reichstagsabgeordnete Peter Maslowski lobte diesen Ansatz 1921 (anlässlich von *Proletarier*) als „marxistischen Naturalismus" (Maslowski 1921, zitiert nach: Fähnders/Hansen 2003, S. 60). Mit diesem Konzept hatte Jung zu Beginn der 1920er-Jahre Erfolg. Seine Romane, Erzählungen, Essays und Reportagen wurden in sozialistischen Zeitungen vorabgedruckt, erschienen in prominenten Verlagen wie dem Malik-Verlag, dem Aktion-Verlag oder bei Kurt Wolff, wurden illustriert von George Grosz und mit Umschlagsgestaltungen von John Heartfield versehen.

In dem Maße, in dem sich Jung jedoch von der KP entfernte, schlug ihm mehr und mehr Kritik entgegen: Gertrud Alexander sprach 1923 dem Roman *Die Eroberung der Maschinen* die Tauglichkeit ab, das „Tempo großer sozialer Kämpfe, die Kompaktheit der Massenschicksale wiederzugeben" (Alexander 1923, zitiert nach: Fähnders/Hansen 2003, S. 128). Auch seine literarische Sprache und die Konstruktion des Textes wurden kritisiert, folgten sie doch nicht den Regeln von Spannungsaufbau, Krise und Lösung, sondern denen der Operationalisierbarkeit von Literatur insgesamt unter Einschluss des Romans. Alexander vermisste in *Die Eroberung der Maschinen* die „menschlichen Schicksale": „Wir glauben viel, seitenlang, wir lesen einen Wirtschaftsbericht, oder politisch ökonomischer Abhandlungen. Das ist alles tot und kalt, das rein sachliche, geschäftsmäßige, die Öde." (Alexander 1923, zitiert nach: Fähnders/Hansen 2003, S. 126) Der sachliche Schreibgestus war der KP-Kritikerin nicht ergreifend genug: Literatur sollte – im Vorgriff auf spätere Positionen des BPRS – auch den emotionalen Zugang zu einem Lesepublikum suchen, das sich erst noch seines Klassenstandpunktes bewusst und für die Positionen der radikalen Linken gewonnen werden musste.

<small>Mangelndes Identifikationspotenzial</small>

8.3 Die Kämpfer der Revolution (Anna Seghers)

Anna Seghers bediente sich zwar in ihren frühen Erzählungen gleichfalls moderner, ja avantgardistischer Verfahren. Aber im Unterschied zu Jung gab sie ihren Figuren deutlich mehr Gesicht und Profil, sie zeigte ihr Leiden ebenso wie sie die Erwartungen vorführte, die sie mit dem Engagement im Sozialismus verbinden. Mit anderen Worten: Sie wählte individuelle Figuren als Hauptakteure und nicht ein Kollektiv. Den Verlust an kollektiver Zusammengehörigkeit machte sie mit der strikten Anbindung der Akteure an die Partei wett:

<small>Individuen statt Kollektive</small>

> „Alle Charaktere werden einem einzigen Maßstab unterworfen, ihrer Nützlichkeit für die Sache der Partei, was nicht nur unbedingte Treue, sondern auch Anpassungsfähigkeit und Kraft erfordert." (Zehl Romero 1993, S. 41)

In der Erzählung *Aufstand der Fischer von St. Barbara* (1928) zeigte Seghers einen gescheiterten Aufstand und verwies darauf, dass die Revolution, einmal als möglich erkannt, sich ihren Weg suchen würde.

In ihrem zweiten großen Text, dem Roman *Die Gefährten* (1932), wählte Seghers „nicht die Kämpfe, sondern die Warte- und Übergangsperiode der folgenden Jahre" (Zehl Romero 1993, S. 41). Vorgeführt wird die Situation nach der Niederschlagung der ungarischen Räterepublik 1919 bis zum Beginn der 1930er-Jahre, gezeigt werden die Unterdrückung des proletarischen Widerstands in allen europä-

<small>Anna Seghers: *Die Gefährten*</small>

ischen Ländern und die Versuche der Revolutionäre, wieder zu Kräften zu kommen.

Fragmentarisierung der Handlung

Seghers erzählt die Geschichte von fünf Gruppen, die aus Ungarn, Polen, Italien, Bulgarien und China stammen. Ihr Handlungsraum ist über ganz Europa verteilt (mit einem Abstecher nach China). Seghers hat offensichtlich ihr Personal nicht zuletzt nach politischen Kriterien ausgewählt. Es sind vor allem bürgerliche, repressive Regime (Polen, Bulgarien) aus denen ihre Protagonisten stammen. Mit Italien wird zudem „eine frühe, grundsätzliche Auseinandersetzung mit dem Faschismus als der verschärften Form bürgerlicher Herrschaft" gesucht (Hilzinger 2000, S. 164).

Schilderung unterschiedlicher Bedingungen

Zugleich visiert Seghers die unterschiedlichen Entwicklungsstände der revolutionären Internationale an. Das Extrem des europäischen Exils der chinesischen Kommunisten zeigt dies: Die Beständigkeit im Widerstand gegen das Regime im fernen China wird ebenso vorgeführt wie die Verführbarkeit durch die vermeintliche Sicherheit des Exils oder die Notwendigkeit beständiger Wachsamkeit auch gegen die eigenen Landsleute, um gegen Provokateure oder Verräter gewappnet zu sein.

Die Differenz zwischen agrarisch geprägten Ländern wie Bulgarien und dem industrialisierten Italien demonstriert die Breite dessen, was unter Proletariat zu verstehen ist. Der Begriff umfasst nicht nur die Industriearbeiterschaft, sondern auch alle anderen unterdrückten Schichten, die nach Selbstbestimmung und einem menschenwürdigen Leben streben.

Seghers lässt ihre Figuren – anders als Jung – als unterscheidbare Individuen agieren, die im proletarischen Befreiungskampf bestehen oder versagen. Die Bevorzugung von intellektuellen, bürgerlichen Figuren, die keineswegs abgeurteilt werden, lässt erkennen, dass sie die individuellen und sozialen Probleme und Differenzen nicht tilgen will. Sie werden unter das gemeinsame Interesse an der Revolutionierung der Verhältnisse subsumiert, als Probleme, die notwendig entstehen und die es notwendig zu bewältigen gilt (vgl. Delabar 2004a, S. 256).

Anschluss an die Avantgarden

Zugleich schließt Seghers mit *Die Gefährten* an die Avantgarde-Rezeption der Linken an. „Mit ihrem Roman wollte sie sich nicht nur politisch, sondern auch künstlerisch der Avantgarde verpflichten." (Zehl Romero 1993, S. 43) Im Unterschied zu Jung aber wählte sie keinen sachlich-dokumentarischen Schreibstil, sondern übernahm die „Simultan- und Montagetechnik" (Zehl Romero 1993, S. 43) der Klassischen Moderne und verband Avantgardetechniken mit Verfahren des Realismus. Diese Entscheidung ist allerdings auch der Anlage des Textes verpflichtet: Die Vielzahl der Schauplätze, der Handlungszeitraum von über zehn Jahren, die große Zahl der Figurengruppen, die Differenzen, die zwischen den einzelnen thematischen Blöcken erkennbar sind, legten schnelle Szenenwechsel und die harte Fügung der verschiedenen Schauplätze und Handlungsstränge nahe. Seghers verstärkte zugleich die Einheit des (revolutionären) Handelns und Anspruchs.

Die Nähe zur Klassischen Moderne wird auch in den mythischen Überformungen erkennbar, die Seghers in diesen Text wie schon im *Aufstand der Fischer von St. Barbara* verwendet. Personifizierte sie im *Aufstand* den Aufstand noch als mütterliche Figur, die auf dem Platz des Fischer-Ortes sitzt und der Ihren gedenkt, so nimmt sie in den *Gefährten* Anleihen bei christlichen Heiligen-Viten. Die reale Biografie des bulgarischen Revolutionärs Dudoff führt sie etwa mit den Legenden und Geschichten, die unter den Bauern kursieren, parallel. Während die Dudoff-Legenden in Bulgarien immer weiter blühen, geht der reale Dudoff, von Folter und Haft gesundheitlich gezeichnet, ins Ausland und wird damit aus dem revolutionären Geschehen herausgelöst. Zweifelsohne soll mit diesen Passagen gezeigt werden, dass das „Erzählen von Heldentaten [...] zur Quelle der Hoffnung und des Ansporns für die Zukunft" werden kann (Zehl Romero 1993, S. 42). Allerdings wird aus der Distanz der Erzählerin und der Referenz des realen Dudoff auch erkennbar, dass es sich hierbei um ein Phänomen der Ungleichzeitigkeit in der Entwicklung der verschiedenen Gesellschaften handelt, das vielleicht dem Aufstand dienen kann, jedoch nicht den Entwicklungsstand der revolutionären Bewegung wie der Partei selbst anzeigt. Im Zentrum steht der Erfolg der Revolution, nicht der Bewusstseinsstand der ‚Massen'.

Ironischerweise hat die Rezeption dieses Verhältnis umgekehrt (vielleicht auch, weil Seghers den Status der mythologischen Adaptationen weniger deutlich anzeigt als etwa Alfred Döblin in *Berlin Alexanderplatz* (1929), → KAPITEL 13.1): Siegfried Kracauer etwa hat 1932 in seiner Rezension *Die Gefährten* als „Märtyrer-Chronik von heute" bezeichnet (Kracauer 1990, Bd. 5,3, S. 147) und damit darauf hingewiesen, dass Seghers in ihrer Gestaltung bewusst christologische Muster benutzt, um das Leiden ihrer Helden besser nachvollziehbar zu machen.

Nähe zur Klassischen Moderne

Rezeption des Romans

8.4 Literatur im Auftrag der Partei

Franz Jung und Anna Seghers stehen für unterschiedliche Lösungen desselben Problems: Welche literarische Form entspricht am besten der gesellschaftlichen Emanzipation des Proletariats? Wie können

Kultur und Literatur im Klassenkampf die Erkenntnis der gesellschaftlichen Unterdrückungsstrukturen vermitteln und möglicherweise sogar im Klassenkampf selbst eine aktive Rolle übernehmen? Beide nutzten dafür Formen der literarischen Moderne und der Avantgarden.

Fokussierung auf Gebrauchskunst

Aber sogar die literarischen Formen der linken Gebrauchskultur gingen auf Errungenschaften einer kulturellen Moderne zurück, die sich *auch* als Teil der Revolutionierung von Gesellschaft verstand.

Agitprop und Proletkult

Die aus der Sowjetunion nach Deutschland überschwappenden Formen von Proletkult (Abkürzung für *proletarskaja kul'tura* = proletarische Kultur) und Agitprop (zusammengeführt aus Agitation und Propaganda) verloren zwar in der Sowjetunion nach Anbruch der Neuen Ökonomischen Politik Anfang der 1920er-Jahre schnell an Bedeutung. Dennoch wurden sie für die Agitationspraxis der kommunistischen Parteien international weiterhin genutzt, vor allem in den von Laiendarstellern kommunistischer Jugendgruppen aufgeführten Theaterstücken, die bei Straßenagitation oder im Rahmen von Massenveranstaltungen aufgeführt wurden. Die Stücke bestanden aus wenigen kabarettartigen Szenen, die das politische Zeitgeschehen oder die Klassengesellschaft parodierten. Unterbrochen wurden sie von Songs, die Schauspieler kommentierten zudem das vorgeführte Geschehen. Distanz zum Gezeigten, die Typisierung von Figuren, Verfremdungseffekt und die intendierten Lerneffekte zeigen die Nähe dieser Praxis zum epischen Theater Bertolt Brechts (→ KAPITEL 7.4). Etwa 200 solcher Agitprop-Gruppen sind für die 1920er-Jahre nachgewiesen. Selbst die Praxis, Kampf- und Spottlieder in politische Veranstaltungen einzubinden, wie dies insbesondere Erich Weinert praktizierte, nahm solche neuen Agitationsformen auf und entwickelte das bis dahin im Binnenraum des Kabaretts gefangene Couplet zum politischen Lied weiter.

Bund Proletarisch Revolutionärer Schriftsteller Deutschlands (BPRS)

Die Literaturfunktionäre der KP entschieden sich jedoch gegen das formale Experiment und wollten stattdessen die Hochliteratur auf die politische Arbeit ausrichten. Dies wird vor allem dem 1928 gegründeten Bund Proletarisch Revolutionärer Schriftsteller Deutschlands (BPRS) ins Aktionsprogramm geschrieben. In einer Klassengesellschaft sei die proletarisch-revolutionäre Literatur „Waffe der Agitation und Propaganda im Klassenkampf". Literatur habe „Herz und Hirn der Arbeiterklasse und der breiten werktätigen Massen" für die Vorbereitung der Revolution und die Verteidigung der Sowjetunion zu gewinnen und zu organisieren und dabei eine führende Stellung in der Arbeiterliteratur und Gesamtliteratur anzustreben. Die Literatur der Arbeiterklasse stehe in scharfem Gegensatz zu bürgerlichen Literatur, ohne an künstlerischer Qualität zu verlieren. Inhalt habe vor Form Vorrang. Diese Literatur werde von Klasse selbst geschaffen. Insgesamt müssten marxistisch-leninistischen Prinzipien in Literatur Anwendung finden. Ziel dieses Programms war die Schaffung einer wirklichen Massenliteratur, die auf die Bedürfnisse der Massen Rücksicht nahm, zugleich aber auch Vorbild sein konnte und die Position der KP stärkte (vgl. Barck 1994, S. 98). Das Statut des Verbandes der Sowjetschriftsteller definierte schließlich 1934 seine Vorstellung einer wahren, das heißt sozialistischen Literatur:

„Der sozialistische Realismus [...] fordert vom Künstler wahrheitsgetreue, historisch konkrete Darstellung der Wirklichkeit in ihrer revolutionären Entwicklung. Wahrheitstreue und historische Konkretheit der künstlerischen Darstellung muß mit den Aufgaben der ideologischen Umgestaltung und Erziehung der Werktätigen im Geiste des Sozialismus verbunden werden." (Verband der Sowjetschriftsteller 1934, zitiert nach: Trommler 1976, S. 603)

Sozialistischer Realismus

Die formalen Experimente der Moderne und Avantgarden wurden als „Formalismus" verurteilt, in der 1937–38 im Umfeld der Exilzeitschrift *Das Wort* geführten „Expressionismusdebatte" wurden der Moderne sogar die ideologische Nähe zum Faschismus und konterrevolutionäre Tendenzen unterstellt. Damit wurde nicht nur die Kreativität der sozialistischen Literatur und Kultur radikal beschnitten. Mit der Fokussierung auf den sozialistischen Realismus verstellte sich die KP auch die Möglichkeit, „die Wahrheit auf viele Arten" zu können, und zwar dann, wenn es notwendig sei, wie Bertolt Brecht 1938/39 notierte. Dem gegenüber plädierte er für einen Realismusbegriff, der „breit und politisch" sei und „souverän gegenüber den Konventionen", setzte sich damit aber nicht durch (Brecht 1988–97, Bd. 22,1, S. 410, 409).

Kritik: Beschränkung der Ausdrucksformen

Fragen und Anregungen

- Kennzeichnen Sie die Ausgangsbedingungen der sozialistischen Literatur um 1918.

- Welche stilistischen Elemente prägen die Texte von Max Barthel und Erich Mühsam?

- Diskutieren Sie die Begriffe Arbeiterliteratur, sozialistische Literatur und proletarische Literatur. Welcher Begriff kennzeichnet die Texte von Mühsam bis Seghers, von Jung bis Agitprop am besten?

- Diskutieren Sie die Stellung moderner und avantgardistischer Schreibweisen in der sozialistischen Literatur. Berücksichtigen Sie dabei besonders die Konzeptionen von Franz Jung und Anna Seghers.
- Begründen Sie die Ablehnung der Moderne durch die kommunistischen Kulturfunktionäre.

Lektüreempfehlungen

Quellen
- Günter Heintz (Hg.): Deutsche Arbeiterdichtung 1910–1933, Stuttgart 1974. *Umfassende Sammlung der deutschen Arbeiterdichtung zwischen 1910 und 1933.*
- Franz Jung: Die Eroberung der Maschinen. Roman. Chronik einer Revolution in Deutschland (II) [1923], Hamburg 1989. *Auf der Basis der Erfahrungen des mitteldeutschen Aufstands 1921 geschrieben.*
- Erich Mühsam: Trotz allem Mensch sein. Gedichte und Aufsätze, herausgegeben von Jürgen Schiewe und Hanne Maußner, Stuttgart 1998. *Darin u. a. die Spottgedichte „Der Revoluzzer" und „Der Anarchisterich" sowie der Aufsatz „Kunst und Proletariat".*
- Anna Seghers: Die Gefährten. Roman [1923], Berlin 1990. *Der erste Roman von Anna Seghers und der Versuch, die Bedingungen der sozialistischen Bewegung in Europa literarisch zu fassen.*

Forschung
- **Walter Delabar: Die Partei und ihre Helden. Anna Seghers *Die Gefährten* und Bertolt Brecht *Die Maßnahme*,** in: ders., Was tun? Romane am Ende der Weimarer Republik. Berlin 2., verbesserte Auflage 2004, S. 229–258. *Analyse der Struktur von Seghers' Roman, der Verwendung legendarischer Elemente und seiner Rezeption.*
- Walter Fähnders: Franz Jung und die Linkspresse in der Weimarer Republik, in: Fritz Hüser-Gesellschaft unter der Leitung von Volker Zaib (Hg.), Kultur als Fenster zu einem besseren Leben und Arbeiten, Bielefeld 2003, S. 77–121. *Knapper Überblick über das Werk Franz Jungs in der Weimarer Republik.*
- Frank Trommler: Sozialistische Literatur in Deutschland. Ein historischer Überblick, Stuttgart 1976. *Immer noch die umfassendste und detaillierteste Darstellung der Entwicklung der sozialistischen Literatur in Deutschland.*

9 Reisen und Reisereportagen

Abbildung 16: Ernst Glaeser / F. C. Weiskopf: *Der Staat ohne Arbeitslose. Drei Jahre „Fünfjahresplan"*, Umschlag des Fotobandes (1931)

Heroische Menschen bei harter Arbeit. Bereits auf dem Umschlag des 1931 beim liberalen Verlag Gustav Kiepenheuer in Potsdam erschienenen Fotobandes von Ernst Glaeser und F. C. Weiskopf werden die Erfolge des sowjetischen Experiments erkennbar: Baustellen im Hintergrund und der Proletarier, der hart zupackt, zeigen, dass es in diesem Land vorwärts geht. Und zwar deshalb, weil hier alle mit anfassen, weil in diesem Staat alle am Aufbau beteiligt sind, weil hier keine Klasse mehr über die andere herrscht, sondern die arbeitende Klasse, das Proletariat, die Macht übernommen hat.

Reiseberichte aus der Sowjetunion und den USA wurden in den 1920er- und frühen 1930er-Jahren in großer Zahl in Deutschland publiziert. Der Grund dafür: Beide Länder waren aus der Sicht des sich schnell verändernden Deutschlands Experimente und Vorbilder. Vorbilder dafür, wie Gegenwart und Zukunft bewältigt werden können. Das sozialistische Experiment faszinierte dabei wegen seiner Verbindung von Sachlichkeit und Beteiligung der breiten Masse. Die USA hingegen kamen in den Reiseberichten schlechter weg. Der „American Way of Life" hatte für die deutschen Beobachter zu viele Schattenseiten, die in den Berichten aus der Sowjetunion kaum thematisiert wurden. Dabei spielt nahe liegend die ideologische Position des Reiseschriftstellers eine entscheidende Rolle. Reiseberichte und Reportagen erschließen neue inszenierende Formen: Im Zentrum steht die Diskussion der politischen und gesellschaftlichen Alternativsysteme und deren Präsentation. Dass Reiseziel und Herkunftsland zusammenhängen, wird auch an jenen Reisetexten erkennbar, die mit der Entstehung des Massentourismus verbunden sind. Geht es bei den politischen Reportagen um Systemfragen, so bedienen die literarischen Reiseführer den zunehmenden Bedarf an Lektüren, die es möglich machen, den Traumurlaub im Süden schon im Vorfeld oder im Nachhinein zu genießen. Freizeit muss gestaltet sein.

9.1 **Reisen und Reiseberichte**
9.2 **Das Experiment Sowjetunion**
9.3 **Vorbild Amerika?**

9.1 Reisen und Reiseberichte

Eine Traumgegend, ein Traumziel: „Woher hat diese blaue Küste ihren großen Ruhm?" „Sonne, Sonne, Sonne – plus Golfstrom. Ganz blaues Meer, Palmenalleen, Kasinos, Luxushotels" – solche Sätze lesen sich wie aus einem modernen Reiseprospekt, stammen aber aus dem Reiseführer *Das Buch von der Riviera*, den die Geschwister Erika und Klaus Mann 1931 veröffentlichten (E. u. K. Mann 2006, S. 7f.). Das Reisefieber zieht die Deutschen in den Süden: wegen des Glücksspiels, wegen der Tennisturniere, der guten Küche oder der Schönheitskonkurrenzen:

Der Beginn der Traumreisen

„[A]ber die größte Attraktion ist das Nichtstun. Die Riviera legitimiert es, dieses Dolce-farniente [...]. Nicht einmal das Schwimmen spielt hier eine seriöse Rolle, wie in nördlicheren Badeorten, wo es sportlichen Charakter hat." (E. u. K. Mann 2006, S. 16f.)

Erika und Klaus Mann gehörten zu den emsigsten Reisenden und Reiseautoren ihrer Zeit. Als „schweifende Unrast" hat die Klaus Mann-Biografin Nicole Schaenzler diese unbehauste Existenz gekennzeichnet, die in der Vorläufigkeit der Reise ihre Normalexistenz gefunden hatte (Schaenzler 2006, S. 147). *Das Buch von der Riviera* aber nicht nur Ausdruck einer Existenzform, sondern zeigt zugleich eine wichtige Station in der Entwicklung des Massentourismus an. Das Buch ist für ein breiteres Publikum geschrieben, das zwar bildungsbeflissen ist, aber die reiselustigen Schriftsteller braucht, die sagen können, wo man es sich gut gehen lassen kann und wo es etwas zu sehen gibt. Wer sich das Riviera-Buch der Mann-Geschwister zulegte, wollte reisen wie sie und erleben wie sie. Dazu musste man mehr wissen als das, was in konventionellen Reiseführern steht – und die Reihe, in der der Riviera-Band erschien, trägt diesen Auftrag im Titel: *Was nicht im Baedeker steht*.

Reisen als moderne Unbehaustheit

Nicht mehr nur Reportage und noch kein Reiseführer, ist der Text eine „Mischung aus Erlebnisbericht, Reportage und Klatschjournalismus, mit sozialkritischen Einsprengseln im Kisch-Stil und Trend-Meldungen in der Art eines postmodernen *life-style*-Magazins". Damit wird ein Wechsel in den Einstellungen zur Reise bemerkbar: „Das Fremde wird zum Interessanten", es „wird funktionalisiert für die Zerstreuung, die sich formal und stilistisch in der Feuilletonisierung manifestiert." (Brenner 1997, S. 138, 140)

Stilistische Mischform

Neben dem Interessanten steht freilich die Erholung, nicht die Bildung – mit anderen Worten: der punktuelle und zeitweise Austritt aus der Normalgesellschaft in ein Reich von Freiheit. Das gilt auch

Am Beginn der Eventkultur

für den viel schreibenden Erfolgsschriftsteller. So beginnt Kurt Tucholskys Reise-, ja Urlaubsroman *Schloß Gripsholm*, 1931 erschienen, konsequent mit der Erklärung des Roman-Alter-Egos des Autors: „Ich will in diesem Urlaub überhaupt nicht arbeiten, sondern ich möchte in die Bäume gucken und mich mal richtig ausruhn." (Tucholsky 1998, S. 151)

<small>Interesse und Erholung</small>

Interesse und Erholung lassen sogar politische Bedenken in den Hintergrund treten, wie das Beispiel des Riviera-Buchs von Erika und Klaus Mann zeigt: Denn um in der Reisebuchreihe erscheinen zu können, mussten die beiden nicht nur die französische, sondern auch die italienische Riviera porträtieren, einen Landstrich also, der um 1930 bereits seit Jahren unter faschistischer Herrschaft stand.

Das Reisebuch steht zwischen Reportage und Zerstreuung: In der Reportage und ihren Varianten kommt die Neue Sachlichkeit (→ KAPITEL 6.2) zu sich selbst, Reiseberichte und -reportagen gehören zu ihren wichtigsten Formen. Zugleich werden neue Formen der Reiseliteratur entwickelt, die nicht mehr nur der Aufklärung, sondern auch der Neugierde und der Erholung dienen. Der Riviera-Reiseführer der Mann-Geschwister ist keine Reportage mehr, sondern ein literarisierter Erlebnisbericht, eine feuilletonistische Form, die Vergnügen bereiten soll. Das steht in engem Zusammenhang mit der Entwicklung des Massentourismus.

<small>Reisebuch als Spezialform der Reportage</small>

<small>Begründung des Massentourismus</small>

Der Massentourismus erlebte im frühen 20. Jahrhundert seinen entscheidenden Aufschwung. Der Ausbau von Verkehrsmitteln wie der Eisenbahn, der beginnende Autoverkehr und neue wirtschaftliche Ressourcen ließen die Zahl der Urlaubsreisenden ansteigen, im Inwie im Ausland. Die „soziale[ ] Basis" des „Reiseverkehr[s] der Zwischenkriegszeit" wurde breiter (Keitz 1997, S. 59). Die Touristikbranche, wie wir sie heute kennen, entstand. Mit der Einführung des Achtstundentags und des Betriebsurlaubs in Deutschland für rund 90 Prozent der abhängig Beschäftigten 1918/19 stand dem Einzelnen mehr Zeit zur freien Verfügung, und es entstanden zugleich Angebote, wie diese Freizeit zu verbringen sei. Unter anderem eben mit Reisen. Die langsame wirtschaftliche Erholung nach 1923 führte zudem zu einer verstärkten Nachfrage nach Urlaubsreisen (und nach den assistierenden Medien wie dem Reisebuch und dem Reiseführer) sowie – zum ersten Mal in der Geschichte des Reisens – zu einer konsequenten Vermarktung auf Massenbasis (vgl. Keitz 1997, S. 67).

Der Reiseliteraturforscher Peter Brenner hat in diesem Zusammenhang eine entscheidende Veränderung in der Wahrnehmung des Eigenen und Fremden konstatiert und von der „Abdankung des Exotismus" gesprochen. Diesen Befund machte er an Franz Kafkas Erzählung *In der Strafkolonie* (1919 erstmals erschienen) fest: Die naive und zugleich auf die Sensation des Ungekannten setzende Begegnung mit dem Exoten werde hier ersetzt durch die Erkenntnis, dass das Exotische nicht nur grausam sei, sondern auch das Produkt der eigenen Gesellschaft. Die Maschine, die dem Reisenden vorgeführt wird, zerstört zwar sich und ihren Erfinder. Spätestens in der Flucht von der Insel, die am Ende der Erzählung steht, zeige sich jedoch, dass das Bekenntnis des Reisenden zur Humanität „bloße Menschenrechtsrhetorik" sei: „Fremde und Heimat", so Brenners Resümee, seien „ununterscheidbar ineinander verschränkt. Sie haben ihr Gemeinsames in der Barbarei." (Brenner 1997, S. 130)

<small>Abdankung des Exotismus</small>

Die Intellektuellen reagierten nicht nur auf die verstärkte Nachfrage nach Reiseliteratur, sie setzten sie auch selbst im Literaturbetrieb durch: als Teil der „‚faktographischen' Literatur" (Schütz 1995, S. 549), als Reportage, als Reflexions- und Wahrnehmungsmedium. So auf das Selbstverständnis der Reisenden und ihrer Kultur zielend, haben Reiseberichte über ihre (wegweisenden) Funktionen für den Massentourismus hinaus weitere Funktionen. Dort hatten und haben sie die Aufgabe, „die eigene Wirklichkeit durch die Ferne zu überblenden", wie der Publizist Siegfried Kracauer 1932 schrieb (Kracauer 1990, S. 87f.). Darüber hinaus sollten sie das Bild der Gesellschaft, aus der die Reisenden selbst stammten, neu festlegen und diskutieren.

<small>Durchsetzung der Reisereportage</small>

9.2 Das Experiment Sowjetunion

Das zeigt sich gerade in den Reiseberichten, die das wohl größte soziale Experiment des 20. Jahrhunderts in den Blick nehmen, die Sowjetunion. Einer der prominentesten Zeugen ist Walter Benjamin, der 1926/27 in die Sowjetunion reiste und aus seinen Tagebuchnotizen eines seiner Städtedenkbilder, in diesem Fall zu Moskau entwickelte (vgl. Witte 1985). Als vorrangige Erkenntnis benennt Benjamin die Verschiebung der Wahrnehmung der eigenen Verhältnisse: „Schneller als Moskau selber lernt man Berlin von Moskau aus sehen", schreibt er und fährt fort: „[Was] man lernt, ist, Europa mit dem bewußten Wissen von dem was sich in Rußland abspielt zu beobachten und zu beurteilen." (Benjamin 1991, Bd. IV,1, S. 316f.) Jeder sei hier genötigt, einen Standpunkt zu wählen. Das bezieht sich nicht nur auf die

<small>Reise in die Sowjetunion als Selbsterfahrung</small>

politische Systemfrage Sozialismus oder Kapitalismus, die meist im Vordergrund steht. Hier geht es um weit mehr: um unterschiedliche Lebensformen und um das Grundproblem der Gesellschaften zu Beginn des 20. Jahrhunderts, wie die rasante Modernisierung zu bewältigen sein könnte.

Wunsch nach Orientierung in einer neuen Welt

Der „Wunsch nach Orientierung" und das „Bedürfnis nach Erforschung der nach Krieg und Revolution so radikal verändert erscheinenden Wirklichkeit" sind, so der Literaturwissenschaftler Erhard Schütz, die Hauptmotoren für die ausfernde Produktion von Reiseberichten und -erzählungen (Schütz 1995, S. 549), besonders, wenn es um die Sowjetunion geht: Mehr als 900 Berichte über Reisen allein in die Sowjetunion sind zwischen 1921 und 1941 auf dem deutschen Buchmarkt publiziert worden (vgl. Heeke 2005, S. 169).

Boom der SU-Reisen

Dabei reisten die unterschiedlichsten Autoren in den Osten: kommunistische Parteigänger wie Egon Erwin Kisch, Walter Benjamin oder F. C. Weiskopf ebenso wie sozialdemokratische und konservative Autoren wie Herbert und Elsbeth Weichmann besichtigten, was am Ostrand Europas geschah. Der Ire Liam O'Flaherty besuchte die Sowjetunion ausdrücklich, um sich, wie er 1931 in seinem Reisebericht schrieb, der „großen Horde von Betrügern, Dummköpfen und Lügnern anzuschließen, die seit zehn Jahren die Buchmärkte der Welt mit Büchern über den Bolschewismus überschwemmt haben." (O'Flaherty 1971, S. 7) Eine Aufgabe, der er sich mit Ingrimm und zynischem Genuss unterzog, ohne sich freilich ganz dem Charme dieser anderen Welt entziehen zu können, die dem vitalistischen und lebensfreudigen Autor gefallen musste.

Die Reise in die Sowjetunion wurde als Grundsatzerfahrung mit offenem Ende verstanden: „Man steht hier vor den Toren des Rätsels", konstatiert der französische Autor Henri Béraud bei der Einreise und lässt offen, ob sich das Rätsel als „Eldorado oder Gomorrha" entpuppen würde (Béraud 1926, zitiert nach: Zahn 2005, S. 109). Das ist nicht zuletzt darauf zurückzuführen, dass zuverlässige Informationen sowie angemessene Kategorien, mit denen das neue System beschrieben und beurteilt werden konnte, fehlten. Der Autor Stefan Zweig erinnert sich:

> „Niemand wußte zuverlässig – dank der Propaganda und gleich rabiaten Gegenpropaganda –, was dort geschah. Aber man wußte, daß dort etwas ganz Neues versucht wurde, etwas, das im Guten oder im Bösen bestimmt sein könnte für die zukünftige Form unserer Welt." (Zweig 1958, S. 299f.)

Zwar zeigten sich alle Besucher der Sowjetunion irritiert von dem, was dort geschah. Um es aber einschätzen und beurteilen zu können, zogen sie sich notwendig auf ihre weltanschauliche Position zurück, wie Colin Ross, einer der erfolgreichsten Reiseautoren der Zeit, im Jahre 1924 am Beispiel Moskaus konstatierte:

„Jeder Reisende sieht eben nur mit seinen Augen das Moskau und das Rußland, das er aufzufassen vermag: der Kommunist sieht rote Fahnen, der Händler – auf der Straße liegende Milliarden." (Ross 1924, S. 294)

<small>Perspektivische Wahrnehmung</small>

Deshalb wundert es wenig, wenn die kommunistischen Autoren vor allem bestätigt sahen, was sie im Vorfeld an Erwartungen formulierten. Für sie war die Sowjetunion eine Offenbarung, das Tor zu einer neuen Welt und neuen gesellschaftlichen Lösungen, die von allem abwichen, was man bisher kannte. F. C. Weiskopf lässt seine „Episoden einer Reise durch die Sowjetunion" mit jener „Zeitreise" enden, als die er den Sprung Sowjetrusslands vom feudalen Agrarstaat in eine industrialisierte wie von allen Klassengegensätze befreite Zukunft versteht:

<small>Zeitmaschine Sowjetrussland</small>

„USSR! Sowjetmacht! Wunderbare, abenteuerliche und doch so nüchtern wirkliche, zielbewußte Zeitmaschine, aus der 150 Millionen, geführt von einer jungen Klasse, sich den Weg zu bahnen versuchen aus dumpfer Vergangenheit in ein neues, lichteres Jahrhundert!" (Weiskopf 1927, S. 156).

Umsteigen ins 21. Jahrhundert ist denn auch sein Reisebuch überschrieben. Um eben diese „Zeitmaschine" geht es in den meisten der prosowjetischen Reiseberichte, sahen sie sich doch vor dem Dilemma, dass auf der einen Seite der riesige Vielvölkerstaat einen unübersehbaren wirtschaftlichen Rückstand zu den westlichen Industriestaaten aufwies. Auf der anderen Seite waren binnen weniger Jahre ungeheure Anstrengungen unternommen worden, das Land infrastrukturell zu erschließen, industriell zu entwickeln und zugleich die neue, kommunistische Ordnung als Lebensform und Herrschaftssystem durchzusetzen. Die Ungleichzeitigkeit von noch traditionell lebenden Volksstämmen und hochtechnisierten Produktionszentren war in den Berichten nicht nur zu erklären, sondern als spezifische Qualität der sowjetischen Entwicklung darzustellen.

<small>Rückständigkeit und Fortschrittlichkeit</small>

In diesem Sinne ist die Inszenierung der Reiseepisoden, aus denen Egon Erwin Kischs *Zaren, Popen, Bolschewiken* (1927) zusammengestellt ist, zu verstehen. Denn neben den kaum überraschenden positiven Berichten über die neuen sowjetischen Verhältnissen stehen auch Episoden, in denen auf den ersten Blick vor allem die Normali-

<small>Inszenierung Sowjetunion: Das Beispiel Kisch</small>

tät einer bunt gemischten Völkergemeinschaft geschildert wird, an der nichts Sozialistisches zu erkennen ist. Das ließe sich als doppelter Exotismus verstehen, allerdings war es legitimationsbedürftig, wenn der Vorbildstaat Sowjetunion Defizite bei seiner zivilisatorischen und politischen Entwicklung aufwies.

Kischs Strategie hob diesen Widerspruch jedoch weitgehend auf, da er mit der bunten Mischung seiner Reportagen einen der zentralen kulturkritischen Vorwürfe gegen das kommunistische Experiment entkräften wollte: dessen vermeintliche Gleichmacherei. Die Vielfalt einer lebendigen, sich dynamisch entwickelnden, leistungsbereiten und sich ihrer Leistungsfähigkeit bewussten neuen Gesellschaft stand stattdessen im Vordergrund. Kisch setzte – wie beinahe alle anderen Berichterstatter aus dieser „Neuen Welt" – auf ein Standardprogramm, das die Orte Zug, sowjetischer Vorzeigebetrieb, Gerichtsverhandlung, Gefängnis, Schule, Ausbildung, Stadt (Moskau) und Landbevölkerung abarbeitete. Dabei bleibt als Mindesteindruck der Stolz der Sowjetbürger auf ihre neue Welt zurück, die sie aus dem Nichts – oder genauer: aus dem feudalen Russland – geschaffen hatten. Das ist bei Kisch ebenso zu finden wie in dem Fotoband, den F. C. Weiskopf und Ernst Glaeser unter dem Titel *Der Staat ohne Arbeitslose* 1931 bei Kiepenheuer in Potsdam veröffentlichten (vgl. Glaeser/ Weiskopf 1931; → ABBILDUNG 16).

Vielfalt der sowjetischen Gesellschaft

Kischs Inszenierung beginnt mit einem Kontrapunkt: nicht mit den Leistungen der neuen Sowjetgesellschaft, sondern mit ihren Untiefen, der Vitalität der sozialen Kontakte, der Vielfalt der ethnischen Gruppierungen, der Misswirtschaft und mangelnden Organisation – zusammengefasst auf engstem Raum, und das heißt hier, zusammengefasst in einem Zugabteil. „Das Publikum ist gemischt", beginnt Kisch seinen Reisebericht, „es läßt sich nichts Besseres über ein Publikum aussagen." (Kisch 1980, S. 8). Der Mikrokosmos des Waggons wird zum Spiegelbild des gesellschaftlichen Kosmos:

Mikrokosmos Eisenbahnabteil

> „Die interessantesten Fahrgäste, weitaus die interessantesten benützen die harte Klasse; wer das Glück hat, einige Tage oder gar einige Wochen im dunkelgrünen Waggon fahrend zu wohnen, der sieht und hört das alte und das neue, das nördliche und das südliche, das begeisterte und das empörte Rußland, der lernt die Urbilder aller Typen aus der Literatur kennen, von Gorkis Barfüßlern bis zu Tolstois Fürsten, [...] hat Freundschaften geschlossen, genug Komödien und Tragödien erlebt." (Kisch 1980, S. 8).

Kisch setzte also bei einem vitalen sozialen Bild an, das sich eben nicht in den ökonomischen oder politischen Errungenschaften erschöpfte, sondern zeigte, dass das Sowjetsystem dieses vitale Sozialleben überhaupt erst zur Entfaltung brachte. Darüber hinaus zeigte Kisch an diesen Exempeln, dass das Sowjetsystem als humanes System agierte und nicht als totalitäres Regime. Die Repräsentanten des Regimes seien selber Teil des Volkes und würden von ihm auch so behandelt. In der Darstellung Kischs: Was es zu organisieren gibt, wird gemeinschaftlich geregelt, und zwar weil es alle angeht. Die russische Geschichte als Geschichte der zaristischen Misswirtschaft oder der Unterdrückung und Ausbeutung durch die profitorientierten Unternehmen dient ebenso als Kontrastfolie wie die positiven Exempel der neuen Zeit, etwa das des sich selbst verwaltenden Kinderheims: Die Selbstverwaltung wie die Selbsterziehung zur Mündigkeit funktionieren, sie sind effektiv und vor allen Dingen menschlich (vgl. Kisch 1980, S. 158).

Darstellung des humanen Sowjetsystems

Dieses Bild wird durch die Reportagen ergänzt, die das aufgeklärte und rationale Sowjetsystem an der Macht zeigen: Berichte von Gerichtsverhandlungen, von den Verhältnissen in den Gefängnissen, vom Umgang mit Kriminellen und vom Aufbau der Sowjetindustrie. Dabei greift die Darstellung auf ein zunächst irritierendes Selbstverständnis zurück, das Stalin in seiner Schrift über die *Grundlagen des Leninismus* 1924 formuliert hatte. Der „Leninische Arbeitsstil" beruhe nämlich auf dem „russische[n] revolutionäre[n] Schwung" und der „amerikanische[n] Sachlichkeit" (Stalin 1946, S. 72; vgl. Schütz 1977, S. 119).

„Leninscher Arbeitsstil"

Resultat ist die besonders gründliche wissenschaftliche Analyse von Sachverhalten, Bewegungen und Vorgängen, die zu neuen, wissenschaftlich fundierten Vermittlungsformen führten. In der „Universität für Fabrikarbeit" lernen die Studenten etwa in „hundertvierzig Stunden [...] die exakte Bedienung der Drehbank, was in der Praxis des Betriebs bei häufigen Fehlleistungen drei bis vier Jahre dauert" (Kisch 1980, S. 58f.). In Adaption des amerikanischen tayloristischen Modells wird jeder Vorgang in „Teilbewegungen" aufgegliedert, die jeweils getrennt voneinander konditioniert werden, bevor sie dann als „Summe" wieder zusammengesetzt werden (Kisch 1980, S. 61).

Wissenschaftliche Analyse

Dieses Vorgehen führt, so Kisch, nicht nur zu einer beschleunigten Ausbildung von Facharbeitern und Ingenieuren, sondern auch zu erstaunlichen Fortschritten in der Produktivität der Industrie. Hinzu kommt ein ausgefeiltes Qualitätssicherungssystem, das Fehler nicht nur erfasst und statistisch auswertet, sondern auch nach Verbesserungsmöglichkeiten sucht. Beteiligt sind wiederum alle, die es angeht. Zentrale Planung und dezentrale Beteiligung werden verbun-

Organisation und Selbstorganisation

den. Der Sowjetstaat setzt, so Kisch, höchst erfolgreich auf Organisation und Selbstorganisation. Dass diese Selbstverwaltung sogar in Kinderheimen und Gefängnissen funktioniert, sei der praktische Gegenbeweis zum Hohn, den sowjetfeindliche Medien über das Modell „Sowjetunion" ausgeschüttet hätten (Kisch 1980, S. 75). Die Funktionsfähigkeit des Organisationsmodells (trotz aller Defizite) und seine ökonomischen Erfolge – Kisch verweist auf ökonomische Kennzahlen – straften die Kritik am Sowjetsystem Lügen. Und umgekehrt: „Die Faszination [Sowjetunion] wird ausgelöst von dem formierten Massenkörper und der Vorstellung des sozial sanktionierten technischen Fortschritts." (Schütz 1995, S. 590)

9.3 Vorbild Amerika?

Wenn sich das Bild für die USA ganz anders ausnimmt, so ist dabei eine denkwürdige Verschiebung zu berücksichtigen: Der Publizist Rudolf Kayser etwa hatte 1925 den „Amerikanismus" in der *Vossischen Zeitung* als „neue europäische Methode" gelobt. „Amerika" war dabei zur Chiffre geworden, mit der eine neue Haltung zur Welt (die in der Kunst als Neue Sachlichkeit Ausdruck fand, → KAPITEL 6.2) bezeichnet wurde, die sich der Modernisierung der Gesellschaft rückhaltlos anpasste und sie zudem noch weiter vorantrieb. Zentral sei, so Kayser, dass der Amerikanismus „als stärkster Gegner jeder Romantik" auftrete:

Chiffre Amerika

> „Er ist der natürliche Feind aller Abkehr von der Gegenwart: sei es durch rückwärtsschauende Geschichtsbetrachtung, sei es durch Mystik, sei es durch Intellektualismus. Der Amerikanismus ist sehr nordisch, klar, sicher, erfüllt von Seewind. Er hat ein starkes und direktes Verhältnis, – nicht nur zur Exaktheit der Maschine, Organisation, Wirtschaft, sondern auch zur Natur, die er nicht als Symbol subjektiver Gefühle, oder als Rousseausches Idyll erlebt, sondern als mächtigste und blühendste Wirklichkeit, der der Mensch nicht gegenüber steht, sondern in und mit der er lebt." (Kayser 1925, zitiert nach: Kaes 1983, S. 266)

Exempel Fordismus

Die Diskussion amerikanischer Organisationsmodelle wie dem Taylorismus sowie die neuen, effektiven Produktionsmethoden, die Henry Ford in seiner vielgelesenen Autobiografie *Mein Leben* (deutsch 1925) in Deutschland popularisiert hatte, zeigen den fruchtbaren Boden, auf den die amerikanischen Vorbilder hierzulande fielen.

Das Bild, das sich Reisende von der deutschen Metropole Berlin machten, geriet danach. Deutschland, so schien es, modernisierte sich in rasendem Tempo, das Vorbild, das dafür Pate stand, waren die USA:

„Berlin steht, zumal während der Stabilisierungsphase der Weimarer Republik, für eine rasante Modernität amerikanischen Zuschnitts, die seit dem Sturz des Wilhelminismus eine Metropolenkultur neuen Typs entstehen läßt und mit ihrer neuen urbanen Schnelligkeit Paris die Führungsrolle streitig macht." (Fähnders et al. 2005, S. 9f.)

Berlin galt als die amerikanischste der europäischen Metropolen. Bereits Walter Rathenau hatte dem zu Beginn des Jahrhunderts in der Variation von „Spreeathen" zu „Spreechicago" Ausdruck gegeben (vgl. Fähnders 2009).

Berlin als „Spreechicago"

Die Kritik am vermeintlich hemmungslosen „kulturellen Amerikanismus" ließ freilich nicht auf sich warten. Der Publizist Friedrich Sieburg, seit 1926 Paris-Korrespondent der renommierten *Frankfurter Zeitung*, polemisierte in einem Beitrag für die Literaturzeitschrift *Die literarische Welt* gegen die „Ingenieur-Romantik" der „Berliner Literatur":

Kritik des Amerikanismus

„[I]n Europa [schreiben] Lyriker aller Altersstufen dem amerikanischen Tempo, wie es sich vor allem in den Fahrstühlen ausdrückt, und dem amerikanischen Geist, wie er hauptsächlich im schnell entschlossenen Zugriff und der blitzblanken Tätigung von Abschlüssen hervortritt, ihre begeisterte Huldigung." (Sieburg 1928, zitiert nach: Kaes 1983, S. 274)

Sieburg sah keinen Unterschied, ob man einen bestimmten Menschentypus – etwa den Bauern – oder Motoren idealisiere. Beides habe mit der Wirklichkeit nichts zu tun, wie auch die Literatur, die solchen Phänomenen nachfolge, keine wirkliche Literatur sei.

Die produktive Anwendung amerikanischer Vorbilder war allerdings nur die eine Seite, die Wahrnehmung des realen Amerika war die andere: Adolf von Halfeld, Heinrich Hauser, Egon Erwin Kisch, Manfred Hausmann, Arthur Holitscher, Alfred Kerr, Erika und Klaus Mann oder Ernst Toller – zahlreiche prominente Autoren bereisten die USA, um sich ein Bild von dem unbekannten Kontinent zu machen, der einen so großen Einfluss auf die gesellschaftlichen Entwicklungen in Europa hatte und dessen kulturelle, technische, wirtschaftliche und politische Leistungen die europäischen Gewohnheiten zu verdrängen schienen.

Das wirkliche Amerika

So unterschiedlich die Amerika-Reisenden politisch standen, sie alle steuerten die immerselben Orte an und hoben die immerselben

Themen heraus: „die Fließbänder der Fordschen Autofabriken in Detroit, die Schlachthäuser von Chicago und [...] die Studios und Villen Hollywoods" (Schütz 1995, S. 582). Hinzu kommen das Sexualleben und die Vitalität der Amerikaner, die Prohibition, die zentrale Bedeutung des Geldes, Armut, Populärkultur, Massenproduktion, Versandhäuser.

Ergebnis war ein widersprüchliches, oft auch negatives Bild, das so gar nicht dem idealisierten Amerika-Bild entsprach, das den europäischen Amerikanismus prägte. Der Grund dafür liegt nicht zuletzt in der Profession der Autoren selbst:

„Angesichts des Systems Hollywood und der allgegenwärtigen Reklame bemerken die Reisenden oder ahnen zumindest, daß in einer solchen Gesellschaft das traditionelle Konzept von Individualität obsolet wird und sich in ihr auch der Status des eigenen Schreibens – letztes Residuum emphatischer Individualität – ändert, auch dort, wo es Kritik intendiert: daß es beginnt, mit Reklame austauschbar zu werden." (Schütz 1995, S. 583)

Der S. Fischer-Autor Heinrich Hauser, der mit einem alten Ford durch die USA reiste, suchte deshalb vor allem das ursprüngliche, das bodenständige Amerika, jenseits der Massenprodukte und Metropolen. *Feldwege nach Chicago* heißt sein USA-Reisebuch folgerichtig, 1931 erschienen. Dem Autor wuchs während seiner recht abenteuerlichen Fahrt der Ford, mit dem er reiste, mehr und mehr ans Herz. Zwar zeigte das Auto einige Macken, Pannen und Misshelligkeiten zwangen zu Unterbrechungen. Unmerklich aber verschob Hauser den Fokus seines Berichts weg von Amerika hin zu seinem liebsten Produkt, dem Automobil. Angesichts der innigen Beziehung, die der Fahrer zu seiner Maschine pflegte, konnte der Rest von Amerika so schlimm nicht sein. Und der Ford war nicht zuletzt eine wirkungsvolle Werbung für dieses große Land (vgl. Hauser 1931).

Das sah Egon Erwin Kisch ganz anders. Auch er steuerte die Standard-Ziele aller Amerika-Reisenden an. Aber seine unter Pseudonym unternommene Reise hatte vor allem ein Ziel: aufzuzeigen, dass nicht die USA, sondern die Sowjetunion das Land der Zukunft war.

Hatte Stalin als Defizit der amerikanischen Sachlichkeit ihre Ziellosigkeit, ihren „engen Praktizismus" und ihre „prinzipienlose Geschäftigkeit" vorgehalten (Stalin 1946, S. 73), visierte Kisch in seinem 1930 erschienenen Reisebericht über die USA, *Paradies Amerika*, vor allem an, den Eindruck des sachlichen, durchorganisierten und zugleich menschlichen Kapitalismus zu zerstören.

Unmenschlichkeit, nicht Sachlichkeit zeichnet in Kischs Darstellung das amerikanische System aus (von dem er nur Charly Chaplins Filmstudio ausnahm). Die industrielle Arbeit an den Fließbändern, die blutige Arbeit in den Schlachthöfen, Elend und Armut der Arbeiter – all diese Eindrücke brachten für Kisch deutlich zum Vorschein, was das System insgesamt ausmache: dass es Menschen ausnutzte und gegebenenfalls vernichtete. Profit stehe an erster Stelle, und die vermeintlich sachliche Organisation der amerikanischen Gesellschaft erweise sich bei näherer Betrachtung als unerbittliches Chaos, das Räuber ehre und ehrliche Arbeiter bestrafe. „Wer in Amerika durch Spekulation, Geldgier, Landesverrat [...] Betrug oder sonstwie reich geworden ist", so Kisch, „läßt sich ein öffentliches Denkmal entweder durch seine Firma errichten oder durch seine Familie" (Kisch 1984, S. 44).

Unmenschlichkeit statt Sachlichkeit

Ehren für die Räuber

Kisch hält die genaue Schilderung der „unbeschreiblichen Elendsgruppen" in der New Yorker Bowery dagegen: „Wer die Mission in Mott Street besucht [...], dem wird der Geschmack am Yankeeland, am amerikanischen Wirtschaftswunder, gründlich vergehen." (Kisch 1984, S. 45). Im Vergleich dazu mag Vieles – lässt sich als Subtext der USA-Inszenierung Kischs erkennen – in der Sowjetunion unvollkommen und misslungen sein, im direkten Systemvergleich schneidet das Mutterland der Sachlichkeit gegen das Mutterland des Sozialismus aber ungleich schlechter ab. Dass diese Sichtweise aus der historischen Distanz so keinen Bestand hat, ist eine andere Sache.

Fragen und Anregungen

- Skizzieren Sie die Gründe für den Beginn des Massentourismus im 20. Jahrhundert.

- Wie sind die Rollen von Reiseschriftsteller und Tourist voneinander zu unterscheiden?

- Welche Gründe gibt es für die große Zahl der Reiseberichte aus der Sowjetunion in den 1920er- und 1930er-Jahren?

- Skizzieren Sie die USA- und Sowjetunion-Inszenierungen im Werk Egon Erwin Kischs und diskutieren Sie das Verhältnis der Bilder von Sowjetunion und USA zueinander.

- In welchem Verhältnis stehen Amerika-Begeisterung in der Zwischenkriegszeit und USA-Reiseberichte zu einander?

REISEN UND REISEREPORTAGEN

Lektüreempfehlungen

Quellen
- Rudolf Kayser: Amerikanismus [1925], in: Kaes 1983, S. 265–268. *Kayser skizziert das Phänomen des kulturellen Amerikanismus Mitte der 1920er-Jahre.*

- Egon Erwin Kisch: Zaren, Popen, Bolschewiken [1927]. Asien gründlich verändert. China geheim, Berlin/Weimar 1980. *Kischs „Zaren, Popen, Bolschewiken" gehört zu den literarisch interessantesten Rußlandreportagen, vor allem, weil die Inszenierung des Textes wohl durchdacht ist.*

- Egon Erwin Kisch: Paradies Amerika [1930]. Landung in Australien, Berlin/Weimar 3. Auflage 1984. *„Paradies Amerika" ist das Pendant zu „Zaren, Popen, Bolschewiken", nicht weniger durchkomponiert, und mit einem wunderbaren Porträt Charles Chaplins.*

- Erika und Klaus Mann: Das Buch von der Riviera. Mit Originalzeichnungen von Walther Becker, Rudolf Großmann, Henri Matisse u. a. Fotomechanischer Nachdruck der 1931 im R. Piper & Co. Verlag, München, erschienenen Ausgabe, Reinbek bei Hamburg 2. Auflage 2006. *Ein kurzweilig geschriebener Reisebericht über die französische und italienische Riviera.*

- Friedrich Sieburg: Anbetung von Fahrstühlen [1926], in: Kaes 1983, S. 274–276. *Sieburg wendet sich energisch gegen den kulturellen Amerikanismus.*

Forschung
- Peter J. Brenner: Schwierige Reisen, Wandlungen des Reiseberichts in Deutschland 1918–1945, in: ders. (Hg.), Reisekultur in Deutschland. Von der Weimarer Republik zum ‚Dritten Reich', Tübingen 1997, S. 127–176. *Brenner zeigt die wesentlichen Verschiebungen im Reisebericht der Zwischenkriegszeit.*

- Walter Fähnders: ‚Amerika' und ‚Amerikanismus' in deutschen Rußlandberichten der Weimarer Republik, in: Wolfgang Asholt/ Claude Leroy (Hg.), Die Blicke der Anderen. Paris – Berlin – Moskau, Bielefeld 2006, S. 101–119. *Die Sowjetunion als anderes, besseres Amerika.*

- Erhard Schütz: Autobiographien und Reiseliteratur, in: Bernhard Weyergraf (Hg.), Literatur in der Weimarer Republik 1918–1933, München 1995, S. 549–600, 724–733. *Überblick über den literarischen Reisebericht, mit Thesen zu den Entstehungsbedingungen und Ursachen.*

10 Die Frau von heute – Autorinnen

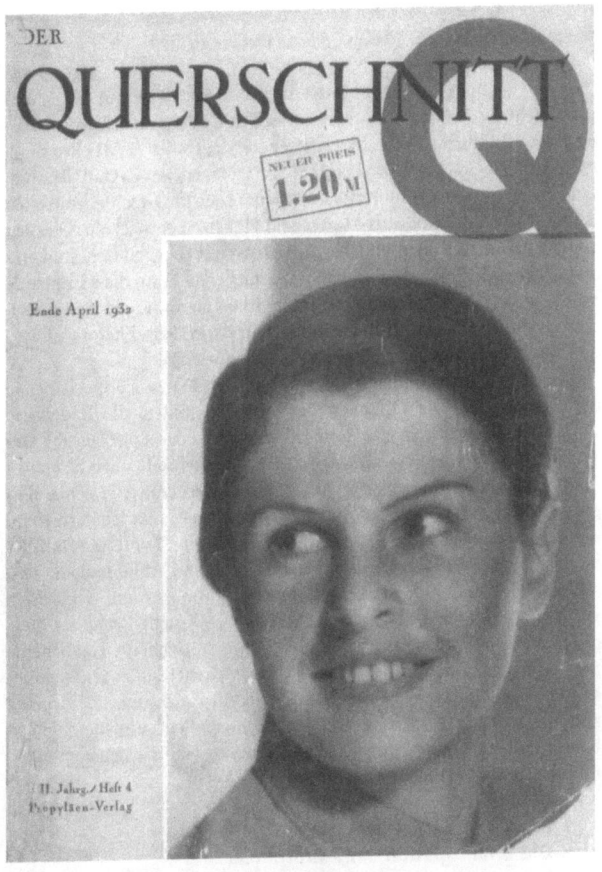

Abbildung 17: Titel der Zeitschrift *Querschnitt*, Heft 4/1932

Der „Querschnitt" – eine im Propyläen-Verlag erscheinende populäre Kulturzeitschrift der Weimarer Republik – brachte im April 1932 ein Heft unter dem Titel „Junge Mädchen heute". Obwohl der Titel („Mädchen" statt „Frauen") ein wenig despektierlich klingt, ist dieses Heft zugleich Signal einer großen Irritation: Die neue Frau, selbstbewusst und emanzipiert, war ein ungekanntes Phänomen, das provozierte und Aufmerksamkeit erregte – auch beim „Querschnitt", der nicht nur ein „Berliner Mädchen" auf den Titel setzte, sondern alles, was Rang und Namen hatte, über das Thema „Neue Frau" schreiben ließ.

Dass (vor allem junge) Frauen ihren Anspruch auf Glück, auf Arbeit und auf Gleichberechtigung selbstverständlich einforderten, war neu am Anfang des 20. Jahrhunderts. Der Krieg hatte die tradierte Arbeitsteilung zwischen den Geschlechtern endgültig zerschlagen, der Zerfall der alten Orientierungs- und Ordnungssysteme hatte auch die Geschlechterrollen erfasst. Neben der Rolle als Mutter und Hausfrau entwickelten Frauen nun auch andere Rollenmodelle: die selbstständige, gebildete, studierte und arbeitende Frau, die ihre Freiheit genießende Frau, die kämpfende Frau, die sich ihrer Sexualität bewusste Frau, die Frau, die experimentiert, die Frau, die ihre Erfüllung nicht mehr darin sieht, Ehefrau zu werden, ihrem Mann zu dienen und Kinder großzuziehen.

Die neuen Rollenbilder irritierten, zugleich regten sie die Fantasie der Autoren an. Die Offenheit der Situation bildete die Redaktion des *Querschnitt* durch eine Reihe widerstreitender Beiträge ab: Der Journalist und Soziologie Siegfried Kracauer schrieb über *Mädchen im Beruf*, der österreichische Autor Alexander Lernet-Holenia hingegen fantasierte vom *Verführen junger Mädchen*, was Irmgard Keun mit einem Beitrag zum *System des Männerfangs* konterte. Darüber hinaus druckte die Zeitschrift über 80 Fotos und Abbildungen, zwischen Nymphenerotik und Madonnenverehrung – um schließlich vor allem eines zu demonstrieren: die eigene Unsicherheit über diese neuen jungen Frauen, die sich nicht mehr so leicht in ein Schema pressen ließen. Auch in der Literatur machten sich diese Entwicklungen bemerkbar: Die Zahl der Autorinnen stieg nicht nur, Autorinnen nahmen auch die Änderung der Geschlechterrollen mit neuem Selbstbewusstsein auf und griffen in die Diskussion um die neuen Frauen- und damit auch Autorinnenrolle ein.

10.1 **Frauen im Literaturbetrieb**
10.2 **Die Emanzipation der Autorinnen**
10.3 **Literarische Konzepte der neuen Frau**

10.1 Frauen im Literaturbetrieb

Im Jahr 1928 erschien im Gustav Kiepenheuer-Verlag in Potsdam eine Erzählung mit dem Titel *Aufstand der Fischer von St. Barbara*. Gezeichnet wurde das Buch von einem gewissen, oder, wie sich herausstellen sollte, einer gewissen „Seghers" (Anna Seghers, Pseudonym für Netty Radványi geborene Reiling). Die lange Erzählung handelt vom Aufstand der Fischer eines Dorfes, die sich „bessere Lebens- und Arbeitsbedingungen für sich und ihre Familien zu erkämpfen" versuchen (Hilzinger 2000, S. 90) und dabei scheitern: „Der Aufstand der Fischer von St. Barbara endete mit der verspäteten Ausfahrt zu den Bedingungen der vergangenen vier Jahre", beginnt der Text (Seghers 1928, S. 5). Die Ausgangssituation ist also klar: Der Aufstand ist gescheitert. Doch schon der erste Absatz zeigt an, dass das, was mit diesem Aufstand begonnen hat, noch lange nicht zu Ende ist:

„Aber längst, nachdem die Soldaten zurückgezogen, die Fischer auf der See waren, saß der Aufstand noch auf dem leeren, weißen, sommerlich kahlen Marktplatz und dachte ruhig an die Seinigen, die er geboren, aufgezogen, gepflegt und behütet hatte für das, was für sie am besten war." (Seghers 1928, S. 5)

Für ihre Erzählung wurde der Kommunistin Anna Seghers von ihrem Kollegen Hans Henny Jahnn der Kleistpreis für das Jahr 1928 zugesprochen, und zwar wegen der „sinnliche[n] Vieldeutigkeit" des Textes, die es Jahnn besonders angetan hatte (Jahnn 1928, zitiert nach: Seghers 1994, S. 57). Der Stil des Textes – Jahnn sprach von „großer Klarheit und Einfachheit der Satz- und Wortprägung" – ließ die Kritiker einen Mann hinter dem Pseudonym vermuten. Damit war die Rede von Seghers' hartem, ‚männlichem' Stil in der Welt.

Die Literaturzeitschrift *Neue Bücherschau* unternahm sogar das Experiment, ihren Zeichner sich ein Bild von jenem geheimnisvollen neuen Autor Seghers machen zu lassen. Selbstverständlich kam ein kerniger, proletarisch anmutender Mann mit Schnauzer und dichten Augenbrauen dabei heraus. Diese Zeichnung brach sich mit dem Foto der jungen Autorin, die die *Neue Bücherschau* neben die Zeichnung setzte und kommentierte: „Wie unser Zeichner sich Seghers, den Autor von *Aufstand der Fischer* vorstellte ... und wie Seghers wirklich aussieht." (*Neue Bücherschau* 1929, zitiert nach: Zehl Romero 1993, S. 37)

Diese bezeichnende Anekdote macht auf mehrere Problemlagen aufmerksam, die für Autorinnen in den 1920er-Jahren bedeutsam waren.

Seghers: Aufstand der Fischer von St. Barbara

Harter, ‚männlicher' Stil

Abbildung 18: Anna Seghers in der *Neuen Bücherschau* (1929): Vorstellung und Fotografie

Emanzipationsschritte

Der Erste Weltkrieg hatte in der Frauenemanzipation einen entscheidenden Fortschritt gebracht, die Weimarer Verfassung setzte sie 1919 in geltendes Recht um: Frauen waren während des Krieges in Berufen tätig geworden, die vorher Männern vorbehalten waren (die aber nun im Militärapparat gebraucht wurden). Nun ließen sie sich daraus nicht mehr so schnell verdrängen. Die Weimarer Verfassung billigte Frauen das aktive und passive Wahlrecht zu. Frauen waren jetzt politisch gleichberechtigt und verstärkt wirtschaftlich selbstständig.

Erwerbsarbeit von Frauen

Zwar veränderte sich die Beschäftigungsquote von Frauen (also der Anteil der erwerbstätigen Frauen an der weiblichen Bevölkerung) vom Wilhelminischen Reich zur Weimarer Republik nicht wesentlich und blieb bei etwa einem Drittel konstant, aber der Charakter der Tätigkeiten änderte sich signifikant: Die Zahl der (minder qualifizierten) Dienstmädchen- und Hausangestelltenberufe sank, während der Anteil der Industriearbeiterinnen und der besser ausgebildeten weiblichen Angestellten und Beamtinnen zwischen 1907 und 1925 deutlich stieg (vgl. Peukert 1987, S. 100).

Studierende Frauen

Der Anteil studierender Frauen nahm ebenfalls zu: Die sich ändernden wirtschaftlichen und sozialen Bedingungen führten dazu, dass auch Frauen verstärkt Strategien entwickelten, jenseits der bekannten Rollenmodelle ihr Überleben zu sichern: „Eine Frauen-Generation, häufig aus gutbürgerlichem Hause, versucht, sich über Studium und Bildung zu emanzipieren" (Schütz 1986, S. 161). In Deutschland wurden Frauen ab dem Jahr 1900 (in Baden), in Preußen erst ab 1908 zum Studium zugelassen. Ricarda Huch hatte für ihr Geschichtsstudium in den späten 1880er-Jahren noch in die Schweiz gehen müssen. Marieluise Fleißer oder Anna Seghers studierten in den 1920er-Jahren jedoch bereits mit großer Selbstverständlichkeit in Deutschland. Und sie waren nicht die einzigen: Bis zum Wintersemester 1931/32 stieg der Anteil von Frauen an den eingeschriebenen Studenten auf 16 Prozent. Zu diesen rund 20 000 Studentinnen müssen noch rund 12 000 berufstätige Frauen mit akademischem Abschluss gezählt werden (vgl. Peukert 1987, S. 103), um das neue Phänomen „Frauenbildung" quantitativ erfassen zu können. Die gebildete Frau wurde nicht zur Norm, aber sie wurde normal. Und das hatte auch Folgen für die Literatur.

Mehr Frauen als zuvor waren nun gut genug ausgebildet, um selbstverständlich auch als Schriftstellerinnen arbeiten zu können. Zwar waren nur gut 3 Prozent aller Schriftsteller Frauen: Unter 37 000 Schriftstellern, die sich in der Volkszählung 1925 als solche bezeichneten, gab es nur etwa 800 freie Schriftstellerinnen und 450 Redakteurinnen. „Dennoch ist der fulminante Aufbruch schreibender Frauen in den Zwanziger Jahren nicht zu übersehen", resümieren die Literaturwissenschaftler Walter Fähnders und Helga Karrenbrock die neue Situation (Fähnders/Karrenbrock 2003, S. 7): Mit der Ausweitung der Bildung und der Auflösung des Bildungsprivilegs von Männern drängten Frauen verstärkt auch in den Schriftstellerberuf.

Fulminanter Aufbruch schreibender Frauen

Das wurde nicht zuletzt dadurch befördert, dass der Bedarf an Autoren insgesamt gewachsen war und der Zugang zum Literaturbetrieb für Frauen mehr und mehr geöffnet wurde. Durch die Ausdifferenzierung des Mediensektors – Zeitschriften und Illustrierten drängten zu Beginn des 20. Jahrhunderts auf den Markt – wuchs das Angebot auch für weibliche Leser, ebenso wie der Druck der Leserinnen auf das Angebot wuchs. Sie wollten lesen, was sie betraf und was zu ihren Lebensbedingungen passte. „Das große Medieninteresse bot Frauen im Journalismus, Kunst und Kultur Gelegenheit, den Diskurs der Neuen Frau [...] selbst [...] zu modifizieren." (Drescher 2003, S. 176)

Erhöhter Textbedarf

Autorinnen brachten ihre Sicht auf die Gesellschaft in die Literatur: Soweit in der fiktionalen Literatur nämlich über richtiges oder falsches Verhalten in einer Art Rollenspiel diskutiert wurde, konnten

Weibliche Perspektive auf die Gesellschaft

Autorinnen die Sicht von Frauen auf die und von der Welt plausibler vermitteln als männliche Autoren. Und das in doppelter Hinsicht: „Die Verunsicherung der Geschlechterrollen [...] begünstigte emanzipatorische Experimente." (Drescher 2003, S. 176) Frauen präsentierten ihre Vorstellungen eines selbstbestimmten Lebens.

Zugleich verwiesen sie deutlicher als ihre männlichen Kollegen auf die spezifische Situation von Frauen im frühen 20. Jahrhundert: Frauen waren, so ist etwa Seghers' *Aufstand der Fischer von St. Barbara* zu entnehmen, in der Gesellschaft einer doppelten Unterdrückung ausgesetzt, durch die herrschende Klasse und durch das andere Geschlecht. Die Gewalt gegen die Fischer von St. Barbara findet in Seghers' Erzählung ihre Entsprechung in der Vergewaltigung und Ermordung der Prostituierten Maria durch die Soldaten (vgl. Hilzinger 2000, S. 91). Das Gewaltverhältnis zwischen Männern und Frauen wird aber schon durch die Profession der jungen Frau angezeigt und durch ihren körperlichen Zustand (sie ist extrem mager). Der Kampf um ein selbstbestimmtes Leben von Frauen wird damit auch zum Kampf um ihr Recht auf Selbstbestimmung – über ihren eigenen Körper, über ihre Sexualität, über gewollte und ungewollte Schwangerschaften und gewollte oder ungewollte Partnerschaften (vgl. Cott 1995, S. 96f.; Rehse 1995).

> Doppeltes Unterdrückungsverhältnis

„Die Neue Frau war nicht mehr festgelegt auf eine Klassenzugehörigkeit. Typus und Image gaben jungen Frauen die Möglichkeit, sich jenseits gebürtlich oder ehelich festgelegter Sozialschranken zu verorten. Dies entsprach ihrer Wahrnehmung einer komplexen, in stetem Fluß befindlichen modernen Wirklichkeit mehr als die vorherigen starren Klassenabgrenzungen." (Bock 1995, S. 23)

10.2 Die Emanzipation der Autorinnen

Die Differenz zwischen der Position von Männern und Frauen in der Gesellschaft hat Virginia Woolf in ihrem wohl einflussreichsten Essay bezeichnet, den sie im Jahr 1929 veröffentlichte: *Ein eigenes Zimmer* (*A Room of One's Own*). Anlass des Textes war die Bitte an die Autorin gewesen, in Newnham und Girton über das Thema „Frauen und Literatur" zu sprechen. Woolf sprach darüber, und zwar indem sie über die Position von Frauen in der Gesellschaft des frühen 20. Jahrhunderts sprach. In ihrem Essay hob sie hervor, dass Frauen „vielleicht das meistdiskutierte Lebewesen im Universum" seien (Woolf 1992, S. 27). Aber, so Woolf, das Erstaunliche sei, dass nicht

> Virginia Woolf:
> *Ein eigenes Zimmer*

sie selbst, sondern dass Männer diese Diskussion führten (→ ASB SCHÖSSLER, KAPITEL 4). Als sollte das auch für die deutschen Verhältnisse demonstriert werden, gab der Publizist Friedrich Markus Huebner im selben Jahr, in dem Woolfs Essay publiziert wurde, einen Sammelband heraus, der den bezeichnenden Titel trug: *Die Frau von Morgen wie wir sie wünschen*. Unter den Beiträgern keine einzige Frau.

Männer prägen die Welt ihrer Gegenwart, konstatierte Woolf: Männerwelt

„Man konnte nicht zur Landkarte gehen und sagen: Columbus entdeckte Amerika, und Columbus war eine Frau; oder einen Apfel nehmen und dazu sagen: Newton entdeckte das Gravitationsgesetz, und Newton war eine Frau; oder in den Himmel schauen und sagen: dort oben sind Flugzeuge, und Flugzeuge wurden von einer Frau erfunden." (Woolf 1992, S. 84).

Das Normbild der Frau war das von Hausfrau und Mutter, obwohl das mehr einem bürgerlichen Wunschbild als der gesellschaftlichen Wirklichkeit entsprach, wie in der zeitgenössischen Diskussion klar herausgestellt wurde.

Die marginale Position von Frauen im öffentlichen Raum hing jedoch nicht von ihrer Bedeutung für die Produktion von Wirtschaftsgütern ab. Die Soziologin Alice Rühle-Gerstel machte in ihrer Untersuchung über *Das Frauenproblem der Gegenwart* aus dem Jahr 1932 klar, dass Frauen auch in den traditionalen Gesellschaften eine zentrale wirtschaftliche Funktion gehabt hätten:

„[E]s ist irrig, dieses wichtigste Gebiet der gesellschaftlichen Arbeitsleistung als männlich zu bezeichnen. Historisch gesehen ist die Gütererzeugung vielmehr vorwiegend eine Sache des weiblichen Geschlechts." (Rühle-Gerstel 1932, S. 271f.)   Normalität der berufstätigen Frauen

Die Kritik an der weiblichen Berufsarbeit gehe also an der Realität vorbei. Und in der Tat war es weniger die weibliche Berufsarbeit selbst, sondern ein besonderer Aspekt, der zur Kritik führte: Es war das öffentliche Handeln, das Frauen versperrt wurde und das zu dem Phänomen führte, das Woolf in ihrem Essay wortreich beklagte: Frauen durften arbeiten, aber eben nicht als Schriftstellerinnen. Die Autorin Gina Kaus bestätigte dies in einem Beitrag für die Zeitschrift *Die literarische Welt*:   Öffentlichkeit soll versperrt bleiben

„Es ist noch nicht lange her, da galt eine schreibende Frau für ein komisches Monstrum, ein Zwittergeschöpf, sie war eine stehende Lustspielfigur, charakterisiert durch Tintenfinger, Brille und erotische Unzulänglichkeit." (Kaus 1929, S. 1)

DIE FRAU VON HEUTE – AUTORINNEN

Wut der Männer — „Wut" ist denn auch der dominierende Eindruck, den Woolf bei den männlichen Autoren wahrnahm, die allgemein über die Unterlegenheit von Frauen schrieben (Woolf 1992 S. 34). Wut und Ablehnung begegneten auch Autorinnen, die sich um ihre angebliche mangelnde Eignung nicht kümmerten.

Pseudonyme — Bis weit ins 19. Jahrhundert hinein wählten Autorinnen immer wieder männliche Pseudonyme, um überhaupt publizieren zu können (etwa die unter dem Namen George Eliot publizierende englische Autorin Mary Ann Evans oder Aurore Dupin, die als George Sand bekannt wurde).

Frauenliteratur — Zudem wurde ihnen ein spezifisches Publikationssegment zugewiesen, das bis heute als „Frauenliteratur" unter Einschluss von Liebes- und Familienromanen eine zweifelhafte Prominenz hat (Hedwig Courths-Mahler, 1867–1950, oder Eufemia von Adlersfeld-Ballestrem, 1854–1941, sind Vorläuferinnen der englischen Unterhaltungsautorin Rosamunde Pilcher, geb. 1924). Auch in der älteren Generation, die um 1900 mit Publikationen begonnen hatte – darunter Ricarda Huch (mit historischen Stoffen), Else Lasker-Schüler (als expressionistische Lyrikerin) oder Clara Viebig (als realistische Romanautorin) –, fanden sich zwar allgemein anerkannte Autorinnen, sie blieben aber Ausnahmen. Das wurde nun anders: Ohne dass eine spezifisch weibliche Sicht auf die Welt und die Literatur aufgegeben wurde, lösten sich Frauen in den 1920er- und frühen 1930er-Jahren aus dem engen Korsett der ihnen bislang zugestandenen Themen und Schreibweisen. Erika Mann, älteste Tochter Thomas Manns, beschrieb diesen Sujet- und Paradigmenwechsel in einem Zeitschriftenbeitrag aus dem Jahr 1931:

„Seit kurzem gibt es einen neuen Typ Schriftstellerin, der mir für den Augenblick der aussichtsreichste scheint: Die Frau, die Reportage macht, in Aufsätzen, Theaterstücken, Romanen. Sie bekennt nicht, sie schreibt sich nicht die Seele aus dem Leib, ihr eigenes Schicksal steht still beiseite, die Frau berichtet, statt zu beichten. Sie kennt die Welt, sie weiß Bescheid, sie hat Humor und Klugheit, und sie hat die Kraft, sich auszuschalten. Fast ist es, als übersetzte sie: das Leben in die Literatur, in keine ungemein hohe Literatur, aber doch in eine so brauchbare, anständige, oftmals liebenswerte." (E. Mann 2000, S. 85)

Sachliche Formen der Literatur — Diese Fokussierung auf sachliche Formen und Themen der Literatur erscheint zwar wie ein Verzicht auf die höheren Kunstweihen, derer sich die kanonisierten männlichen Autoren rühmen konnten. Faktisch unterlaufen die Frauen damit aber den von männlichen Autoren beanspruchten Status des privilegierten Beobachters von Welt, des Propheten, des Lehrers oder des Mahners (vgl. Haß 1993) und trugen zu einem neuen, im Anspruch zurückhaltenderen Rollenbild von Autoren insgesamt bei (womit sie sich zugleich tendenziell der Neuen Sachlichkeit zuordnen lassen, vgl. Becker 2003; → KAPITEL 6.2). Mit diesem Profil erarbeiteten sich Frauen im Literaturbetrieb in diesen Jahren prominente Positionen und auch Erfolge.

Das ist freilich eine Entwicklung, die nicht aus heiterem Himmel kam, sondern sich aus den gesellschaftlichen Veränderungsprozesse ableiten lässt: Die Veränderung, Dynamisierung wie Individualisierung der Gesellschaft in der Moderne schloss für Frauen die Eroberung der Schrift, der literarischen, der öffentlichen Sprache mit ein. Die Literatur ist die der Sprache der Öffentlichkeit. Sie ist das Medium, in dem die Symbolisierungen gebildet werden, hier ist der Raum, den sich Frauen erst öffnen mussten, gegen den Widerstand ihrer männlichen Kollegen (vgl. Delabar 2004a, S. 104). Im Lauf der 1920er-Jahre machten sie dabei große Fortschritte.

Hauptelement in dieser Behauptungsstrategie war das „eigene Zimmer", das Virginia Woolf bereits im Titel ihres Essays für Autorinnen beanspruchte, mit anderen Worten: der Raum, der notwendig ist, um Literatur zu produzieren.

Das eigene Zimmer als Notwendigkeit

„[G]ebt ihr ein eigenes Zimmer und fünfhundert Pfund im Jahr, laßt sie ihre Meinung sagen und die Hälfte von dem weglassen, was sie jetzt anbringt, und sie wird eines schönen Tages ein besseres Buch schreiben. Sie wird eine Dichterin sein." (Woolf 1992, S. 93)

Zu einer gleichberechtigten Existenz als Autorin gehört freilich mehr als nur die Zurichtung der persönlichen Produktionsbedingungen und die Befreiung von der ausschließlichen Verpflichtung auf Haushalt und Kinder. Die Metapher vom „Zimmer für sich allein" (so eine populäre Variante der Übersetzung des Titels) zielte letztlich auf eine grundlegende Änderung der gesellschaftlichen Strukturen als Voraussetzung für die Emanzipation von Frauen auch in der Literatur:

„[In] hundert Jahren [...] werden die Frauen nicht länger das beschützte Geschlecht sein. Folglich werden sie alle Arbeiten und Tätigkeiten ausüben, die ihnen einst verwehrt waren. [...] Alles mögliche kann geschehen, wenn Frausein aufhört, eine beschützte Tätigkeit zu sein." (Woolf 1992, S. 41)

Utopie: Grundlegend andere Situation für Frauen

Auch dass Frauen große Autorinnen werden: Autorinnen der 1920er-Jahre wie Erika Mann, Vicki Baum, Irmgard Keun, Gina Kaus, Annemarie Schwarzenbach, Mascha Kaléko oder Marieluise Fleißer behaupteten sich als professionelle Autorinnen, und sie schrieben große Werke. Ricarda Huch – als Grande Dame der deutschen Literatur der 1920er-Jahre – wurde sogar in die Sektion für Dichtkunst der preußischen Akademie der Künste gewählt. Ein Erfolg, der anzeigte, was alles noch möglich sein würde – und was noch fehlte. Denn Huch war die einzige Frau in der Sektion.

10.3 Literarische Konzepte der neuen Frau

Rollenvarianten in der Literatur

Dabei nutzten die neuen Autorinnen die gesamte Bandbreite weiblicher Rollenvarianten, die zum Teil neue Ausformungen erhielten: den Vamp, das Girl, die alleinstehende berufstätige Frau, die gebildete Frau, die Beruf und Gefühl unter einen Hut bringt, mit anderen Worten: Frauenrollen, die „progressive[ ] und traditionelle[ ] Weiblichkeit" (Drescher 2003, S. 179) miteinander verbinden können. Freilich haben die Autorinnen auch die Risiken vorgeführt und diskutiert, die mit den sich ändernden Rollenbildern verknüpft waren.

Vicki Baum: stud. chem. Helene Willfüer

Exemplarisch und wohl am besten kompatibel mit dem konventionellen Rollenverständnis hat Vicki Baum ihren Roman *stud. chem. Helene Willfüer* (1929) angelegt. Die Exposition ist die des konventionellen „gefallenen Mädchens", die Lösung aber hat offensiven Charakter: Der jungen Helene Willfüer gelingt trotz unehelicher Schwangerschaft und sozialer Ächtung eine Karriere als Wissenschaftlerin. Die Pflichten als allein erziehende Mutter wie die Anforderungen eines erfolgreichen Berufslebens erfüllen sie gleichermaßen – auch gelingt es ihr schließlich, den Mann an sich zu binden, den sie liebt (und der zugleich ihr Doktorvater und akademischer Lehrer ist). Das ist für einen einigermaßen plausiblen Handlungsentwurf sehr viel Gepäck. Aber gerade weil das „Modell Willfüer" überladen ist und wenig realistisch wirkt, sind seine appellativen Elemente deutlich erkennbar: Frauen erheben Anspruch auf einen qualifizierten Beruf, auf eine erfolgreiche Karriere, auf glückliche Mutterschaft und auf eine erfüllende Liebesbeziehung – und das alles zugleich. Der Text erschien zuerst als Fortsetzungsroman in der *Berliner Illustrierten Zeitung* und anschließend als Buch im Ullstein Verlag (vgl. King 1995).

Allgemeine Wunschbiografie

Sein großer Erfolg bestätigt, dass dieses zugleich integrative wie umfassende Konzept ein breites Publikum ansprach. Im Vorbild Helene Willfüers lässt sich jeder Entwurf einer weiblichen Wunschbiografie in einer sich rasant verändernden Welt erkennen (sie ist Mutter, gut ausgebildet, beruflich und privat erfolgreich, einfühlsam und hartnäckig zugleich). Der Roman verschreckte weder die „feministische[ ] Müttergeneration" (Drescher 2003, S. 179) noch konservative Kreise, in denen Mutterschaft weiterhin eine zentrale Rolle spielte und – soweit gegeben – auch Bildung, Berufstätigkeit und Erfolg tolerierbar machte.

Realistischer ist hingegen das Dilemma, das Marieluise Fleißer in ihrem in Ingolstadt – also einem kleinstädtischen, statt großstädtischen Raum – spielenden Roman *Mehlreisende Frieda Geier* (1931) präsentierte: Zwar machte auch sie die selbstständige, berufstätige Frau zur Hauptfigur, aber deren Bildungsgrad ist durchschnittlich, die berufliche Tätigkeit nicht außergewöhnlich. Die Hauptfigur hat freilich schon im Habitus ‚männliche', soll heißen: emanzipierte Züge. Frieda Geier trägt Ledermantel, Männerstiefel und kurzes Haar, sie schaut Männern unverwandt ins Gesicht (was auch ihrer Kurzsichtigkeit geschuldet ist), sie wehrt sich dagegen, sich ihrem Geliebten unterordnen zu müssen (weshalb die geplante Eheschließung platzt), sie fährt ein kleines grünes Auto, einen Opel Laubfrosch, und sie arbeitet als „Mehlreisende", also als Vertreterin einer Getreidemühle, deren Produkte sie an Bäckereien verkauft.

Marieluise Fleißer: Mehlreisende Frieda Geier

Ihre Arbeit prägt Frieda Geier in mehrfacher Hinsicht: in ihrem Selbstbewusstsein, in ihren Kompetenzen, in ihrem Auftreten und in ihrer Fähigkeit, geschlechtspezifische Rollen als Rollen wahrzunehmen und von ihrer Identität zu trennen. Bei ihrer Arbeit zieht sie alle Register: Sie kleidet sich ein wenig „spießig" und „anheimelnd". Wenn sie den Laden eines Kunden, in diesem Fall des Herrn Stubenrauch, betritt, will sie wirken, „wie jemand aus der Laufkundschaft", und das heißt nicht „zu flott" (Fleißer 1931, S. 41). „Sie grüßt mit bescheidenem Selbstbewußtsein" (Fleißer 1931, S. 42), dann sucht sie das Gespräch, mit dem Ziel, dem unwilligen Bäcker zumindest einige Säcke Mehl zu verkaufen. Dazu sind Frieda jedes Mittel, jedes Verfahren und jedes Thema recht:

Von der Arbeit geprägt

> „Diese Frieda, das Aas, hat nie in ihrem Leben einen Hintergedanken gehabt. Aber hier steht sie im Schafsgewande und nimmt sich um sein Wohlbefinden an, wie wenn sie seine leibliche Schwägerin wäre." (Fleißer 1931, S. 45)

Frieda spricht vom Sohn des Herrn Stubenrauch, vom Wetter, von den Steuern, von den Konkurrenten der Stubenrauchs und deren Verschwendungssucht, um die „Herztöne" hervorzulocken (Fleißer 1931, S. 47). Gelingt dies bei ihrem Kunden, ist das die Gelegenheit für ihr Angebot, auch wenn es nicht allzu attraktiv ist. Um es trotz-

Kommunikative Strategie

dem durchzusetzen, zieht Frieda Herrn Stubenrauch ins Vertrauen und setzt ihn zugleich unter Druck, eine Frau in der Männerwelt:

> „Sie steht vor ihm wie das Jüngste Gericht und als ein schwaches Weib in dieser Welt von Männern erdacht. Sie ist in diesem Augenblick durchaus bereit, ihn für ihr persönliches Schicksal auf den Landstraßen der Menschheit verantwortlich zu machen." (Fleißer 1931, S. 49)

Allein die Bestellung auf sechs Säcke vom groben und sechs vom feinen Mehl können ihn vor dieser drohenden Verantwortung retten.

Frieda agiert hier als souveräne Herrscherin über die Situation, obwohl diese für sie nicht günstig ist. Als Handelsvertreterin ist sie vom Wohlwollen des Kunden, seiner Solvenz und der Attraktivität ihres Angebots abhängig. Außerdem konkurriert sie mit anderen Handelsvertretern, die möglicherweise bessere Angebote machen können. Um sich dennoch durchzusetzen, steuert sie das Gespräch, stellt Vertrauen und Nähe her, um sie sogleich auszunutzen, und **Spiel mit den Rollenklischees** spielt mit ihrer Rolle als Frau. Sie wechselt in ihren Auftritten zwischen „Jüngstem Gericht" und „schwachem Weib", droht ihrem Kunden also mit einem entschiedenen und endgültigen Urteil, das ihn zweifelsohne vernichten wird, und appelliert zugleich an seine Höflichkeit und an sein Mitleid. Das ist Spiel und Ernst zugleich, Motive und Rollen werden gezielt variiert und eingesetzt. Die Frau im Männerberuf muss kommunikativ intelligenter vorgehen als ihre männlichen Kollegen, zudem setzt sie – je nach Situation und Gegenüber – geschlechtsspezifische Klischees ein.

Mit diesem Erfahrungshintergrund muss Friedas Beziehung mit dem ortsansässigen Schwimmsportler Gustl Amricht scheitern, zu unvereinbar sind die Vorstellungen der beiden Partner.

> „Es ist nicht Friedas fixe Idee, ein Nest zu bauen, um sich darin einzusperren, sondern die seine. Wenn es nach Frieda ginge, würden sie die längste Zeit ihres Lebens bei der Anziehung der Geschlechter bleiben. Gustl will weiter; er ist auf das aus, was sie den trüben Satz am Boden nennt. Er drängt nach der ökonomischen Verwertung." (Fleißer 1931, S. 142)

Ökonomische, emotionale und institutionelle Bindung sind für Gustl, der einen Tabakladen betreibt, untrennbar miteinander verbunden. Frieda aber will nicht nur ihre ökonomische Selbstständigkeit bewahren, sondern auch den Reiz des Vorläufigen, der erotischen Annäherung **Differenzen zwischen Frieda und Gustl** unter Unbekannten erhalten wissen. Das Modell Gustls widerspricht damit nicht nur ihren Neigungen, sondern auch ihrem Bewusstseinsstand:

„Was hat das nun für einen Sinn, daß man sich wie ein Mann jahrelang in der Fremde herumrauft und daß Eigenschaften entwickelt worden sind, die eine Gefährdung der männlichen Übergriffe bedeuten? Was nützt der Frau alle eigene Entwicklung, wenn sie letzten Endes auf die patriarchalischen Methoden einer Lebensgemeinschaft angewiesen bleibt, die eine rückläufige Bewegung bei ihr erzwingen?" (Fleißer 1931, S. 212)

Allerdings gibt es auch andere Rollenvarianten: Die Variante des „Girls" (auch, wie im Amerikanischen, „Flapper" genannt, umgangssprachlich für „Backfisch"), das in den 1920er-Jahren die größte Aufmerksamkeit auf sich zog, hat Irmgard Keun in ihren beiden Romanfiguren Gilgi (*Gilgi – eine von uns*, 1931) und Doris (*Das kunstseidene Mädchen*, 1932) gestaltet. Gilgi und Doris sind dabei als Gegensatzfiguren aufgebaut. Beide sind jung, beide arbeiten als Sekretärinnen. Während aber Gilgi an sich arbeitet, jeden Morgen Sport treibt, sich kalt duscht, sich mit großer Sorgfalt kleidet, sich bildet und Sprachen lernt, lässt sich Doris von ihren unklaren Wünschen treiben.

Girl und Flapper

So gegensätzlich die beiden Figuren aufgestellt sind, so gegensätzlich verlaufen ihre im Roman erzählten Biografien. Gilgis gut geplante und geordnete Welt, die keine Vergangenheit kennt, sondern nur Zukunft, und den Aufstieg, wird durch zwei Ereignisse entscheidend gestört: Ihre Mutter eröffnet ihr, dass sie adoptiert ist, und sie verliebt sich in einen Mann. Die Frage, wer denn Gilgis ‚richtige' Mutter ist, führt zur Frage nach ihrer Identität. Das Verhältnis mit dem deutlich älteren Bohemien Martin stürzt sie in eine ungewohnte emotionale Abhängigkeit und Passivität. Die vormals so selbstbestimmte und sich selbst formende Gilgi wird sich selbst fremd. Um wieder mit sich ins Reine zu kommen – was sie wiederum mit der gewohnten Energie betreibt –, muss sie zwei Schritte tun: Zum einen muss sie ihre leibliche Mutter finden und verstehen lernen, dass ihre Identität von ihrer Herkunft unabhängig ist. Zum anderen muss sie am Beispiel eines anderen Paares, das im Überlebenskampf scheitert und den Selbstmord wählt, lernen, dass sie allein, ohne Martin, bessere Überlebenschancen hat. Schließlich schwanger geworden verlässt sie Martin und geht aus der Provinzstadt nach Berlin, um sich und ihr neues Lebensmodell zu beweisen.

Irmgard Keun: *Gilgi – eine von uns*

Bereits die Ausgangssituation des „kunstseidenen Mädchens" Doris unterscheidet sich deutlich von der Gilgis. Für ihre Arbeit als ‚Tippfräulein' ist sie definitiv ungeeignet, weil ihr dafür die Rechtschreibkenntnisse fehlen: „[L]ieber gar keine Kommas", behilft sie

Irmgard Keun: *Das kunstseidene Mädchen*

sich, „als falsche, weil welche reinstricheln unauffälliger geht als falsche fortmachen" (Keun 2005, S. 24). Dass das nicht lange gut geht, ist absehbar. Eine kleine Rolle am Stadttheater hilft ihr auch nicht weiter. Angetrieben wird sie von einem unscharfen, den neuen Medien der Zeit entlehnten Aufstiegsbedürfnis, mit dem nicht nur alle ihre Wünsche erfüllt, sondern zugleich alle ihre Defizite unwichtig werden würden:

Wunschmaschine Film

„Ich werde ein Glanz, und was ich dann mache, ist richtig – nie mehr brauch ich mich in acht nehmen und nicht mehr meine Worte ausrechnen und meine Vorhabungen ausrechnen – einfach betrunken sein – nichts kann mir mehr passieren an Verlust und Verachtung, denn ich bin ein Glanz." (Keun 2005, S. 45)

Das notwendige Ausstattungselement ist ein Pelz, ein „Feh", den sie in einem schwachen Moment stiehlt. Sie muss wegen des Diebstahls ihre Heimat, eine Provinzstadt, verlassen und geht nach Berlin, um sich dort durchzuschlagen. Ihre Chancen, sich über eine normale Erwerbsarbeit zu finanzieren, stehen aber schlecht, wie sie in ihrem zugleich unbeholfenen wie offenherzigen Tagebuchstil notiert:

„Kommt denn unsereins durch Arbeit weiter, wo ich keine Bildung habe und keine fremde Sprachen außer olala und keine höhere Schule und nichts. Und kein Verstehen um ausländische Gelder und Wissen von Opern und alles, was zugehört. Und Examens auch nicht. Und gar keine Aussicht für über 120 zu gelangen auf eine reelle Art." (Keun 2005, S. 171)

Bleibt also nur die Schattenseite der Girl-Kultur, was Siegfried Kracauer in seiner Artikelserie *Die Angestellten* (1929/30) (→ **KAPITEL 1.2**)

Weibliche Bohème

als „Angestellten-Bohème" bezeichnet hat: „Mädchen, die in die Großstadt kommen, um Abenteuer zu suchen, und wie Kometen durch die Angestelltenwelt schweifen." (Kracauer 1971, S. 72) Doris' zunehmend verzweifelten Versuche, über ihre Liebhaber Karriere zu machen, misslingen jedoch. Der eine geht zu früh bankrott, der nächste liebt eine andere, seine ehemalige Frau, der dritte will sie auf den Strich schicken. Schließlich endet Doris statt im Filmgeschäft am Bahnhof Zoo, wo sie einen alten Bekannten trifft, Karl: Karl ist, wenn überhaupt jemand, der adäquate Mann für Doris, sozial wie habituell: Er ist arm, ein „Junge mit Pappkarton", teilt seine Brote mit Doris und ist ein Kamerad (Keun 2005, S. 200–205).

Diskussion um angemessene und brauchbare Rollen

Mit diesen und zahlreichen anderen Texten griffen Autorinnen in die Diskussion um eine angemessene, neue und zu den modernen Verhältnissen passenden Frauenrolle ein, boten dabei aber unterschiedliche Lösungsansätze: Sie forderten die faktische Emanzipation, ohne auf zentrale Elemente der alten Frauenrolle (Mutterschaft) verzichten zu wollen; sie zeigten die Schwierigkeiten, die entstehen, wenn Berufstätigkeit und Liebe einander entgegenstehen, und sie wiesen auf die großen Gefahren hin, die im Zerfall der bislang gewohnten Frauenrollen sichtbar wurden. Denn die Möglichkeit, ihre Rollen neu erfinden und bestimmen zu können, war nicht nur mit extrem hohem, auch persönlichem Aufwand verbunden. Die Konzepte waren zudem massiven Angriffen in einer stark politisierten Gesellschaft ausgesetzt, erschienen doch gerade Keuns und Fleißers Romane in der Schlussphase der Weimarer Republik.

<small>Neue Rollenkonzepte</small>

Fragen und Anregungen

- Welche grundsätzlichen Veränderungen lassen sich zu Beginn der 1920er-Jahre in den Geschlechterrollen ausmachen? Benennen und diskutieren Sie die dafür feststellbaren Gründe.

- Welche Rollenmodelle entwerfen die Autorinnen der 1920er-Jahre? Nehmen Sie die hier vorgestellten Romane als Diskussionsbasis. In welches Verhältnis setzen sie Beruf und Familie zueinander?

- Welche Voraussetzung formuliert Virginia Woolf in ihrem Essay *Ein eigenes Zimmer* (1929) für die Produktion von Dichtung?

Lektüreempfehlungen

- **Vicki Baum: stud. chem. Helene Willfüer.** Roman, Berlin: Ullstein 1928. *Baum gestaltet ein komplexes Programm von weiblicher Emanzipation, das auch für konservativ denkende Frauen attraktiv sein konnte.*

<small>Quellen</small>

- **Marieluise Fleißer: Mehlreisende Frieda Geier. Roman vom Rauchen, Sporteln, Lieben und Verkaufen,** Berlin: Kiepenheuer 1931. *Fleißer ist den Schritt zur selbstbewussten und aktiven Protagonistin gegangen, die ihre Freiheit in der Paarbeziehung nicht aufgibt. Die Bearbeitung, die unter dem Titel „Eine Zierde für den Verein" erschienen ist, ist passagenweise stark bearbeitet.*

- **Irmgard Keun: Gilgi – eine von uns.** Roman, Berlin: Universitas 1931.

DIE FRAU VON HEUTE – AUTORINNEN

- **Irmgard Keun: Das kunstseidene Mädchen.** Roman. Nach dem Erstdruck von 1932, mit einem Nachwort und Materialien herausgegeben von Stefanie Arend und Ariane Martin, Berlin 2005.
  Keuns Romane sind als Variationen zum Thema Emanzipation des Girls aufgebaut.

- **Anna Seghers: Aufstand der Fischer von St. Barbara**, Berlin: Kiepenheuer 1928. *Seghers Erzählung beschäftigt sich nicht nur mit dem gescheiterten Aufstand, sondern auch mit den Unterdrückungsverhältnissen zwischen den Geschlechtern.*

- **Virginia Woolf: Ein eigenes Zimmer** [1929], in: dies., Ein eigenes Zimmer. Drei Guineen. Essays, Leipzig 2. Auflage 1992, S. 5–112. *Einflussreiche Stellungnahme zu den Chancen von Frauen als Autorinnen und zum Widerstand in der Gesellschaft gegen die Emanzipation von Frauen.*

Forschung

- **Petra Bock: Zwischen den Zeiten – Neue Frauen und die Weimarer Republik**, in: dies./Katja Koblitz (Hg.), Neue Frauen zwischen den Zeiten, Berlin 1995, S. 14–37. *Griffige Zusammenfassung zur Entwicklung des neuen Frauenbildes in den 1920er-Jahren.*

- **Helga Karrenbrock: „Das Heraustreten der Frau aus dem Bild des Mannes". Zum Selbstverständnis schreibender Frauen in den Zwanziger Jahren**, in: Walter Fähnders/dies. (Hg.), Autorinnen der Weimarer Republik. Bielefeld 2003, S. 21–38. *Zusammenfassende Darstellung des Selbstverständnisses junger Autorinnen vor allem in den späten 1920er-Jahren.*

11 Lebenswelt Großstadt

Abbildung 19: Walther Ruttmann: *Berlin. Die Sinfonie der Großstadt* (1927), Filmstill (Verkehr am Potsdamer Platz)

Automobile, Automobile, Automobile – und dazu das Verkehrsgedränge einschließlich flutender Menschenmassen, untermalt von den hell flackernden Lichtern der Großstadt. Mit dem Dokumentarfilm „Berlin. Die Sinfonie der Großstadt", der 1927 uraufgeführt wurde, setzte Walther Ruttmann seiner Zeit auch visuell ein Denkmal. Eine Eisenbahn, die Menschen in die Stadt bringt, Bewegung, Verkehr, schnelle Schnitte zwischen den Bildern, immer wieder Autos, Straßenbahnen und Busse, Menschen, die hasten, sich drängeln, schauen, helle Schaufenster, Fußgänger, die sich nur knapp vor den rasenden Autos auf dem Fahrdamm retten können.

Automobile, Licht, Verkehrswege, Getümmel auf den Straßen – die moderne und urbane Gesellschaft hat eine völlig andere Gestalt als ihre Vorgänger. Sie ist nicht nur größer, sondern das Leben in ihr ist auf eine neue Art intensiv, gefährlich und reizvoll. Um in ihr bestehen zu können, müssen sich die Menschen anpassen, sie müssen der Fülle der Reize und der Vielzahl der Gefahren begegnen können, ohne ihnen zu erliegen. Städtisches Leben ist für die Neuankömmlinge und die Wochenendbesucher eine Sensation, ein ungekanntes visuelles und akustisches Erlebnis, das sie in Staunen versetzt. Dieser Reiz, die Überforderung der Sinne, die Anpassung an das urbane Leben und die Gefahren, die in ihm lauern, werden auch literarisch vielfältig verarbeitet.

11.1 **Kulturschock Großstadt**
11.2 **Ereignis Metropole**
11.3 **Unfall, Geschwindigkeit und Ordnung**

11.1 Kulturschock Großstadt

Im Jahr 1910 erschien der Roman, mit dem die deutsche Großstadtliteratur moderner Prägung beginnt: Rainer Maria Rilkes *Die Aufzeichnungen des Malte Laurids Brigge* (→ ASB AJOURI, KAPITEL 2). Auf den ersten Blick ist an dem Text nichts Besonderes. Ihm fehlen die spektakulären Szenen späterer Texte, wie sie Alfred Döblins *Berlin Alexanderplatz* (1929), Irmgard Keuns *Das kunstseidene Mädchen* (1932), Lion Feuchtwangers *Erfolg* (1930) oder Erich Kästners *Fabian* (1931) enthalten. Aber alle diese späteren Romane sind ohne Rilkes Tagebuchroman, in dem die Sozialisation eines jungen dänischen Adeligen erzählt wird, nicht denkbar. Denn Rilkes Roman präsentiert ein neues Paradigma: das des Kulturschocks Großstadt.

Rilkes Großstadtroman

Was ist damit gemeint? Für Neulinge (also Landbewohner auf Besuch und Zuwanderer) ist die erste Begegnung mit den Metropolen mit einem „Chok" verbunden, wie Walter Benjamin Ende der 1930er-Jahre in seinen Baudelaire-Studien das Phänomen in Anlehnung an Sigmund Freud genannt hat (Benjamin 1991, Bd. I,2, S. 613).

Wahrnehmungs-„Chock"

Rainer Maria Rilkes Protagonist Malte Laurids Brigge muss sich ihm im fernen Paris stellen, das für Deutsche – neben London – zu Beginn des Jahrhunderts noch für das Großstadtleben überhaupt stand. (Berlin war zu diesem Zeitpunkt bereits eine der größten Städte der Welt, der Stadt fehlte jedoch der metropolitäre Charme, der Paris zugeschrieben wurde.) Aber die Großstadt ist für den empfindsamen Landadeligen eine ungewohnte Erfahrung. Das findet vor allem in einer Passage Ausdruck, die am Beginn des Romans zu finden ist:

„Daß ich es nicht lassen kann, bei offenem Fenster zu schlafen. Elektrische Bahnen rasen läutend durch meine Stube. Automobile gehen über mich hin. Eine Tür fällt zu. Irgendwo klirrt eine Scheibe herunter, ich höre ihre großen Scherben lachen, die kleinen Splitter kichern. Dann plötzlich dumpfer, eingeschlossener Lärm von der anderen Seite, innen im Hause. Jemand steigt die Treppe. Kommt, kommt, unaufhörlich. Ist da, ist lange da, geht vorbei. Und wieder die Straße. Ein Mädchen kreischt: Ah tais-toi, je ne veux plus. Die Elektrische rennt ganz erregt heran, darüber fort, fort über alles. Jemand ruft. Leute laufen, überholen sich. Ein Hund bellt. Was für eine Erleichterung: Ein Hund. Gegen Morgen kräht sogar ein Hahn, und das ist Wohltun ohne Grenzen." (Rilke 1991, S. 8)

Die Nacht in der Großstadt

LEBENSWELT GROSSSTADT

Eine Erleichterung: der Hund, der bellt, der Hahn, der kräht – Geräusche, die man vom Land her kennt und die dort etwas bedeuten. Aber was bedeuten sie hier? Vor allem im Konzert mit den anderen Geräuschen der Stadt? Am besten, man hört gar nicht hin. Das aber ist für den ungeübten Stadtbewohner nicht so einfach. Qualität und Quantität der Sinneseindrücke, die in der Großstadt auf den Neuankömmling einströmen, sind so hoch, dass er sie nicht mehr verarbeiten oder verstehen kann. Das Fenster seiner Sinnesorgane steht noch sperrangelweit offen. „Der neue Zustand", der so eng mit dem ungewohnten Erlebnis Metropole verbunden ist, ist „kein anheimelnder" (Benjamin 1991, Bd. I,2, S. 540). Und das wird sich so schnell nicht ändern.

Geschichte der Urbanisierung in Deutschland

Die Urbanisierung ist eigentlich ein Phänomen des 19. Jahrhunderts und im Wesentlichen zu Beginn des 20. Jahrhunderts abgeschlossen (vgl. Reulecke 1985). Etwa 85 Prozent der europäischen Bevölkerung wurde von den Wanderungsbewegungen des 19. Jahrhunderts erfasst, etwa 70 Prozent der Migrationsbevölkerung blieb in Europa und wanderte vom Land in die rasch wachsenden Städte (vgl. Schulze 1995, S. 154). Ballungsräume wie das Ruhrgebiet und Berlin entstanden, als Industriezentren und als Verwaltungsstädte. Die Geschwindigkeit dieser Entwicklung lässt sich an der Entwicklung Berlins ablesen: Berlin hatte 1801 immerhin rund 170 000 Einwohner, um 1850 war die Einwohnerzahl bereits auf knapp 400 000 angewachsen, 1905 aber lebten schon rund 2 Millionen Einwohner in Berlin – allerdings nur in der Kernstadt. Mit der Eingemeindung der umgebenden Städte – unter ihnen Charlottenburg, Neukölln oder Pankow – im Jahr 1920 wuchs die Stadt sprunghaft auf rund 4 Millionen Einwohner an. Das spätere Wachstum der Stadt hingegen entsprach dem allgemeinen Bevölkerungswachstum (vgl. Zinn 1988).

Die Stadt- und Infrastrukturplanung bewältigte das rasante Wachstum des 19. Jahrhunderts nur mit Mühe, zu umfassend und zu neu waren die mit dem Wachstum verbundenen Anforderungen, die die Unterbringung großer Menschenmassen, ihre Versorgung, ihre Kommunikation und ihren Transport nach sich zogen. Daraus erklärt sich auch die intensive stadtplanerische und kulturkritische Diskussion noch der Zwischenkriegszeit. Die Beleuchtung der Stadt spielte dabei eine große Rolle. Zwar gab es bereits im 19. Jahrhundert Gaslaternen, die vor allem die Hauptstraßen erhellten. Aber im beginnenden 20. Jahrhundert wurde Berlin zur Vorzeigestadt der Elektrifizierung. Der „Zusammenhang von Licht und Fortschritt, Licht und Modernität, Licht und Großstadt" wurde immer wieder

Licht als Signum der Großstadt

demonstriert (Schlör 1994, S. 70). Im Jahr 1930 waren bereits knapp 70 Prozent der Berliner Wohnungen elektrifiziert (vgl. Kleinschmidt 2008, S. 94). Elektrische Bügeleisen, Staubsauger, Waschmaschinen und Kühlschränke – alles dies sind Erfindungen dieser Jahre.

Ähnliches gilt auch für den Verkehr: Binnen weniger Jahrzehnte verdrängten Automobile, Straßenbahnen und Omnibusse die Pferde im Straßenbild. Regional-, S- und U-Bahnen brachten die Menschen aus dem Umland in die Stadt und wieder hinaus. Im Jahr 1930 fuhren immerhin schon 679 000 Automobile auf deutschen Straßen (in den weitläufigen und wohlhabenderen USA waren es allerdings bereits 26 Millionen, vgl. Braun/Kaiser 1997, S. 109). Das hatte Folgen für das gesamte Stadtbild, manchmal ganz praktische: Die Fahrdämme wurden befestigt, Schienen durchzogen die Stadt, der moderne Mensch fuhr Auto und Bahn, wenn er in der Stadt zu Fuß ging, dann zu seinen Verkehrsmitteln, oder er flanierte (→ **KAPITEL 5.3**).

Verkehr als urbanes Phänomen

Ganz entspannen konnte er sich dabei nicht: In Walther Ruttmanns Film *Berlin. Die Sinfonie der Großstadt* (1927) müssen sich Fußgänger immer wieder vor den heranrasenden Automobilen in Sicherheit bringen. In Erich Kästners 1931 erschienenen Berlin-Roman *Fabian* schweift der Held der Geschichte durch Berlin, das er offensichtlich gut kennt, als ihn „irgendjemand" heftig gegen den Stiefelabsatz stößt. Als er sich „mißbilligend" umdreht, ist es die Straßenbahn, der Schaffner flucht, ein Polizist schreit: „Passense auf!" Die Antwort, „Werde mir Mühe geben" (Kästner 1998, Bd. 3, S. 11), kennzeichnet die Haltung, die sich Fabian wie seine realen Zeitgenossen zugelegt haben. Sie versuchen, sich in der Stadt zu bewegen, auch unter dem Risiko, dass sie dabei buchstäblich unter die Räder geraten.

Unfall als Risiko

Berlin wurde zum Paradigma des sich selbst modernisierenden Deutschlands, für beide Seiten des politischen und kulturellen Spektrums: Der Moloch Berlin war ebenso geläufig wie das Faszinosum Metropole. Von hier aus strahlte die Urbanisierung als Lebensform bis in die Peripherie: Urbanisierte und technisierte Lebensformen verdrängten im Laufe des 20. Jahrhunderts die agrarischen fast vollständig. Die Metropolenkultur mitsamt ihrer technischen Ausstattung und ihrer Kulturindustrie wurde in den 1920er-Jahren durchgesetzt. Berlin wurde damit zum Laboratorium einer Lebensform, die es bis dahin nicht gegeben hatte: die des Großstädters, der sich in der neuen Umwelt nicht weniger selbstverständlich bewegte wie der Bauer auf dem Land und der Kleinstädter in seinem überschaubaren Lebensraum. Am Beispiel Berlin also wurde erkennbar, wohin sich die moderne Gesellschaft entwickeln würde.

Berlin als deutsche Metropole

LEBENSWELT GROSSSTADT

Der Häftling als Wahrnehmungsinstanz

Dass die Entwicklung nicht unbedingt Rücksicht auf die Menschen nahm, merkt auch der Held von Alfred Döblins knapp 20 Jahre nach Rilkes *Malte Laurids Brigge* erschienenen Roman *Berlin Alexanderplatz* (1929). Franz Biberkopf hat nach seiner mehrjährigen Haft in Tegel (wegen Mordes an seiner Geliebten) große Mühe, sich in einer völlig veränderten Realität zurechtzufinden. Denn der Raum, in dem er sich nun bewegen soll, ist unübersichtlich, gewalttätig, groß, dynamisch und sehr schnell, die Stadt, der Alexanderplatz, die Schlachthöfe, sogar der Grunewald (der als Naherholungsgebiet Teil der Metropole ist): Alles ist in Bewegung und Veränderung, am meisten der Protagonist selbst. Das wird mit Biberkopfs Einzug in die Stadt Berlin, in dem Beschreibung, Selbstgespräch und Interpretation eng miteinander verwoben werden, nachdrücklich inszeniert:

Franz Biberkopfs Gang in die Große Stadt

„Was war das alles. Schuhgeschäfte, Hutgeschäfte, Glühlampen, Destillen. Die Menschen müssen doch Schuhe haben, wenn sie so viel rumlaufen, wir hatten ja auch eine Schusterei, wollen das mal festhalten. Hundert blanke Scheiben, lass die doch blitzen, die werden dir doch nicht bange machen, kannst sie ja kaputt schlagen, was ist denn mit die, sind eben blankgeputzt. Man riß das Pflaster am Rosenthaler Platz auf, er ging zwischen den anderen auf Holzbohlen. Man mischt sich unter die andern, da vergeht alles, dann merkst du nichts, Kerl. Figuren standen in den Schaufenstern in Anzügen, Mänteln, mit Röcken, mit Strümpfen und Schuhen. Draußen bewegte sich alles, aber – dahinter – war nichts! Es – lebte – nicht! Es hatte fröhliche Gesichter, es lachte, wartete auf der Schutzinsel gegenüber Aschinger zu zweit oder zu dritt, rauchte Zigaretten, blätterte in Zeitungen. So stand das da wie Laternen – und – wurde immer starrer. Sie gehörten zusammen mit den Häusern, alles weiß, alles Holz. / Schreck fuhr in ihn, als er die Rosenthaler Straße hinunterging und in einer kleinen Kneipe ein Mann und eine Frau dicht am Fenster saßen: die gossen sich Bier aus Seideln in den Hals, ja was war dabei, sie tranken eben, sie hatten Gabel und stachen sich damit Fleischstücke in den Mund, dann zogen sie die Gabeln wieder heraus und bluteten nicht." (Döblin 1996, S. 15f.)

Stadt als visuelles und akustisches Chaos

Die Stadt ist ein visuelles und akustisches Chaos, die Eindrücke, die Biberkopf sammelt, kann er nicht im Geringsten einordnen und oder gar deuten. Sogar die selbstverständlichsten Tätigkeiten, wie Essen oder Trinken, erscheinen ihm auf einmal wie höchst gefährliche Unternehmen. Ohne die klaren Rahmenbedingungen, die er aus der Haftanstalt (die für das Leben vor der Moderne steht) gewohnt ist,

ist Biberkopf hilflos und er sieht sich einer Dauerbedrohung ausgesetzt, gegen die er sich nicht zur Wehr setzen kann. Das zeigt sich vor allem im berühmten Schlachthofkapitel, das mit dem Satz eingeleitet wird: „Denn es geht dem Menschen wie dem Vieh, wie dies stirbt, so stirbt er auch" (Döblin 1996, S. 136). Die Unterschiede zwischen Mensch und Tier werden nivelliert: Das Vieh stirbt von der Hand einen „junge[n] Mann[s] von blasser Farbe, mit angeklebtem blondem Haar, hat eine Zigarette im Mund"; es ist „eine Verwaltungsangelegenheit", die „zu regeln" ist (Döblin 1996, S. 139). Nicht anders geht es den Menschen: Die Gesellschaft ist zwar sachlich, aber eben auch unerbittlich.

Die Auslieferung an den Moloch Großstadt, die Gefährdung des Einzelnen und seine Überwältigung folgen einem Topos der Reiseberichte und literarischen Texte bereits des 19. Jahrhunderts, in denen das Erlebnis Großstadt immer wieder harsche Kritik erfährt: die Menschenmassen, das Chaos der wimmelnden Menschen, die Einförmigkeit ihrer Erscheinung und der Häusermeere, Lärm, Schmutz, Elend, Armut – all dies ruft bei den Besuchern, neben dem obligatorischen Erstaunen, Abscheu und Ekel hervor und die Furcht vor dieser gesellschaftlichen Großmaschine.

Kritik an der Urbanisierung

Neben der anderen Qualität der Sinneseindrücke ist es jedoch ihre Vielzahl, die zu dem von Walter Benjamin so betonten Schrecken führt, der mit dem Schockerlebnis Großstadt verbunden ist. Mit Verweis auf den Aufsatz *Jenseits des Lustprinzips* (1920) vom Erfinder der Psychoanalyse, Sigmund Freud, lässt sich sagen, dass der Schock immer dann eintritt, wenn das Bewusstsein auf die Quantität und Qualität der Reize nicht vorbereitet ist, die auf es einströmen: „Für den lebenden Organismus", konstatiert Freud in seiner Abhandlung, die offensichtlich Eindruck auf Benjamin gemacht hat, „ist der Reizschutz eine beinahe wichtigere Aufgabe als die Reizaufnahme" (Freud 1982, Bd. III, S. 237).

Die niedrige Reizschwelle, unter der Neuankömmlinge in der Stadt leiden, lässt nur eine Konsequenz zu: Der Reizschutz muss zum Selbsterhalt verstärkt werden. Das enge Zusammenleben von einer so großen Zahl von Menschen, wie es gegen Ende des 19. Jahrhunderts in den neuen Metropolen Normalität wurde, habe eine enorme „Steigerung des Nervenlebens" nach sich gezogen, attestierte der Soziologe Georg Simmel in seinem berühmten Essay *Die Großstädte und das Geistesleben* (1903), nehme doch „die rasche Zusammendrängung wechselnder Bilder, der schroffe Abstand innerhalb dessen, was man mit einem Blick umfaßt, die Unerwartetheit sich aufdrän-

Georg Simmels Thesen zum Großstadtmenschen

gender Impressionen" das menschliche Bewusstsein mehr in Anspruch als der einfache Kontext kleinerer Gemeinschaften (Simmel 1984, S. 192f.).

Konsequenz sei die Entwicklung eines „Typus des Großstädters", der „sich ein Schutzorgan gegen die Entwurzelung" schaffe, von der er bedroht sei, nämlich den Intellekt (Simmel 1984, S. 193). Simmel entwickelt von dieser Basis aus das Programm der modernen großstädtischen Existenzform, die vor allem auf ihre Funktionalität ausgerichtet ist: Sachlichkeit der Beziehungen, Pünktlichkeit, Berechenbarkeit, Exaktheit machten diese Seite des Großstadtlebens aus, womit die Funktionsfähigkeit dieses Systems sicher gestellt werden kann. Daneben aber zeichneten den Großstädter Haltungen wie Blasiertheit und Reserviertheit aus (Simmel 1984, S. 194–197), mit denen er sich seine großstädtische Umwelt vom Leibe halte:

Intellekt und Blasiertheit

„Das Wesen der Blasiertheit ist die Abstumpfung gegen die Unterschiede der Dinge, nicht in dem Sinne, daß sie nicht wahrgenommen würden, wie von dem Stumpfsinnigen, sondern so, daß die Bedeutung und der Wert der Unterschiede der Dinge und damit der Dinge selbst als nichtig empfunden wird. Sie erscheinen dem Blasierten in einer gleichmäßig matten und grauen Tönung, keines wert, dem anderen vorgezogen zu werden." (Simmel 1984, S. 196)

Reserviertheit

Die Reserviertheit hingegen beziehe sich auf den Mitmenschen des Großstädters:

„Wenn der fortwährenden äußeren Berührung mit unzähligen Menschen [in der Großstadt] so viele innere Reaktionen antworten sollten, wie in der kleinen Stadt, in der man fast jeden Begegnenden kennt und zu jedem ein positives Verhältnis hat, so würde man sich innerlich völlig atomisieren und in eine ganz unausdenkbare seelische Verfassung geraten." (Simmel 1984, S. 197)

Verlust von Natürlichkeit und Authentizität

Dabei gehen nahe liegend „Natürlichkeit" und „Authentizität", das „Gemüt und die gefühlsmäßige[n] Beziehungen" der Kleinstädte (Simmel 1984, S. 193) verloren. An die Stelle des Subjekts treten die Rollen, in denen es auftritt. Der „moderne Heros ist nicht Held", bestätigt Benjamin, „sondern Heldendarsteller" (Benjamin 1991, Bd. I,2, S. 600). Und in diesen Rollen müssen sich die Subjekte bewegen, sie müssen sie einsetzen, sie müssen sie auch variieren lernen, denn adäquates Verhalten ist nicht mehr konsistent, sondern vom Kontext abhängig.

11.2 Ereignis Metropole

Die Metropolenwahrnehmung, wie sie Simmel theoretisch ausformuliert und Rilke literarisch gestaltet hat, ist einzubetten in den generellen Strom der Kultur- und Zivilisationskritik, der die Modernisierung der Gesellschaft von Beginn an begleitet hat: als Korrektiv, als Kritik, als Kompensation einer Entwicklung, die einschneidende Veränderungen nach sich zog und nicht mehr aufzuhalten war. Nahe liegend also, dass Rilkes Entwurf des sich selbst entwerfenden empathischen Mannes vor allem in der Kindheit eine Gegenwelt zur Hässlichkeit, zum Lärm, zum Getriebe und zum Elend der großstädtischen Umwelt sucht. Die Alternative ist die Unter- und Einordnung, die Anpassung an die Verhältnisse, die Döblins Franz Biberkopf vormacht (→ KAPITEL 13.2). Die kritischen Theoretiker Max Horkheimer und Theodor W. Adorno haben das im Jahr 1944 im Exil auf den gnadenlosen Nenner gebracht: „Man braucht nur der eigenen Nichtigkeit innezuwerden, nur die Niederlage zu unterschreiben, und schon gehört man dazu." (Horkheimer/Adorno 1971, S. 137)

Neben der Kritik lässt sich freilich eine positive Wahrnehmung der Lebenswelt Metropole in der Literatur verzeichnen, ein „Synchronisierung" mit den neuen Möglichkeiten, den Angeboten und dem Erlebnis Großstadt. Die Begründung dafür findet sich gleichfalls bei Walter Benjamin, der in seinen Baudelaire-Studien die „Erlebniskultur" moderner Prägung aus der Freudschen Reizthese abgeleitet hat: Je geläufiger die Reize dem Bewusstsein werden, so Benjamin, desto weniger bedrohlich werden sie ihm, „desto weniger gehen sie in die Erfahrung ein; desto eher erfüllen sie den Begriff des Erlebnisses." (Benjamin 1991, Bd. I,2, S. 615) Aus dem Schockerlebnis Großstadt wird das Event ‚Metropole'. *Beginn der Eventkultur*

Statt Angst und Schrecken sind deshalb Begeisterung und Erstaunen die Reaktionen der Protagonisten von Texten, die nicht der Kritik der Großstadt, sondern ihrer Bewunderung Ausdruck geben, die die Großstadt und ihre Angebote genießen, die von ihrer schillernden Oberfläche fasziniert sind und sich darin schnell und begeistert bewegen. *Positive Wahrnehmung der Metropole*

So auch Irmgard Keuns Heldin Doris aus *Das kunstseidene Mädchen* (1932) (→ KAPITEL 10.3). Doris ist nach Berlin geflohen, will dort ein „Glanz" – das heißt berühmt – werden und notiert alle ihre Erlebnisse in einem Tagebuch (dessen Fortgang die Leser folgen). Die Sprache des Tagebuchs ist einfach, ungekünstelt und direkt, Doris pflegt einen unbeholfenen, zugleich liebenswürdigen und offenherzi- *Exempel Doris* gen Stil. Die dialektalen und umgangssprachlichen Eigenheiten, die im Schriftdeutschen als Fehler gelten, verleihen dem Text Authentizität und Tempo. Und genau das ist Doris' Ziel: Sie will, so ihr stilistisches Credo, „schreiben wie Film, denn so ist mein Leben und wird noch mehr so sein." (Keun 2005, S.10) Das heißt, ihr Leben ist schnell und Begeisterung, Staunen und der Wille, in dieser fremden Umgebung zu überleben, stehen im Vordergrund.

In Berlin angekommen, hat Doris bei einer Freundin Unterschlupf gefunden. Dort lernt sie einen blinden Nachbarn kennen, Brenner, dem sie von ihren Ausflügen in die Stadt erzählt, und sie tut dies mit unverhohlener Faszination für die Stadt: „Ich bringe ihm Berlin, was in meinem Schoß liegt." (Keun 2005, S. 97).

> Doris' Bericht von der Großstadt

Die Inszenierung dieser Passage ist aufschlussreich, denn sie kombiniert Ort, Vorstellung und Ereignis. Und Doris hört nicht (wie Malte), sie sieht. Das aber führt zu einigen interessanten Operationen: Doris referiert nicht nur, was sie gesehen hat, sie stilisiert es in ihrem Sinne und richtet es zu, damit die Vorstellung und die Realität in Übereinstimmung gebracht werden können. Sie berücksichtigt dabei die glamouröse Welt der Metropole ebenso wie Armut und Hässlichkeit des Großstadtalltags (die allerdings vom Glanz der modernen Großstadtwelt überstrahlt werden). Der Text lebt gerade von der Spannung zwischen diesen beiden Extremen, aber auch von der Spannung zwischen Alltag und Traumwelt. Ein Beispiel aus dem Beginn der mehrseitigen Passage, in der wiedergegeben wird, was Doris ihrem blinden Zuhörer Brenner erzählt:

> Reichtum und Armut

„‚Ich war – auf dem Kurfürstendamm.'
‚Was hast du gesehen?'
Und da muß ich doch viele Farben gesehen haben:
‚Ich habe gesehen – Männer an Ecken, die verkaufen ein Parfüm, und keinen Mantel und kesses Gesicht und graue Mützen, – und Plakate mit nackten rosa Mädchen – keiner guckt hin – ein Lokal mit so viel Metall und wie eine Operation, da gibt es auch Austern – und berühmte Photographien mit Bildern in Kästen von enormen Leuten ohne Schönheit. Manchmal auch mit.'
Es kriecht eine Kakerlake – ist es immer dieselbe? – und ein Mief in der Stube – werden wir eine Zigarette –
‚Was hast du gesehen?' [...]
‚Was siehst du noch, was siehst du noch?'
‚Ich sehe – gequirlte Lichter, das sind Birnen dicht nebeneinander – Frauen haben kleine Schleier und Haar absichtlich ins Gesicht geweht. Das ist die moderne Frisur – nämlich: Windstoß – und

haben Mundwinkel wie Schauspielerinnen vor großen Rollen und schwarze Pelze und drunter Gewalle – und Schimmer in den Augen – und sind ein schwarzes Theater oder ein blondes Kino. [...]'." (Keun 2005, S. 97–98)

Ungefähr zehn Seiten umfasst diese Erzählung Doris' über das Stadtleben Berlins, zehn Seiten, die geprägt sind von unzweifelhafter Begeisterung an dem Erlebten, Gesehenen und dem Erzählen selbst: „Mein Leben ist Berlin, und ich bin Berlin", notiert Doris und zieht das Fazit: „Ich liebe Berlin mit einer Angst in den Knien und weiß nicht, was morgen essen, aber es ist mir egal" (Keun 2005, S. 88, 91).

Die Machart des Textes ist dabei aufschlussreich, werden hier doch verschiedene Elemente miteinander verknüpft: Licht, Verkehr, Reklame, Lokale, Gerüche, Gesichter, Kinos, Mode, Wohlstand, Armut, insgesamt die visuelle und akustische Reizflut einer Großstadt, die auf die junge Frau den allergrößten Eindruck macht. Die Eindrücke der Stadt sind dabei immer auch bedrohlich, aber sie üben auf die junge Provinzlerin eine so große Faszination aus, dass sie die Schattenseiten, Elend, Armut, zu akzeptieren bereit ist. Sie nimmt den Überlebenskampf an (den sie am Ende verlieren wird) und ist bereit, sich auf die Bedingungen dieser neuen Welt einzulassen.

Verbindung disparater Elemente

Verbunden ist die Beschreibung zugleich mit einer ästhetischen Operation: Die Beschreibungselemente werden zu einer kunstvollen Miniatur über die Metropolenerfahrung, die Erwartungen, die daran gestellt werden, und ihre Beschreibung verwoben. Im Einzelnen sind das:

Ästhetische Operation: Wahrnehmung und angemessene Beschreibung

- Ortsbestimmung (Kurfürstendamm),
- Anforderung („Was hast du gesehen?"),
- Vorstellung („Und da muß ich doch viele Farben gesehen haben")
- Umsetzung („Ich sehe – gequirlte Lichter, das sind Birnen dicht nebeneinander – Frauen haben kleine Schleier und Haar absichtlich ins Gesicht geweht" etc.)
- und Kontrast („Männer an Ecken, die verkaufen ein Parfüm, und keinen Mantel und kesses Gesicht und graue Mützen, – und Plakate mit nackten rosa Mädchen – keiner guckt hin").

Das, was Doris sieht, ist schon untrennbar mit dem verbunden, was sie sehen müsste (ihre Vorstellung) und sehen soll (Vorstellung des Blinden). Sie ist zudem dazu gezwungen, den medialen Sprung vom Visuellen zum Sprachlichen zu wagen, weil sie ihre Eindrücke einem Blinden vermitteln soll. In der Erzählsprache wird also nach Sprachbildern gesucht, die visuelle Eindrücke mit Wunsch- und Denkbildern verbinden. Dass gerade die Sprache der ungebildeten Doris dem Darstellungsziel Keuns angemessen ist, gehört zu den gleichermaßen ästhetisch brisanten wie gelungenen Entscheidungen Keuns, für die es Vorbilder gibt. Anita Loos (*Blondinen bevorzugt*, deutsch 1927) und Robert Neumann (*Karriere*, 1929) haben bereits vor Irmgard Keun dieses Stilmittel eingesetzt.

11.3 Unfall, Geschwindigkeit und Ordnung

Im Ensemble der modernen Großstadt sind neben dem Licht der Reklamen und Schaufenster Automobile das prägende Element, wie auch ein kleiner Junge bemerkt, den der Autor Erich Kästner 1929 in die Große Stadt reisen lässt, um dort Verwandte zu besuchen:

Autos als prägendes Element der Großstadt

„Diese Autos! Sie drängten sich hastig an der Straßenbahn vorbei; hupten, quiekten, streckten rote Zeiger links und rechts heraus, bogen um die Ecke; andere Autos schoben sich nach. So ein Krach! Und die vielen Menschen auf den Fußsteigen! Und von allen Seiten Straßenbahnen, Fuhrwerke, zweistöckige Autobusse! Zeitungsverkäufer an allen Ecken. [...] Das war also Berlin." (Kästner 1998, Bd. 7, S. 238)

Emil (so heißt der Junge) ist sichtlich beeindruckt von dem von drängelnden und rasenden Autos geprägten Bild, mit dem sich ihm die Großstadt präsentiert, aber er lässt sich davon nicht abschrecken, sondern findet sich verblüffend schnell zurecht. Wie die meisten Zeitgenossen wird auch Emil mit dem Ansturm der Moderne fertig: Er hält sie stoisch aus und lässt sich von ihr nicht beirren, auch wenn die Gefahren, die mit dem Automobil verbunden sind, unübersehbar sind.

Automobil als Ziel der Kulturkritik

Das Auto spielt sich auf diese Weise in das Zentrum der kollektiven Wahrnehmung und Wertschätzung, was nicht zuletzt dazu führt, dass es als herausragendes Symbol von Moderne und Metropole im selben Zuge von die Kulturkritik attackiert wird: Hermann Hesse lässt etwa in seinem Roman *Steppenwolf* (1927) seinen Protagonisten Harry Haller im Prozess seiner Selbstfindung unter anderem eine Hochjagd auf Automobile veranstalten, bemängelt aber zugleich, dass der moderne Mensch sein Herz nicht einmal an seinen Liebling, das Automobil hänge:

„Der ‚moderne Mensch' [...] liebt die Dinge nicht mehr, nicht einmal sein Heiligstes, sein Automobil, das er baldmöglichst gegen eine bessere Marke hofft tauschen zu können." (Hesse 1994, S. 172; vgl. Delabar 2004b)

UNFALL, GESCHWINDIGKEIT UND ORDNUNG

Das Auto wird – neben dem Aeroplan – zum treffendsten Ausdruck der Kultur der Geschwindigkeit, deren Geschichte aber beginnt mit Unfällen: Unfälle gehören zum Automobil. Sie haben weder seine Entwicklung aufhalten können, noch bleiben sie – wie zu Beginn der Geschichte des Automobils – jene extraordinären Ereignisse, die gegen die Ordnung der Welt verstoßen. Dieser Wechsel vom extraordinären Ereignis zum Risiko der modernen Gesellschaft kennzeichnet zugleich den Wechsel von der vorindustriellen, vorurbanen zur modernen Gesellschaft (vgl. Beck 1986). Historisch gesehen liegt er vor dem Ersten Weltkrieg, wie ein Beispiel aus Wien zeigt. Robert Musil beginnt seinen unvollendeten Roman *Der Mann ohne Eigenschaften*, dessen erster Band im Jahr 1930 beim Rowohlt-Verlag in Berlin erschien, mit der Schilderung eines Unfalls, die er zur Miniatur des Lebens in der Moderne ausbaut.

Unfall als ordnungsstörendes Moment

In der, wie ein Bewohner an ihrem Straßenlärm erkennen würde, „Haupt- und Residenzstadt", in der die Autos „aus schmalen, tiefen Straßen in die Seichtigkeit heller Plätze" schießen (Musil 1990, Bd. 1, S. 10, 9), gehen auf zwei Menschen, die „ersichtlich einer bevorzugten Gesellschaftsschicht" angehören, „eine breite, belebte Straße" hinauf und halten angesichts eines Auflaufs:

Musils Exempel der neuen Ordnung

> „Schon einen Augenblick vorher war etwas aus der Reihe gesprungen, eine quer schlagende Bewegung; etwas hatte sich gedreht, war seitwärts gerutscht, ein schwerer, jäh gebremster Lastwagen war es, wie sich jetzt zeigte, wo er, mit einem Rad auf der Bordschwelle, gestrandet dastand." (Musil 1990, Bd. 1, S. 10)

Der Fahrer steht in der Mitte und erklärt, „grau wie Packpapier", „mit groben Gebärden den Unglücksfall". Dessen Opfer liegt „an die Schwelle des Gehsteigs gebettet" „wie tot da": „Er war durch seine eigene Unachtsamkeit zu Schaden gekommen, wie allgemein zugegeben wurde." Was das Paar als Störung der Ordnung (der Auflauf) wahrnimmt, wird hier mit einer ersten Erklärung versehen. Sie wurde durch „Unachtsamkeit" erzeugt, was vor allem in Verhältnissen verhängnisvoll enden kann, die derart von Geschwindigkeit geprägt sind, wie die Straßen der Haupt und Residenzstadt. Aufzupassen wird eine Hauptaufgabe der Passanten und Verkehrsteilnehmer, was angesichts der Vielzahl der Automobile, den Lärm, den sie machen, die Geschwindigkeit, mit der sie heran- und davonbrausen, eine Aufgabe ist, die noch sehr in Anspruch nimmt (siehe oben). Die „Blasiertheit" (nach Simmel) muss erst noch eingeübt werden, sie darf nicht bis zur Unaufmerksamkeit führen.

LEBENSWELT GROSSSTADT

> Auf der anderen Seite ist die Stadt auf Unfälle bereits bestens vorbereitet: Die Störung der Ordnung ist Teil der Ordnung selbst, wie der Erzähler zu berichten weiß:

Bewältigungsstrategie

„Man hörte jetzt auch schon die Pfeife eines Rettungswagens schrillen, und die Schnelligkeit seines Eintreffens erfüllte alle Wartenden mit Genugtuung. Bewundernswert sind diese sozialen Einrichtungen. [...] Man ging fast mit dem berechtigten Eindruck davon, daß sich ein gesetzliches und ordnungsgemäßes Ereignis vollzogen habe." (Musil 1990, Bd. 1, S. 11)

Statistisch gesehen ist das auch so – wie der Herr der Dame, die ihn begleitet, zu berichten weiß –, denn der Unfall ist notwendiger Teil des Phänomens Autoverkehr.

Geschlechtsspezifische Rollenverteilung

Dies ist der Dame noch zu vermitteln, denn sie „fühlte etwas Unangenehmes in der Herz-Magengrube, das sie berechtigt war für Mitleid zu halten; es war ein unentschlossenes, lähmendes Gefühl". Was so nicht bleiben kann. Der Herr bricht deshalb das betrachtende Schweigen und setzt zu einer Erklärung, also zu einer (weiteren) Ordnung stiftenden Operation an: „Diese schweren Kraftwagen, wie sie hier verwendet werden, haben einen zu langen Bremsweg." Die Dame fühlt sich erleichtert und dankt ihm „mit einem aufmerksamen Blick": „Sie hatte dieses Wort wohl schon manchmal gehört, aber sie wußte nicht, was ein Bremsweg sei und wollte es auch nicht wissen." Obwohl sie sich dieser fremden Welt, in der es etwas so Unbekanntes wie Bremswege gibt, verweigert, ist sie zugleich beruhigt: „Es genügte ihr, daß damit dieser gräßliche Vorfall in irgendeine Ordnung zu bringen war und zu einem technischen Problem wurde, das sie nichts mehr anging." (Musil 1990, Bd. 1, S. 11) Das ist Sache der Männer, die wissen Bescheid. (Nach dem Krieg werden Frauen dann auch dieses Feld erobern; → KAPITEL 10.)

Kultur als Natur zweiter Ordnung

Diese kleine Episode ist nicht ohne Grund an einer exponierten Stelle von Musils unvollendetem aber unter Autoren und Literaturwissenschaftlern renommierten Roman platziert: an seinem Anfang. Die Ordnung ist wiederhergestellt, zum einen weil das störende Ereignis als Teil von Ordnung gekennzeichnet worden ist, zum anderen weil die Dame (innerhalb einer geschlechtsspezifischen Strukturierung von Gesellschaft) die Aufgabe, das Ereignis zu benennen und zu erklären, dem Herrn zuordnen kann. Mit anderen Worten: Das Automobil ist Produkt und Ausdruck der sich dynamisierenden Gesellschaft und ihrer immer schneller werdenden Veränderung. Zugleich erfordert seine Existenz jedoch eine neue Haltung und Wahrnehmung, die die Schnelligkeit und Dichte der einströmenden Reize zu bewältigen weiß. Die Dame und der Herr aus der „bevorzugten Gesellschaftsschicht" haben dafür bereits Position bezogen: Der Herr erklärt, der Dame wird erklärt. Georg Simmel erläutert den darin verborgenen Paradigmenwechsel so:

„Das Entscheidende ist, daß das Stadtleben den Kampf für den Nahrungserwerb mit der Natur in einen Kampf um den Menschen verwandelt hat, daß der umkämpfte Gewinn hier nicht von der Natur, sondern von Menschen gewährt wird." (Simmel 1984, S. 201)

Das aber ist auch die Basis für jene Texte, die der Moderne nicht fernstehen, sondern sie feiern und ihrer Faszination nachgeben: Die Welt ist so gesehen zum ersten Mal von Menschen gemacht und geformt. Nie war sie dem Menschen damit näher als zu Beginn des 20. Jahrhunderts. Die Abhängigkeit von den Apparaten wird damit nicht als Vertiefung der Abhängigkeit verstanden, sondern als Öffnung eines neuen, bislang ungekannten Erlebnisraums, der zwar eigene Risiken und Gefahren hat (zum Beispiel, dass die Karriere als „Glanz" fehlschlägt). In der Bilanzierung von Gefahren und Chancen überwiegen jedoch eindeutig die Chancen. Gegen den Topos der bodenständigen Bauern- und Provinzliteratur, die die Natur als besonders menschengemäß versteht, kommt also erst der Städter wirklich zu sich selbst als menschliche Existenz. In den Worten des Soziologen Helmuth Plessners, der im Jahr 1924 das Verhältnis von Individuum und Gesellschaft diskutierte: „Gesellschaft ohne Technik und Zivilisation ist nicht möglich" (Plessner 1981, S. 40).

Fragen und Anregungen

- Welche Erfahrung steht im Kern der Großstadtwahrnehmung in Rilkes *Malte Laurids Brigge* und wie unterscheidet sie sich mit der in Keuns *Das kunstseidene Mädchen*?

- Analysieren Sie die Passage, in der Franz Biberkopf zu Beginn von Döblins *Berlin Alexanderplatz* in die Stadt geführt wird. Vergleichen Sie die Romanpassage mit der Verfilmung aus dem Jahr 1931.

- Diskutieren Sie den Zusammenhang, der in Musils Roman *Der Mann ohne Eigenschaften* zwischen dem Unfall und dem Problem der Ordnungsstiftung erkennbar wird. Berücksichtigen Sie dabei, dass das auf der Folie der Modernisierung von Gesellschaft geschieht.

- Inwiefern lassen sich Distanz und Akzeptanz des Großstadtlebens an den genannten Texten ablesen? Begründen Sie Ihre Ansicht und weisen Sie die jeweiligen Haltungen in den genannten Texten nach.

Lektüreempfehlungen

Quellen
- **Alfred Döblin: Berlin Alexanderplatz. Die Geschichte vom Franz Biberkopf** [1929], Zürich / Düsseldorf 1996. *Döblins Roman ist der wohl berühmteste deutschsprachige Großstadtroman der Klassischen Moderne, in dem er die vergeblichen Bemühungen seines Helden Franz Biberkopf vorführt, sich in der neuen Metropole Berlin durchzusetzen.*

- **Hermann Hesse: Der Steppenwolf** [1927], in: ders., Ausgewählte Werke 3, Frankfurt a. M. 1994, S. 7–232. *Hesse sagt in seinem breit rezipierten Roman der Moderne und der Großstadt den Kampf an, da sie der subjektiven Glückserfüllung im Weg steht.*

- **Irmgard Keun: Das kunstseidene Mädchen.** Roman. Nach dem Erstdruck von 1932, mit einem Nachwort und Materialien herausgegeben von Stefanie Arend und Ariane Martin, Berlin 2005. *Der zweite Roman der damals 27-jährigen Autorin, in dem sie die Erfahrung Metropole mit ihren Chancen und Risiken, mit ihrer Faszination und ihrem Schrecken präsentiert.*

- **Rainer Maria Rilke: Die Aufzeichnungen des Malte Laurids Brigge** [1910], Frankfurt a. M. 14. Auflage 1991. *Erster deutscher Großstadtroman der Klassischen Moderne, der den Großstadtschock durch den erinnernden Rückgriff auf die Kindheit des Helden zu bewältigen versucht.*

Forschung
- **Jürgen Reulecke: Geschichte der Urbanisierung in Deutschland**, Frankfurt a. M. 1985. *Zusammenfassende Darstellung der Entwicklung der Städte in Deutschland bis ins späte 20. Jahrhundert.*

- **Joachim Schlör: Nachts in der großen Stadt. Paris, Berlin, London. 1840 bis 1930**, München 1994. *Eine informative und kluge Einführung in die kulturellen Konsequenzen, die die Einführung der Stadtbeleuchtung hatte.*

- **Georg Simmel: Die Großstädte und das Geistesleben** [1903], in: ders., Das Individuum und die Freiheit. Essais, Berlin 1984, S. 192–204. *Bereits 1903 das erste Mal erschienene Studie des Berliner Soziologen, in der er den Typus des Großstädters zu beschreiben versucht. Bis heute einer der zentralen Texte zum Thema.*

12 Provinz als Gegenmodell

Abbildung 20: Dr. Paul Wolff: *Pflügender Bauer*, Fotografie (1934)

Ein Bauer auf dem Berg, zwei Rinder eingespannt vor dem Pflug. Das Stück Land, das bearbeitet werden soll, liegt am Hang. Der Mann geht seitlich hinter dem Pflug, als ob die Hanglage ihn dazu zwingen würde. Die Untersicht, die der Fotograf gewählt hat, hebt die Mühe noch hervor, die das Pflügen macht. Das Foto hat nichts von Heroik und vom Elementaren, aber auch nichts von der Idyllik des bäuerlichen Lebens, das in der Agrarromantik des frühen 20. Jahrhunderts im Vordergrund stand. Die neusachliche Tradition, in der der Fotograf Paul Wolff steht (er wurde vor allem durch seine Fotografien mit der Leica-Kleinbildkamera berühmt), tilgt jede Überhöhung und reduziert das Sujet auf seinen Kern: Arbeit.

Bauernroman und Agrarromantik hatten in den 1920er- und frühen 1930er-Jahren Konjunktur. Die Modernisierung der Gesellschaft provozierte Gegenreaktionen, auf der politischen, auf der kulturellen und auf der literarischen Ebene. Die Autoren suchten nach einem verlorenen einfachen Leben und fanden es an der Peripherie der Gesellschaft, in den Agrarregionen im Süden, Norden oder Osten der deutschsprachigen Länder. Das Bild, das sie vor Augen hatten, zeigt ein Leben, das von Mühe, Unmittelbarkeit, Kraft und klaren Verhältnissen geprägt ist. Der Mensch ist hier vor allem Mann, er ist auf sich gestellt und auf seiner Hände Arbeit. Seine Ziele sind klein, aber es befriedigt ihn, sie zu erreichen: das Land fruchtbar zu machen und das Überleben zu sichern. Die Konflikte sind ebenso einfach und werden durch direkten Kampf gelöst. Männer sind hier noch Männer, Frauen noch Frauen. Nichts ist zu spüren von den verschwimmenden und chaotischen Verhältnissen, die die Gesellschaft in ihrem Zentrum, in der Stadt, prägen. Dieses Bild vom ‚einfachen Leben' hat jedoch nichts mit der Realität auf dem Land und in der Provinz zu tun, sondern ist ihrer literarischen und kulturellen Verarbeitung geschuldet: Die Agrarromantik war ein Kompensationsversuch, sie war ein Phantasma, mit fatalen politischen Folgen.

12.1 **Gründungsmythos als Gegenentwurf**
12.2 **„Aufstand der Landschaft gegen die Stadt"**
12.3 **Modernekompensation und Agrarromantik**
12.4 **Agrarmoderne**

12.1 Gründungsmythos als Gegenentwurf

Am Anfang stehen Klarheit und Naturwüchsigkeit:
> „So kommt der Frühling auf das öde Land von Eben, das geschieht über Nacht. Die Luft wird plötzlich klar und riecht säuerlich, es ist eine laue, trächtige, fremde Luft, die lautlos über den Kamm des Berges kommt und durch die schwarz gefärbten Wälder fließt." (Waggerl 1930, S. 5)

Dies ist der Neubeginn einer Welt, eine Weltgründung. In diese, vom Frühling „über Nacht" vitalisierte leere Welt tritt ein „Mann", „ein Mensch, der plötzlich da war und Hand anlegte" (Waggerl 1930, S. 6). Der Mann trägt Bauholz mit sich, er wird hier ein Haus bauen und sich als Bauer niederlassen.

Karl Heinrich Waggerls Entwurf eines Neubeginns

Das Stück Land heißt Eben, was nicht von ungefähr an den Garten Eden erinnert, und der Mann heißt Simon Röck, was, wie später zu erfahren ist, aus dem germanischen Wort für Held abgeleitet ist: „Der zuerst so hieß, der ging mit einem Eschenspieß den Bären an, die wilde Sau", teilt einer der Repräsentanten der Zivilisation mit, der Ingenieur (Waggerl 1930, S. 159). Zugleich verweist der Vorname auf einen anderen, nämlich christlichen Gründervater hin, auf Petrus, dessen Beständigkeit sich im Bild des Felsen ausdrückt. Germanische und christliche Weltgründung gehen hier zusammen.

Jenseits solch symbolträchtiger Ausstattung bleibt dieser „Mensch" beinahe eigenschaftslos: Er ist wortkarg, von großer körperlicher Stärke, seine Vergangenheit wird weitgehend ausgeblendet, die Figur ist konzentriert auf den Willen, hier an diesem verödeten Stück Land eine bäuerliche Existenz aufzubauen. Ein Mann, seine ureigenste Kraft und das Land: „Ja, die Arbeit häuft sich um den einsamen Mann", „Simon steht", „Simon mäht" (Waggerl 1930, S. 20). Simon schafft eine ganze Welt, in der alles wohlgeordnet und zweckvoll eingerichtet ist, und er ist dabei erfolgreich, wie es ein Schöpfer nur sein kann:

Fokussierung auf den Willen zum Aufbau

> „Er hat sich ausgebreitet, Simon, der einzelne Mann. O ja, Eben ist ein schönes Stück Land geworden, alles hat seinen Sinn und seine gute Art, wohin man auch schaut. Es wächst Hafer und Weizen, Gras wächst, Futter und Nahrung für viele Geschöpfe." (Waggerl 1930, S. 192f.)

Diese Welt ist das ureigene Werk Simon Röcks, noch dann als sie schließlich über ihn hinaus weist. Es kommt eine Frau hinzu, ein Sohn wird geboren, der die Nachfolge antreten kann – eine Gesellschaft in ihrer einfachsten und klarsten Form ist gegründet. Ihre Basis wird gebildet aus der Erde, deren Fruchtbarkeit und der Arbeitsfähigkeit der Menschen, die auf diesem Land leben. „Simon arbeitet den ganzen Tag hindurch, darin liegt seine Macht." (Waggerl 1930, S. 51)

Der Entwurf einer neuen Gesellschaft, die der Österreicher Karl Heinrich Waggerl 1930 im Leipziger Insel-Verlag unter dem Titel *Brot* publizierte, konstruiert einen auf den ersten Blick voraussetzungslosen Neubeginn, der seine Bedingungen erst auf den zweiten Blick frei gibt: So muss er voraussetzen, dass es herrenloses Land gibt, auf dem sich ein entlaufener Sträfling (eine der wenigen Informationen, die im Text über Röcks Vergangenheit zu erfahren sind, und eine bezeichnende: Simon Röck muss von vorne anfangen wie Döblins Romanfigur Franz Biberkopf; → KAPITEL 11.1, 13.2) ohne Weiteres niederlassen kann, ohne dass ihn jemand davon vertreibt.

Voraussetzungslosigkeit als Bedingung

Das jedoch ist im Europa des beginnenden 20. Jahrhunderts keine erfüllbare Bedingung: Eben hat – wie sich später herausstellt – einen Eigentümer, dem es der Widersacher Simon Röcks, der Müller des Dorfes, für wenig Geld abkaufen kann (vgl. Waggerl 1930, S. 119). Aber auch das wird in die Geschichte sinnvoll integriert: Waggerls Absicht ist nicht nur die Entwicklung einer Utopie des einfachen und auf das Wesentliche reduzierten Lebens, sondern er sucht darüber hinaus den Vergleich und die Auseinandersetzung mit den komplexen zivilisatorischen Verhältnissen der Moderne.

Gegensatz Stadt – Dorf – Hof

Für die Moderne steht in Waggerls Text nicht die Metropole, sondern das Dorf, mit dem Simon Röck nur durch einige wenige notwendige Beschaffungen verbunden bleibt. Diese dünne Verbindung reicht aus, um zu demonstrieren: Es gibt zwar keine Existenz jenseits der Gesellschaft, aber es ergibt sich von Eben aus die Möglichkeit, die Gesellschaft kritisch zu betrachten und zu diesem Zweck einen Gegenentwurf zu präsentieren. Nicht Simon Röck, sondern die Geschichte, die von ihm erzählt wird, trägt dabei die Kritik. Es ist, als ob Waggerl vorschlagen würde, es einfach mit einem Neubeginn zu versuchen und dabei einen Weg einzuschlagen, der nicht in den Widersprüchen und im Irrsinn der Moderne endet, sondern in einer bodenständigen Gesellschaftsform, die sich noch die verlässlichen Qualitäten eines Simon Röck bewahrt hat. Nicht dass er Sträfling war, ist hier relevant, sondern dass er in der Lage ist, auf Eben eine tragfähige Welt zu erschaffen.

Erfolg von Heimat-, Provinz- und Bauernliteratur

Waggerls überaus erfolgreicher Roman – er erreichte bis zum Jahr 1943 allein bei seinem Hausverlag Insel eine Auflage von knapp 90 000 Exemplaren – ist kein Solitär, er gehört vielmehr zu einer literarischen Strömung, die aus dem 19. Jahrhundert und dem Dorfroman kommend, immer wieder den Gegenentwurf zum Modernisierungsprozess propagierte. Das hatte – wie in der Heimatkunstbewegung seit den 1890er-Jahren – deutliche zivilisations- und kulturkritische Züge (→ ASB AJOURI, KAPITEL 11) und steigerte sich bis zum nationalsozialistischen Blut-und-Boden-Roman, in dem „Blut" und „Scholle" eine unheilige Allianz eingingen. Im Erscheinungsjahr (1930) geriet Waggerl zudem nahezu zwangsläufig in das Fahrwasser der nationalkonservativen und nationalistischen Literatur, die im Heimat-, Provinz- und Bauernroman ein notwendiges Gegengewicht zur mondänen Zivilisationspublizistik vor allem der Berliner Moderne sah.

Die Ausstattung von Waggerls Roman ist für diesen Literaturtypus exemplarisch: Die Komplexität und Intensität des Handlungsfeldes werden reduziert, der Handlungsraum bleibt überschaubar und auf wenige Elemente eingegrenzt, die Handlung ist auf eine Zentralfigur konzentriert, die Zahl der übrigen Figuren bleibt klein. Nur wenige grundsätzliche Typen treten auf: Mann, Frau, Kind, Gegner und Konkurrent, einige wenige Nebenfiguren, die zumeist die Handlung kommentieren, und schließlich die Dorfbevölkerung als eine Art literarischer Chor. Die Hauptfigur ist als ‚Simplex' gekennzeichnet, der handeln, aber kaum sprechen und erst recht nicht komplex denken kann. Das erlaubt es ihm, nicht nur konsequent, sondern auch wirksam zu sein. Das, was er tut, seine Taten verdrängen das Wort, das Gespräch, die Aushandlung von Kompromissen.

Reduktion der Ausstattung

Damit zeigt sich Simon Röck als konzeptionelle Gegenfigur zum hektischen, flexiblen und kommunikationsorientierten Repräsentanten der modernen Metropolen, mithin der modernen Gesellschaft überhaupt. Er ist – und mit ihm das gesamte Genre – als „Gegengift zur Komplexität" und Dynamik der Moderne angelegt (O'Brien 1992, S. 38).

Gegengift zur Komplexität

Das Genre ist zugleich ein Gegenentwurf zur arbeitsteiligen und industrialisierten Gesellschaft, in der Selbstversorgung durch Lohnarbeit und Konsum ersetzt worden ist. Das wird in einer Szene deutlich, in der eine der Simon Röck umgebenden Figuren, die zwischen Moderne und Archaik hin und her gerissen sind, der Ingenieur, eine melancholische Verlustrechnung aufmacht:

„Du weißt, daß dein Stuhl es aushalten wird, wenn du dich daraufsetzt, darum sitzt du gut auf deinen Stühlen, du hast sie selbst zugeschnitten. Aber ich? Ich habe den Menschen nie gesehen, der meine Sessel gemacht hat, meinen Tisch, mein Bett. Und ich mache selbst wieder allerlei Dinge für Leute, die ich gar nicht kenne." (Waggerl 1930, S. 322)

In dieser Konstruktion ist der Widerspruch von Zivilisationskritik und ihren Wortführern gleich mit aufgehoben, denn es ist nicht Simon Röck, der die Entfremdung der Einzelnen von seinen Produkten beklagt – dazu fehlte ihm schon die intellektuelle Kompetenz –, sondern der Ingenieur, also ein Repräsentant der technischen Intelligenz, die insbesondere für die Modernisierungsschübe verantwortlich ist.

Phantasma

Allerdings ist dieser Entwurf Waggerls keine realisierbare Gegenwelt zur Moderne, sondern ein Phantasma, das der komplexen modernen Welt den Spiegel vorhält und ihre Defizite augenfällig macht. Das ändert jedoch nichts daran, dass Waggerl zu einer Strömung innerhalb der deutschsprachigen Literatur des frühen 20. Jahrhunderts zählt, die sich nicht als Kompensation von Modernisierungsdefiziten, sondern als Lösung der Irrwege der Moderne verstanden hat.

12.2 „Aufstand der Landschaft gegen die Stadt"

Streit in der Preußischen Akademie der Künste

Ende der 1920er-Jahre wagten kulturkonservative Autoren der Sektion für Dichtkunst der Preußischen Akademie der Künste unter der Führung von Wilhelm Schäfer und Erwin Guido Kolbenheyer den Konflikt mit den Autoren der Moderne, dem Berliner Literaturbetrieb und den Repräsentanten der verhassten Republik, zu denen vor allem Heinrich Mann und Alfred Döblin, aber auch Ricarda Huch und Thomas Mann gezählt wurden. Dieser Konflikt endete schließlich 1933 nach der Machtübernahme der Nationalsozialisten mit dem Ausschluss von Autoren wie Döblin oder Heinrich Mann aus der Akademie. Neben den machtpolitisch motivierten Intrigen und Debatten (vgl. Mittenzwei 1992) ist vor allem die Positionierung der kulturkonservativen Autoren interessant. Sie wurden unter anderem von dem Publizisten Wilhelm Stapel medial begleitet, der im Jahr 1930 seinen Vorstellungen, wie mit dem ‚Moloch Berlin' umzugehen sei, drastischen Ausdruck gegeben hatte:

Wilhelm Stapels
Ein Märchen

„Ein Märchen

Es kam einmal ein mächtig großer Riese durch das deutsche Land gegangen, der hatte ein großes Grabscheit über der Schulter. Als er vor Berlin gekommen war, stach er die menschenbewimmelte Scholle ringsherum aus, wuchtete sie hoch und warf den ganzen Klumpen mit einem gewaltigen Schwung in die Ostsee, wo sie am tiefsten ist. Das Loch in der Mark wühlte er mit reinlichem Sande wieder zu. Von Stund an begann Deutschland zu genesen." (Stapel 1930, S. 83)

Die Vorbehalte des nationalkonservativen Publizisten gegen das urbane Zentrum Berlin, seine Eigenschaften und seine Protagonisten sind offensichtlich. Stapel agitierte mit großer Leidenschaft und heftiger Polemik gegen die Berliner Intellektuellen (und unter ihnen vor allem gegen Kurt Tucholsky, vgl. Meyer 1985). Die inhaltliche Kritik am Berliner Kulturbetrieb lässt sich aber kaum von dem Versuch trennen, sich auch ökonomisch gegen dessen Dominanz zu behaupten: Die konservativen und nationalen Autoren, die glaubten, dass gerade sie die Essenz von Kunst und Literatur bewahrten, fürchteten um ihr Publikum, um ihre Position im Kulturbetrieb und damit um ihre Einkünfte.

Die Unruhe, die Deutschland in den späten 1920er- und frühen 1930er-Jahren kennzeichnete, kam für Publizisten wie Stapel zur rechten Zeit. Sie sahen sie als Ausdruck des Widerstands gegen das politische und kulturelle Berlin als Modernisierungsagent, der publizistisch genutzt werden sollte. Stapel forderte deshalb in einem Beitrag für die Zeitschrift *Deutsches Volkstum* den „Aufstand der Landschaft gegen die Stadt". „Entwurzelung" und Überfremdung waren seine Hauptvorwürfe gegen die Metropole, die dazu geführt hätten, dass die neue Berliner Kultur an den Aufgaben der Gegenwart gescheitert sei: „Alle diese verschlissenen Ironien, alle diese neuen Sachlichkeiten, alle diese Reportage" zeigten „ja nichts als die Unfähigkeit, die Probleme unserer Zeit geistig zu bezwingen" (Stapel 1930, S. 11).

Aufstand der Landschaft gegen die Stadt

Angesichts des neuen „Großangriffs auf die deutsche Landschaft" durch den „Berliner Roman" – Stapel nennt hier ausdrücklich Döblins *Berlin Alexanderplatz* (1929) – komme es nun zu ersten Widerstandshandlungen gegen die „paneuropäischen Gebaren" der Berliner Literaturcliquen:

Gegen die „Berliner Literaturclique"

„Wie der Bauer der deutschen Landschaft aufsässig zu werden beginnt gegen das, was in Berlin gespielt wird, so wird der gebildete Deutsche sich dem widersetzen, was die Geistigen Berlins propagieren. Der Geist des deutschen Volkes erhebt sich gegen den Geist von Berlin. Die Forderung des Tages lautet: Aufstand der Landschaft gegen die Stadt." (Stapel 1930, S. 11)

Stapel positionierte sich so als publizistischer Repräsentant der „Landschaft" und damit eben auch der Bauern- und Provinzliteratur auf der politischen Rechten:

Konjunktur der Bauernliteratur

„Die Bauernliteratur-Konjunktur der zwanziger und dreißiger Jahre gibt sich [...] als literarische Modeströmung der konservativen und völkischen Gruppen der bürgerlichen Mittelschicht zu erkennen." (Zimmermann 1975, S. 129)

Institutionell macht sich das an Zeitschriftengründungen, publizistischen Kampagnen und Verlagszusammenschlüssen bemerkbar. Stapel selbst war Mitbegründer der Hanseatischen Verlagsanstalt, die die ehemaligen Kulturverlage Georg Müller und Albert Langen übernahm und deren Reihe „Deutsche Hausbücherei" den nationalkonservativen Bildungskanon abbildete.

Inhaltlich und konzeptionell suchten diese Autoren ihren Gegenentwurf zu bestimmen, indem sie die Synchronisierung mit der Moderne verweigerten. Nicht Flexibilität, Komplexität oder Selbstbestimmung, sondern Beständigkeit, Wahrheit und Ewigkeit waren ihre Kernparadigmen. Karl Heinrich Waggerl hat dem in einem Beitrag zu einer poetologischen Ergebenheitsadresse der bodenständigen deutschsprachigen Autoren an das sich eben etablierende NS-Regime schon im Jahre 1933 Ausdruck gegeben. Dort wies er der „Dichtung" Eigenschaften wie Zeitlosigkeit, Formorientierung und Selbstbezüglichkeit zu: „Alle Dichtung ist zeitlos, weil das Wesen der Dinge zeitlos ist." „Dichtung ist formbedingt", die „Dichtung" „lebt von selbst", die „Dichtung" „erhebt die Sprache aus dem Bereich des profanen Gebrauchs zum künstlerischen Mittel", „Dichtung" „ist Anschauung der Welt" (Waggerl 1933, S. 254, 255, 256).

Zeitlosigkeit der Dichtung

Nationalistisches und nationalkonservatives Literaturverständnis

Der preußische Staatskommissar Hans Hinkel (NSDAP), der für die Kulturpolitik des größten deutschen Teilstaates zuständig war, sah im selben Band die Aufgabe des Dichters nicht zuletzt darin,

„wieder zum Seher und Künder seines Volkes [zu] werden: aber er vermag sein geradezu priesterliches Amt nur dann zu erfüllen, wenn er es zugleich im Gesamtorganismus seines deutschen Volkes als das des Herzens empfinden darf." (Hinkel 1933, S. 9)

Adolf Hitler selbst hat diese Kunstverständnis in seinen Kultur-Reden der späteren 1930er-Jahre bestätigt: Der Künstler, bei aller Genialität, folge „traumwandlerisch" der „Stimme seiner tiefsten Erkenntnis", die einen rassischen Ursprung habe (Hitler 2004, S. 72). Der NS-Publizist Walther Darré hatte bereits 1929 das „Bauerntum als Lebensquell der Nordischen Rasse" identifiziert (Darré 1929). Die im Jahr 1929 publizierte *Literaturgeschichte der deutschen Stämme und Landschaften* des sudetendeutschen Literaturhistorikers Josef Nadler leitete analog dazu die „Literatur und die Gesetzmäßigkeiten der Literaturgeschichte nicht von den Individuen, sondern von den verschiedenen Stämmen" ab (Schmidt-Dengler 1995, S. 525). Die zahlreichen Auflagen, die nicht zuletzt dieses Werk erreichte, zeigen, wie breit die Rezeption nationalkonservativer Auffassungen war.

Alfred Döblin, der als Repräsentant der Berliner Moderne und als Mitglied der Preußischen Akademie der Künste einer der Hauptzielscheiben Wilhelm Stapels war, konterte seinerseits den Angriff Stapels in der *Vossischen Zeitung* mit einem Essay, der den Titel *Bilanz der Dichterakademie* trug: „Es meldete sich an", schrieb Döblin mit bewusster Polemik, „der Provinzialismus, Heimatkunst, Kunst der Scholle, des sehr platten Landes, ein altes romantisches Ideal und redete aus orphisch dunkler Tiefe" (Döblin 1999, S. 241). „[D]em Land" steige „alter Saft in längst vergessene Triebe", bemerkte der Philosoph Ernst Bloch in einem Feuilleton aus dem Jahr 1929 zur neuen Konjunktur von Landschaft und Bauernschaft, das 1935 in den Band *Erbschaft dieser Zeit* eingehen sollte: „[E]s nährt Nationalsozialisten und völkische Mythologen, kurz, es steht auf als Pastorale militans", als militante Hirtenschaft (Bloch 1977, S. 53). Die Frontstellung gegen Berlin hatte sich verschärft

Widerstand der Modernen

Dieser Eindruck beruht zum Teil auf einer Reihe von Provinzunruhen mit sozialen Hintergründen um 1930, zum Teil aber darauf, dass sich die extreme Rechte am Ende der 1920er-Jahre neu und mit neuer Qualität formierte. Die raschen Erfolge der neu gegründeten NSDAP, die Aggressivität, mit der auch die konservativen und nationalen Autoren sich gegen die modernistische Literatur wandten, gefährdeten die sich konsolidierende Republik und ihre Kultur, die vor allem durch das urbane Oberzentrum Berlin geprägt wurde. Hier in Berlin wurden die Kultur und Literatur der Republik gemacht, hier konzentrierten sich die wichtigen Verlage, Theater und Autoren. Der Konformitätsdruck auf die kulturelle Peripherie war enorm, die frühere relative Eigenständigkeit der Provinzzentren wie München war dahin. Die Reaktion darauf war – auf der Ebene des Kulturbetriebs – die Frontstellung gegen Berlin und die demonstrative Selbstbehauptung der in der Provinz angesiedelten Autoren und Intellektuellen.

Neuformierung der politischen Rechten

12.3 Modernekompensation und Agrarromantik

Aus heutiger Sicht sind Provinz- und Bauernliteratur, nationalkonservative Kulturkritik und bürgerliches Kunst- und Literaturverständnis durch ihre übergroße Nähe zur nationalsozialistischen Ideologie gründlich diskreditiert. Die Ursachen für die Distanz eines großen

Diskreditierung der Agrarromantik

Teils der Intellektuellen und Künstler zur Moderne sind damit jedoch nicht geklärt oder auch nur vom Tisch: „Agrarromantik und Großstadtkritik deckten wirkliche Problemzonen der industriegesellschaftlichen Modernisierung auf", betonte der Historiker Detlev J. Peukert in seiner Geschichte der Weimarer Republik (Peukert 1987, S. 22). Leo Löwenthal, einer der renommiertesten Vertreter der Kritischen Theorie, hat dies bereits in einem Exil-Aufsatz 1937 begründet:

Reaktion auf zunehmende Komplexität

„Die komplizierten Apparaturen, welche von den Verwaltungsgebäuden der tonangebenden hochkapitalisierten Betriebe beherbergt werden, verbinden sich mit anderen gesellschaftlichen Institutionen, dem Staat, den politischen Vorgängen zu einer undurchdringlichen und unberechenbar wirkenden Autorität, die nicht minder den Blick in die Freiheit eines erfüllteren Lebens versperren wie jene Mauern der Stadt." (Löwenthal 1937, S. 295)

Die rücksichtslose Auflösung aller gesellschaftlichen Konventionen, die Modernisierung der Gesellschaft, der Umbau zur Konsumgesellschaft, die Entstehung der Massengesellschaft und die Zerstörung der tradierten Lebensformen und -räume provozierten Widerstand, der sich eine politische Form suchte und sie in völkischen und nationalen Gruppierungen fand, die schließlich den Nationalsozialismus an die Macht brachten. Die Situation war derart neu und zugleich ungreifbar (weil im Fluss), dass das nahe liegende Gegenkonzept auf Beständigkeit, Wesentlichkeit und Ewigkeit setzte.

Die Identifizierung des Beständigen, Wesentlichen und Ewigen mit dem bäuerlichen und dörflichen Leben ist auch deshalb nahe liegend, weil diese Lebensformen nicht nur über einen langen Zeitraum den

Relative Nähe agrarischer Lebensformen

Alltag bestimmten, sondern auch den meisten Deutschen noch direkt oder indirekt bekannt waren: „Bis vor kurzem war der Bauer keinem fremd. Der Weg in die Stadt, aus ihr heraus, war nah oder hatte Übergänge", schrieb der Philosoph Ernst Boch in einer Glosse 1929 (Bloch 1977, S. 52). Zivilisationsflucht und Großstadtkritik „bezogen sich – gleich ob in nostalgischer Verklärung oder in reformerischer Suche nach alternativen Lebensformen – auf Lebenswelten, die damals für einen beträchtlichen Teil der Deutschen noch bestanden." (Peukert 1987, S. 22f.)

Allerdings gab es keinen Weg mehr zurück aus der Stadt und der Moderne in eine Vormoderne. Die Industriegesellschaft hatte alle Institutionen und Mitglieder unentrinnbar miteinander vernetzt, allerdings auch deutlich besser ausgestattet als bisher. Dabei wurde die

Marktökonomie statt Überlebensökonomie

bäuerliche Überlebensökonomie durch eine abstrakte Marktökonomie ersetzt, was an den Einkommensquellen der Bevölkerungsmehrheit erkennbar ist: „Über den Markt erzielte Einkommen aus unselbständiger Arbeit [...] machten zu Beginn des 20. Jahrhunderts [...] über 90 % der Haushaltseinkommen aus" (Kleinschmidt 2008, S. 11).

Mit anderen Worten: Die konservativ orientierten, bürgerlichen Leserschichten, deren Lebensverhältnisse sich gleichfalls in den vergangenen Jahren radikal verändert hatten, ließen „Erdmythos in ihre [städtische] Welt" ein (Bloch 1977, S. 57), weil ihnen die Industriegesellschaft keine Beständigkeit und Orientierung bot. Der Bauernroman war insofern ein Genre für Städter und nicht für Landbewohner. Die Texte waren auf die neuen massenmedialen Bedingungen abgestimmt, nutzten die modernen Produktions- und Vertriebswege und ebenso serielle Produktionsmuster, die klare Erwartungen durch immer gleiche Formen, Themen und Inhalte erfüllten. Ihre Autoren waren überwiegend in der Peripherie angesiedelt, fern der Metropole Berlin oder der industriellen Zentren, vor allem in den stark agrarisch geprägten Regionen im Norden, Osten und Süden Deutschlands. Sie waren jedoch nur in seltenen Fällen tatsächlich Bauern und praktizierten ein zurückgezogenes, einfaches Leben, sie waren vielmehr zu mehr als drei Vierteln Lehrer, Pastoren, Journalisten, Beamte oder Ärzte (vgl. Zimmermann 1975, S. 179, 181). Waggerl traf – so gesehen – mit seinem melancholischen Ingenieur, den er im Roman *Brot* auftreten ließ, genau den Typus Autor (und Leser), der sich dem kulturkonservativen Bauern- und Provinzroman zuwandte, um seiner Gesellschaftskritik Ausdruck zu geben, die Utopie eines einfachen Lebens zu skizzieren und zugleich einen imaginären Rückzugsraum aus der Moderne zu bestimmen. Gerhard Schweizer hat das in seiner Studie zum Bauernroman auf den – allerdings alle Unterschiede nivellierenden – Punkt gebracht:

> „Alle deutschen Bauernromanautoren sind durch städtische Herkunft und Bildung geprägt und besitzen selbst dann, wenn sie später in engem Kontakt mit der dörflichen Welt leben, niemals ein ungebrochenes Verhältnis zum Bauerntum. Ihr Romanschaffen [...] verrät bei allen denkbaren Niveauunterschieden die Vorstellung, die sich die Städter vom Dorfleben machen." (Schweizer 1976, S. 306)

Wie sehr die Bauernromane mit der Modernisierung verbunden sind, lässt sich an deren Konjunktur erkennen: Mit Beginn des 20. Jahrhunderts stieg die Zahl der Bauern- und Provinzromane deutlich an. Peter Zimmermann hat in seiner Studie für die 1890er-Jahre zwischen drei und fünf neu erschienene Bauerromane pro Jahr gezählt

Agrarromantik als Mittelschichtphänomen

Städtische und bildungsbürgerliche Prägung der Autoren

Konjunktur der Bauernromane

(trotz so bekannter und produktiver Autoren wie Ludwig Ganghofer oder Peter Rosegger, die das Genre in diesen Jahren vertraten), für die Jahre nach 1924 steigt der Wert auf über 16 an, in den 1930er-Jahren sogar auf 20 Romane jährlich (vgl. Zimmermann 1975, S. 159): „Insgesamt wurde in den zehn Jahren von 1929 bis 1938 fast ein Drittel aller im gesamten Untersuchungszeitraum (1830–1970) publizierten Bauernromane veröffentlicht (188 der 614 Romane)." (Zimmermann 1975, S. 162)

Ernst Bloch hat solche Phänomene, zu denen neben der Agrarromantik die Mittelalter- und Reichssehnsucht und nicht zuletzt auch der Antisemitismus gehörten, mit dem Begriff der „Ungleichzeitigkeit" in der 1935 im Exil publizierten Essay- und Glossensammlung, die den Titel *Erbschaft dieser Zeit* trug, zu fassen versucht. Darunter verstand er die „unaufgearbeitete Vergangenheit" wie die „untergehenden Reste" alter Gesellschaftsformen, die in der industrialisierten, arbeitsteiligen, ökonomisierten und vor allem kapitalisierten Gegenwart befremdlich seien (Bloch 1977, S. 117). Dabei unterschied Bloch zwischen dem objektiv und subjektiv Ungleichzeitigen, also zwischen den Restbeständen alter Gesellschaften und der subjektiven Ablehnung der Gegenwart durch die Einzelnen, die allerdings nicht auf anachronistischen Lebensformen fußte, sondern darauf, dass sich die Einzelnen in ihrer Gegenwart nicht zurecht fanden: „Als bloß dumpfes Nichtwollen des Jetzt ist dies Widersprechende subjektiv ungleichzeitig, als bestehender Rest früherer Zeiten in der jetzigen objektiv ungleichzeitig." (Bloch 1977, S. 116) Diese „tiefe Antipathie gegen Bewegung ins Unbekannte" wurde in der Industriegesellschaft allgemein, weil der „mechanisierte[] Zustand" (Bloch 1977, S. 56, 57) allgemein wurde.

Bloch hat in diesem Phänomen jedoch zugleich nach dem „mögliche[n] Gehalt[]", dem „möglichen Rest[ ]" gesucht (Bloch 1977, S. 18), der eben nicht politisch der extremen Rechten zuarbeitete oder mittlerweile anachronistische Haltungen propagierte. Er suchte nach jenem Kern, in dem sich der legitime Wunsch nach der subjektiven Glückserfüllung in einer egalitären Gesellschaftsform ausdrückte. Diese Überlegung geht über den Wunsch nach Orientierung in der Moderne hinaus, der hier bislang als dominante Intention gegenmoderner Ideologien herausgearbeitet wurde, bestätigt aber die Diagnose Detlev J. Peukerts, nach der die Agrarromantik die Funktion hatte, auf die Defizite der Modernisierung aufmerksam zu machen.

12.4 Agrarmoderne

Lässt sich Karl Heinrich Waggerls Entwurf im Roman *Brot* als konsequenter Gegenentwurf zur Komplexität der Gesellschaft lesen, so verschrieb sich der bayrische Autor Oskar Maria Graf einem anderen Konzept. Graf betrieb, anders als seine konservativen Autorenkollegen, ein politisch aufklärendes Programm. Ihm sei es, schrieb er in der Vorbemerkung zu seinem 1934/35 erschienenen, aber bereits in der Weimarer Republik begonnenen Roman *Der harte Handel*, darum gegangen, „die Menschen und Zustände so zu schildern, wie sie wirklich sind." Auch wenn solche Formulierungen nach einem unreflektierten Realismus klingen, war sich Graf dessen sehr bewusst, dass Literatur in jedem Fall konstruiert und ihre Form vom Autor gewählt ist, wie er direkt im Anschluss zu erkennen gibt: „Wer die Wirklichkeit aufhellt und ihr eine unzweideutige Gestalt zu geben vermag, der schafft Erkenntnisse für die Zukunft." (Graf 1934/35, S. 7) Aufklärung über die Verhältnisse und Klarheit der Darstellung gehörten für Graf untrennbar zusammen, denn nur auf diese Weise könne eine positive Veränderung herbeigeführt werden. Das betrifft auch das Bild von den Verhältnissen auf dem Land, das an die wirtschaftliche Entwicklung der Gesamtgesellschaft schon längst angeschlossen war. Die technologische Durchdringung der Landwirtschaft hatte schon lange begonnen; die sich immer weiter verstärkende Abhängigkeit der Agrarregionen von wirtschaftlichen Krisen geht bereits auf das späte 19. Jahrhundert zurück.

Oskar Maria Grafs Gegenentwürfe zum konservativen Bauernroman

Die bayrischen Bauern hätten – so Graf – darauf mit einer klaren Strategie reagiert: Sie schauten auf ihren Besitz und versuchten, ihn gegen jeden Angriff zu bewahren und zu mehren:

Fokussierung der Bauern auf Eigeninteresse

„Nie hat dieser Bauer ein besonderes Vertrauen zum Staat und seinen Regierungen gehabt. Sein Mißtrauen den ‚Oberen' gegenüber ist unausrottbar. Er verachtet jedes Gesetz, das in sein Leben hineingreift. Er ist stets gegen jene Mächte, von denen er glaubt, daß sie ihm seinen Besitz streitig machen." (Graf 1934/35, S. 6)

Diese Mentalität unterschied sich auf den ersten Blick nicht vom Ansatz Simon Röcks. Wo Simon Röck seine Welt erst gründen und dann verteidigen muss, sind die bayrischen Bauern in der Romanwelt Oskar Maria Grafs immer schon in eine komplexe Wirklichkeit gestellt, in der sie ihr Überleben zu sichern versuchen.

In *Der harte Handel* zeigt Graf die Radikalität, mit der die Bauern das Ihre zu bewahren und gegen den Zugriff von außen zu sichern suchen: Der Amrainer-Sepp hat die kostengünstige Modernisierung

Der harte Handel

seines Hofs während der Inflation schlicht verpasst. Er versucht sie nun nachzuholen, indem er seinen Knecht Wastl dazu anstiftet, den Hof anzuzünden. Die Versicherung entdeckt den Betrug jedoch und will sich am Erbe des Amrainer-Sepp schadlos halten. Um dies zu verhindern, muss er selbst, der auch nach Verbüßung seiner Haftstrafe noch für den Schadenersatz haftet, als direkter Erbe ausfallen. Um aber dennoch die Verfügungsgewalt zu behalten, muss es einen anderen Erben geben, und das kann nur ein Sohn sein.

Die Konsequenz: Sepp muss einen Sohn zeugen. Wenn dem nicht zweierlei entgegen stünde, nämlich die grundsätzliche Abneigung des Amrainer-Sepp gegen alles, was weiblich ist, sowie die demonstrative Stärke und das Selbstbewusstsein der Frauen, die für eine Ehe infrage kommen, sich ihrerseits für den Hof interessieren, sich von Sepp aber nicht funktionalisieren lassen wollen. Erkennbar wird hier, dass in dieser bäuerlichen Gesellschaft Frauen Männern nicht selbstverständlich ‚untertan' sind, sondern mit ihnen im Kampf liegen und konkurrieren (vgl. Delabar 2004a, S. 178). Das bäuerliche Modell der Lebens- und Wirtschaftsgemeinschaft mit patriarchalischer Basisstruktur, das bei Waggerl und anderen Bauernromanautoren selbstverständlich ist, wird bei Graf mit einem Mal interessenbestimmt und damit konfliktbeladen. Die Abneigung des Amrainer-Sepp gegen die Ehe zeigt die Veränderung eines überkommenen Musters an: Zwar wird die Weitergabe des Hofes im Familienbesitz über den Sohn beibehalten, aber das Grundprinzip, das diese Praxis motiviert, ist egoistisch geworden.

Der Amrainer-Sepp findet deshalb keine einfache, sondern eine asoziale Lösung: Um dem Zugriff einer Ehefrau zu entgehen, zeugt er einen Sohn mit einer Magd, die den Sohn nach der Geburt abgeben muss, schließlich abgefunden und vertrieben wird. Der Sohn wächst ohne Mutter auf dem Hof auf. Sepp lässt alle Rücksichten auf dörfliche oder gesellschaftliche Konventionen fahren – zum Beispiel den Zwang zur Ehe –, um seinen Besitzstand zu sichern.

Das Muster, das der Bauernroman in der Façon Waggerls vorstellt, wird von Graf radikal zerstört und von allen idyllischen Momenten gesäubert. Diese Bauern sind „antisozial" aus Notwendigkeit, betonte Graf (Graf 1934/35, S. 7). Die Veränderung von Gesellschaft verlangte von ihnen ein extrem ökonomisches und besitzstandwahrendes Verhalten, das sie gegen jeden Widerstand und jede Tradition durchsetzen müssen. Graf verweist darauf, dass der Modernisierungsprozess auch das Verhalten und die Haltung der Landbewohner bestimmte. Er erfasste – auf andere Weise, aber nicht

> Bäuerliche Wirtschaftsgemeinschaft als Interessengemeinschaft

> Zerstörung der Idylle vom „einfachen Leben"

weniger intensiv – das Land genauso wie die gesellschaftlichen Zentren, die Metropolen.

Dieser Bauernroman zeigt keine Agrarromantik, kein Gegenbild zur Moderne, sondern die Auswirkung der Modernisierung auf das Land und die Ökonomisierung der Peripherie. Allerdings bilden Grafs Romane insgesamt eine Ausnahme im Bauernroman. Auf Linken hat lediglich Anna Seghers noch den Roman *Der Kopflohn* (1933) diesem Sujet gewidmet, der allerdings erst im Exil erschien. Auch Graf, der sich selber zudem der politischen Linken zurechnete, wurde ins Exil vertrieben.

Auswirkungen der Ökonomisierung des Landes

Fragen und Anregungen

- Welches Literaturkonzept wird mit dem Bauernroman verbunden und was sind seine Kernelemente?

- Warum kommt es zu der Konfrontation von Vertretern der nationalkonservativen und der modernen Literatur? Welche Rolle spielt der Bauernroman in dieser Konfrontation?

- Wie erklären Sie die Konjunktur des Bauernromans im frühen 20. Jahrhundert?

- Erklären Sie den Begriff „Agrarromantik" und skizzieren Sie, auf welche Defizite er verweist.

- Welches Gegenkonzept verfolgt Oskar Maria Graf? Zeigen sie seine Elemente und seine Funktion.

Lektüreempfehlungen

- Ernst Bloch: Rauhnacht in Stadt und Land [1929], in ders., Erbschaft dieser Zeit. Erweiterte Ausgabe, Frankfurt a. M. 1977, S. 52–61. *Der Philosoph Ernst Bloch fasste im Exil seine Feuilletons der späten 1920er- und frühen 1930er-Jahre zu einem großartigen Bild der unruhigen Weimarer Republik zusammen.*

Quellen

- Oskar Maria Graf: Der harte Handel. Ein bayrischer Bauernroman, Amsterdam: Querido 1934/35. *In diesem Roman führt Graf in das Gegenkonzept zu Agrarromantik ein. Nicht Idyll oder Romantik, sondern ökonomisches Kalküle bestimmen die bäuerlichen Verhältnisse.*

PROVINZ ALS GEGENMODELL

- Leo Löwenthal: **Knut Hamsun. Zur Vorgeschichte der autoritären Ideologie,** in: Zeitschrift für Sozialforschung 6 (1937), S. 295–345 (Reprint: München 1980). *Löwenthal analysiert den Erfolg des Autors Hamsun und führt ihn darauf zurück, dass Hamsun einfache Antworten auf komplizierte Fragen gibt.*

- Karl Heinrich Waggerl: **Brot.** Roman, Leipzig: Insel 1930. *Der wichtigste Bauernroman der späten Weimarer Republik, nach dem Vorbild Knut Hamsuns, von einem österreichischen Autor geschrieben, in Deutschland verlegt.*

Forschung
- Walter Delabar: **Das Antidot gegen Komplexität. Romane über Bauern, Siedler, Soldaten,** in: ders., Was tun? Romane am Ende der Weimarer Republik, Berlin 2. Auflage 2004, S. 135–181. *Knappe Präsentation der verschiedenen Ansätze innerhalb des Bauernromans und Diskussion seiner Wirkung und Funktion in den späten 1920er- und frühen 1930er-Jahren.*

- Jochen Meyer: **Berlin, Provinz. Literarische Kontroversen um 1930,** Marbach am Neckar 2. Auflage 1985. *Meyer stellt die aggressive Diskussion zwischen der Landschaftsfraktion und den Asphaltliteraten zu Beginn der 1930er-Jahre dar, die eng verbunden ist mit der Wende in der deutschen Kultur hin zu den nationalistischen und nationalsozialistischen Parteien.*

- Werner Mittenzwei: **Der Untergang einer Akademie oder: Die Mentalität des ewigen Deutschen. Der Einfluß der nationalkonservativen Dichter an der Preußischen Akademie der Künste 1918–1947,** Berlin 1992. *Umfassende Darstellung der Konflikte in der Sektion für Dichtkunst der Preußischen Akademie der Künste.*

13 Der Einzelne und die Gesellschaft

Abbildung 21: Franz Kafka: Eigenhändige Skizzen aus Mitschriften aus Vorlesungen (um 1905)

DER EINZELNE UND DIE GESELLSCHAFT

Ein Mensch, eingeschlossen von Gattern, die nur einen Ausweg zulassen, ein Mensch, der zusammengesunken dahockt, ein Mensch, der – die Arme verschränkt, den Kopf gesenkt – auf einem Tisch schläft, ein Mensch, der vor einer Tafel steht, die leer ist, ein Mensch, der – mit einem Stock oder Degen bewaffnet – gegen einen unbekannten und unsichtbaren Gegner kämpft, ein Mensch, der allein geht. Franz Kafkas Zeichnungen zeigen den Einzelnen auf sich gestellt, einsam, gefangen, kämpferisch und nie in Gesellschaft. Wo aber sind die anderen? Wo ist die Gesellschaft?

Kafka radikalisiert in diesen Zeichnungen wie in seinen Texten ein Problem, das im frühen 20. Jahrhundert unter neuen Bedingungen ausgehandelt werden muss und in der Literatur Raum findet: das Verhältnis der vielen Einzelnen zu ihrer Gesellschaft. Wo Gesellschaft zu komplex wird, sich zu schnell ändert, ihre Institutionen zu abstrakt werden, werden die Individuen auf sich selbst zurückgeworfen. Sie empfinden sich als hilflos und ausgeliefert. Kafkas Josef K. – die Hauptfigur im Roman *Der Proceß* (1925) – kämpft gegen eine Anklage, die er nicht kennt, und er verliert. Alfred Döblins Romanheld Franz Biberkopf in *Berlin Alexanderplatz* (1929) entwickelt aus seinen Niederlagen eine skeptische Haltung zur Welt: Er lernt ihre Konstruktion kennen und dass er allein gegen sie nichts ausrichten kann. Hans Castorp, der Protagonist in Thomas Manns *Der Zauberberg* (1924), resigniert nicht vor der Welt, sondern wendet sich ihr zu, mit offenem Ende allerdings. Er wird damit zum Repräsentanten einer weltzugewandten Haltung, Döblins Biberkopf wird sich darauf konzentrieren, sein Überleben zu sichern, während Kafkas Protagonist von Beginn an verloren ist, trotz aller Gegenwehr. Die Romane und ihre Konzepte bilden damit das Spektrum der Reaktionen und Haltungen zur sich schnell modernisierenden Gesellschaft ab, von Akzeptanz über Skepsis zur Unterwerfung sind alle relevanten Haltungen vorgeführt. Und mit ihnen je unterschiedliche Wahrnehmungen vom Zustand der Gesellschaft.

13.1 **Lob des mittleren Helden (Thomas Mann)**
13.2 **Die Zurichtung des Einzelnen (Alfred Döblin)**
13.3 **Intermezzo: Moderne und Mythos**
13.4 **Die ausgelieferte Existenz (Franz Kafka)**

13.1 Lob des mittleren Helden (Thomas Mann)

Im Werk Thomas Manns markieren die 1918 erschienenen *Betrachtungen eines Unpolitischen* und der 1924 publizierte Roman *Der Zauberberg* einen entscheidenden Übergang: vom monarchistisch-nationalistischen Konservativen, der sich der Modernisierung ebenso verweigerte wie der Demokratisierung, hin zum vornehmsten literarischen Repräsentanten und Fürsprecher der ersten deutschen Republik. Zugleich zeigen diese beiden Texte einen weiteren Paradigmenwechsel, den von der Bewunderung der Großen Männer hin zu den mittelmäßigen Helden.

Zwischen Betrachtungen und Zauberberg

Der Literaturhistoriker Dieter Heimböckel hat betont, dass das Konzept der *Betrachtungen* angemessen nur durch die Figur des „Großen Mannes" erschlossen werden könne: „[N]ur unter einem Führer, der Züge des Großen Mannes von deutschem Schlage trägt, wird der ‚Volksstaat' einen erträglichen Anblick bieten", verkündete Thomas Mann in seinem Essay, nicht zuletzt gegen seinen Bruder Heinrich gerichtet (Th. Mann 1990, Bd. XII, S. 366). Die Denkfigur des Großen Mannes deutet jedoch nicht in erster Linie auf den Führerstaat, der dann ab 1933 Deutschland bestimmen würde. Sie ist in erster Linie einer literarisch-philosophischen Tradition verpflichtet, und sie hat eine Funktion: Hinter diesem Wunsch nach der großen Führerpersönlichkeit, deren Existenz allein die Demokratie erträglich machen sollte, verberge sich nämlich, so Heimböckel, „der lebhafte Wunsch nach einer Gestalt, die Schutzzonen gegen die Verfallserscheinungen der Moderne anlegt." (Heimböckel 2005, S. 123) Nur ihr traute Mann offenbar zu, all jene Erscheinungen der Modernisierung zu bewältigen, die ihm – zumindest bis 1918 – alles Neue suspekt machten.

Der „Große Mann" als Denkfigur

Diese Spannung zwischen Modernisierungsdruck und Modernisierungsbewältigung kennzeichnet das beginnende 20. Jahrhundert. Und je nach Disposition finden die Intellektuellen unterschiedliche Lösungen für dieses Problem. Thomas Mann nun gehörte zu jenen, die binnen weniger Jahre ihr Lösungsmodell radikal änderten (→ KAPITEL 14.3), sich von der Figur des Großen Mannes trennten und damit einen entscheidenden Schritt weg vom elitären Denkmuster der Vorkriegszeit machten in Richtung offene Gesellschaft.

Zwischen Modernisierungsdruck und Modernisierungsbewältigung

Ausdruck findet dieser Wandel in jener bereits 1913 begonnenen Erzählung, die Thomas Mann – nach der Unterbrechung, die die Arbeit an den *Betrachtungen* erforderte – unter der Hand zum voluminösen Roman *Der Zauberberg* anwuchs, der 1924 beim Verlag S. Fischer in Berlin erschien.

Der Zauberberg

In diesem Roman schilderte er den Aufenthalt des Sprösslings einer alten Hamburger Kaufmannsfamilie namens Hans Castorp, der es selber zum Ingenieur gebracht hat, in einer Davoser Lungenheilanstalt. Ursprünglich nur gekommen, um ein paar Tage Erholung zu finden und seinen tuberkulosekranken Vetter Joachim Ziemßen zu besuchen, wächst sich Castorps Aufenthalt auf sieben lange Jahre aus, eine märchenhaft lange Zeit. Und der Erzähler gibt sich große Mühe, das Märchenhafte dieser Geschichte herauszustellen, die „in den alten Tagen, der Welt vor dem großen Kriege" spielt, also „sehr lange her" ist: „[S]ie ist sozusagen schon ganz mit historischem Edelrost überzogen und unbedingt in der Zeitform der tiefsten Vergangenheit vorzutragen." (Th. Mann 2002, S. 9)

Settembrini und Naphta

Zwei starke Erzieherpersönlichkeiten kämpfen um die Seele des jungen Mannes, der Freigeist und Aufklärer Lodovico Settembrini und der Jesuit und Gegenaufklärer Leo Naphta. Settembrini und Naphta führen Castorp in die intellektuellen Themen seiner Zeit ein, die sie – miteinander heftig debattierend – vor ihm ausbreiten. Castorp lässt dies mit sich geschehen, entzieht sich letztlich aber beiden Erziehern.

Clawdia Chauchat

Sein Wissensdurst wird jedoch von der Leidenschaft für eine russische Mitpatientin, Clawdia Chauchat, angestachelt. Sie motiviert ihn dazu, sich mit der Medizin, den neuesten Errungenschaften der Medizintechnik, dem Körper, seinem Verfall, der Schönheit, der Kunst, der Musik, der Fortpflanzung und dem Verhältnis der Geschlechter zueinander zu beschäftigen. Am Ende dieser Selbsterziehung wird Castorp mit einem Paukenschlag in die brutale Realität seiner Gegenwart, in den Ersten Weltkrieg entlassen.

Offenes Ende

Das Ende von Manns Roman lässt zwar wenig für Castorp hoffen, dennoch verweist es auf die grundsätzliche Öffnung des bis dahin eher reservierten Protagonisten zur Welt. Grundlage dafür ist eine Erkenntnis, nämlich dass seine Leidenschaft zu Clawdia Chauchat nicht zweckbestimmt ist (auf die Fortpflanzung hin ausgerichtet), sondern dass ihr Ziel die Erfüllung ist, der Akt der körperlichen Verbindung selbst. In den Mittelpunkt dieses Weltbildes tritt der Einzelne, das Subjekt, auf das hin die Welt geordnet ist. Es geht um *seine* Leidenschaft, *sein* Begehren, für die es allerdings die anderen braucht. Thomas Manns erzählerische Konstruktion erweist sich damit als sozial und subjektiv zugleich.

Diese Haltung wird in der (von der Forschung in den Mittelpunkt gestellten) „Schnee"-Episode des Romans als Bekenntnis zum „Leben" formuliert: Castorp, der sich im Schneesturm verirrt hat, zieht sich in den Schutz eines Schuppens zurück und beginnt zu träumen. Am Ende dieses Traums steht ein Satz, von dem er selbst denkt, dass er mit ihm nun auch im übertragenen Sinn „zu Ende geträumt" habe: „Der Mensch soll um der Güte und Liebe willen dem Tode keine Herrschaft einräumen über seine Gedanken." (Th. Mann 2002, S. 748) Es ist gerade diese Sentenz, die das Profil dieses Helden charakterisiert, das er im Laufe seiner Berg-Existenz herausbildet. „Güte" und „Liebe", eine eben auch sinnliche Orientierung auf die Welt zeichnen ihn nun aus.

„Schnee"-Episode

Prägend für die Veränderung der Haltung des Hans Castorp, die der Roman inszeniert, ist, wie der Literaturwissenschaftler Børge Kristiansen betont hat, der Einfluss Friedrich Nietzsches (1844–1900) und Arthur Schopenhauers (1788–1860) auf Thomas Mann. Während Schopenhauers Denken durch „radikale[n] Nihilismus" geprägt sei, bestimme die „begeisterte[ ] Annahme des Lebens" das Denken Nietzsches, dem der „Wille[ ] zur Macht" ebenso eingeschrieben sei wie das „Übermenschen-Philosophem". Aus diesem Widerspruch entwickelte Mann, so Kristiansen, einen Kompromiss: die „ironische Haltung" (Kristiansen 2005, S. 263). Schopenhauers Nihilismus bleibe also bewahrt: „ebenso selbstverständlich ist jedoch das Ethos, dem Leben trotzdem einen Sinn abzugewinnen" (Kristiansen 2005, S. 267). Mit diesem Kompromiss wird der „Große Mann" verzichtbar, der in beiden Denksystemen eine große Rolle spielt. Ironie ist nicht heroisch, sondern skeptisch.

Nietzsche und Schopenhauer

An seine Stelle tritt der mittelmäßige Held Hans Castorp. Seine Qualität ist eben nicht die große Tat, sondern sein Wissensdurst, seine Neugierde, seine Wahlfreiheit und seine Fähigkeit, sich zwischen den Extremen, für die seine beiden Mentoren Naphta und Settembrini stehen, für das zu entscheiden, was für ihn das Wichtigste ist.

Konzept des mittelmäßigen Helden

Voraussetzung dafür ist, dass zwar – wie sein Erzähler betont – Castorps Schicksal überdurchschnittlich ist, aber weder seine Handlungsmacht noch seine intellektuellen Fähigkeiten sind außergewöhnlich:

„Hans Castorp war weder ein Genie noch ein Dummkopf, und wenn wir das Wort ‚mittelmäßig' zu seiner Kennzeichnung vermeiden, so geschieht das aus Gründen, die nicht mit seiner Intelligenz und kaum etwas mit seiner schlichten Person überhaupt zu tun haben, nämlich aus Achtung vor seinem Schicksal, dem wir eine

Durchschnittsfigur

gewisse überpersönliche Bedeutung zuzuschreiben geneigt sind." (Th. Mann 2002, S. 53)

Diese „überpersönliche Bedeutung" besteht darin, dass Thomas Mann im *Zauberberg* dem Subjekt zu seinem Recht und zu seiner Selbstständigkeit verhilft. Das Subjekt ist zwar eingebunden in die gesellschaftlichen Verhältnisse – Liebe ist immerhin ein soziales Element –, auch ist die Gesellschaft des *Zauberbergs* sicherlich nur als eine Art Schonraum zu verstehen, ein Übungs- und Ausbildungsfeld, aber Castorp kann hier demonstrieren, was auch im Flachland der Realität von Bedeutung ist: seine Selbstständigkeit.

Selbstständigkeit lernen und demonstrieren

13.2 Die Zurichtung des Einzelnen (Alfred Döblin)

Berlin Alexanderplatz

Alfred Döblin nimmt das Grundthema des *Zauberbergs*, das Verhältnis des Einzelnen zur Gesellschaft, fünf Jahre später, im 1929 erschienenen Roman *Berlin Alexanderplatz* wieder auf. *Berlin Alexanderplatz* ist nicht nur der wichtigste deutschsprachige Großstadtroman des frühen 20. Jahrhunderts (→ KAPITEL 11.2), er ist zugleich eine Abhandlung über die Zurichtung eines Einzelnen durch die Gesellschaft. Döblin hat das bereits in seinem dem Roman vorangestellten Resümee deutlich gemacht. Dreimal werde der Held des Romans, Franz Biberkopf, „in einen regelrechten Kampf verwickelt mit etwas, das von außen kommt, das unberechenbar ist und wie ein Schicksal aussieht" (Döblin 1996, S. 11). Dieses „Schicksal", diese Macht zerbricht Franz Biberkopf schließlich. Aber erst am Ende erkennt er den wahren Grund dafür:

Zurichtung für die Gesellschaft

„Es wird ihm aufs deutlichste klargemacht, woran alles lag. Und zwar an ihm selbst, man sieht es schon, an seinem Lebensplan, der wie nichts aussah, aber jetzt plötzlich ganz anders aussieht, nicht einfach und fast selbstverständlich, sondern hochmütig und ahnungslos, frech, dabei feige und voller Schwäche." (Döblin 1996, S. 11)

Der Hochmut Biberkopfs besteht in den Worten des Erzählers darin, dass er „vom Leben mehr zu verlangen" wagte „als das Butterbrot" (Döblin 1996, S. 12).

Entwurf des Romans

Aufgebaut ist die Geschichte auf drei ‚Fehlschlägen' Biberkopfs: Erst wird er von einem seiner Kollegen hintergangen, dann verliert er seinen Arm und schließlich ermordet sein angeblicher Freund und tatsächlicher Konkurrent Reinhold Biberkopfs Geliebte Mieze. Am Ende des Romans ist Biberkopf „Hilfsportier in einer mittleren Fabrik" (Döblin 1996, S. 453), desillusioniert: „Biberkopf ist ein kleiner Arbeiter. Wir wissen, was wir wissen, wir habens teuer bezahlen müssen." (Döblin 1996, S. 454)

Für diesen biografischen und exemplarischen Kursus wird die Figur Franz Biberkopf vom Autor eigens präpariert. Als frisch entlassener Insasse eines Zuchthauses – Biberkopf hat für den Mord an einer früheren Geliebten gesessen – ist sein Verhältnis zur Gesellschaft sowieso angespannt. Durch seine lange Abwesenheit ist er aber zugleich ein Novize, was die neue, urbane und von technischen Ausstattungen bestimmte Lebensform angeht: Biberkopf ist, intellektuell eher unterdurchschnittlich begabt, von den auf ihn einstürmenden, sich vielfach überlagernden Eindrücken völlig überfordert. Das macht ihn zu einem besonders sensiblen Beobachter des neuen Berlins.

Entwurf
Franz Biberkopf

Auf der anderen Seite ist er eine leicht formbare Masse in der Hand seines Schöpfers und des für ihn entworfenen Schicksals: „Produkt seines Milieus, erscheint er als idealtypische Figur, triebhaft, den Verlockungen erliegend, politisch verführbar, deformiert und formbar zugleich." (Weyergraf/Lethen 1995, S. 648) Mithin eine bestenfalls normale, durchschnittliche Figur, die unvorbereitet in eine komplexe Situation, die sich rasant verändert, versetzt wird.

Formbarkeit
Franz Biberkopfs

Seine erste Reaktion: Er zieht sich, kaum in der Stadt angekommen, in einen Hof zurück und singt mit „lauter Stimme, wie er im Gefängnis nie hätte singen dürfen", eines der nationalen Lieder der Deutschen, *Die Wacht am Rhein*, das aus dem Jahr 1840 stammt: „,Es braust ein Ruf wie Donnerhall.' Kriegerisch fest und markig." (Döblin 1996, S. 18) Ein erster Schritt zu Selbstermächtigung, die er braucht, um in der neuen, ungewohnten Welt zu bestehen. Biberkopf will es mit dieser Wirklichkeit, die er nicht begreift, aufnehmen:

„Er hat aller Welt und sich geschworen, anständig zu bleiben. Und solange er Geld hatte, blieb er anständig. Dann aber ging ihm das Geld aus, welchen Augenblick er nur erwartet hatte, um einmal allen zu zeigen, was ein Kerl ist." (Döblin 1996, S. 45)

Aber Franz Biberkopf kämpft nicht gegen irgendetwas, sondern gegen das „Leben" (Döblin 1996, S. 105), gegen eine „dunkle Macht" (Döblin 1996, S. 215), die sich schließlich als der Tod erweist (vgl. Döblin 1996, S. 411). Und das ist kein kleiner Gegner, sondern eine mythische Instanz, der sich der Einzelne unterwerfen muss, will er nicht zugrunde gehen. Ihr Werkzeug ist der Gegenspieler Biberkopfs, Reinhold, „die kalte Gewalt" (Döblin 1996, S. 414), also eine nicht weniger mythische Gestalt als die dunkle Macht, gegen die Biberkopf nicht ankommt.

Mythologisierung

Döblins Konstruktion ist bemerkenswert und in der Rezeption umstritten zugleich, weil er die strukturelle Gewalt der Gesellschaft einerseits personalisiert – in der Figur Reinhold –, sie andererseits ins Allgemeine verschiebt, indem er diese Figur verallgemeinert und ihr einen überzeitlichen Charakter gibt. Mit dieser Konstruktion wird sein Grundproblem erzählbar: die Unterwerfung des Individuums unter den gesellschaftlichen Zwangsapparat und die Ausführung gesellschaftlicher Gewalt durch andere Individuen. Der Wunsch nach Integration und gesellschaftlicher Geborgenheit, der jeden Einzelnen antreibt, führt nicht dazu, dass seine Existenz gesichert wäre, sondern ist gerade der Grund für seine Vernichtung: „Solange der einzelne sich der Gesellschaft anpaßt, um in ihr ein ‚anständiges' Leben zu führen, unterliegt er ihrer blinden und zerstörerischen Dynamik", beschreiben Helmut Lethen und Bernhard Weyergraf Biberkopfs Biografie: „Sein Leben verläuft so sinnlos wie die Bewegung der auf dem Alexanderplatz sich kreuzenden Massenströme." (Weyergraf/ Lethen 1995, S. 649)

Unterordnung als Gefahr

Nicht der Widerstand gegen die Gesellschaft ist Ursache für die Vernichtung des Einzelnen, sondern seine hoffnungsvolle Unterordnung, die von den Gruppen, die die Gesellschaft beherrschen, radikal missbraucht wird. Damit aber verstößt die Gesellschaft gegen die Grundvereinbarung, die das Verhältnis zwischen ihr und den Individuen bestimmt, nämlich dass sie für die Sicherheit der Individuen sorgt und die Individuen sich ihr im Gegenzug unterordnen.

Gesellschaft als Klassengesellschaft

Gründe dafür sind in der Sicht Döblins die Konstruktion der Gesellschaft als Klassengesellschaft und die Ausrichtung gesellschaftlicher Strukturen auf die Interessen einer Klasse – des Bürgertums –, wie eines Wirtschaftsprinzips – des Kapitalismus. Bertolt Brecht hat später, unter dem Eindruck des Faschismus, die „bürgerliche Produktionsweise" analog dazu sogar als „blutige, kriegerische Produktionsweise" bezeichnet (Brecht 1988–97, Bd. 22,1, S. 531).

Der Einzelne ist dieser Situation aber nicht schicksalhaft unterworfen, wie auch Döblins Franz Biberkopf am Ende seiner Geschichte erfährt:

„Die Luft kann hageln und regnen, dagegen kann man sich nicht wehren, aber gegen vieles anderes kann man sich wehren. Da werde ich nicht mehr schrein wie früher: das Schicksal, das Schicksal. Das muß man nicht als Schicksal verehren, man muß es ansehen, anfassen und zerstören." (Döblin 1996, S. 454)

Destruktion des Mythischen

Döblin suspendiert damit am Ende seines Textes die mythische Anfangskonstruktion und kennzeichnet die Strukturen als von Menschen gemacht. Um sie zu verändern, muss der Einzelne sich mit anderen zusammenschließen: „Viel Unglück kommt davon, wenn man allein geht. Wenn mehrere sind, ist es schon anders. Man muß sich gewöhnen, auf andere zu hören, denn was andere sagen, geht mich auch an", erkennt Biberkopf am Ende des Romans (Döblin 1996, S. 453).

Das lässt sich als Hinweis darauf lesen, dass aus dem ‚Subproletarier' Franz Biberkopf nunmehr ein klassenbewusster Arbeiter geworden ist. Die zeitgenössische KPD-nahe Presse las den Text jedoch völlig anders und warf Döblins Roman eine „offen erklärte[ ] Feindschaft gegen den organisierten Klassenkampf des Proletariats" vor. Die Figur Biberkopf sei, so der der KP-Kritiker Klaus Neukrantz, „erfunden[ ], mystisch[ ], unaufgeklärt[ ]". Biberkopfs Sprache sei „Kaschemmenjargon", das Buch „reaktionär[ ] und konterrevolutionär[ ]", mithin der Beweis dafür, dass die „‚linksbürgerlichen' Schriftsteller eine politische Gefahr für das Proletariat bedeuten" (Neukrantz 1929, S. 30).

<mark>Kritik der Linken</mark>

In der Tat erklärt Biberkopf nicht seine Zugehörigkeit zum kommunistisch motivierten Klassenkampf, sondern entscheidet sich, folgt man Döblins Biografin Gabriele Sander, „für eine langsamere, vorsichtigere Gangart an der Seite seiner Mitmenschen" und akzeptiere „persönliche[ ] Verantwortung und Schuld" (Sander 2007, S. 62).

<mark>Nicht Parteinahme, sondern Besonnenheit</mark>

Die beiden Literaturwissenschaftler Weyergraf und Lethen haben deshalb Döblins Position als „ethischen Sozialismus" gekennzeichnet, dem das Leben zur mythischen Urkraft gerät: „Nicht in der Gesellschaft, die mit wissenschaftlicher Welterkenntnis auf die Errungenschaften der Technik setzt, liegt die Lösung der Lebensproblematik", sondern darin, dass der Mensch sein „Lebensziel" erkenne, das die Natur für ihn bereit halte (Weyergraf/Lethen 1995, S. 652).

<mark>Ethischer Sozialismus</mark>

Am Ende des Textes steht nicht die Einreihung in die marschierende Front der klassenbewussten Proletarier, sondern - wie in Thomas Manns *Zauberberg* - der Krieg als großer Gleichmacher und gleichgültiger Massenmörder, der freilich hier kein extraordinärer Zustand ist, sondern zur Kennzeichnung des zivilen Lebens dient:

„Und Schritt gefaßt und rechts und links und rechts und links, marschieren, marschieren, wir ziehen in den Krieg [...], dem einen gehts grade, dem andern geht krumm, der eine bleibt stehen, der andere fällt um, der eine rennt weiter, der andere liegt stumm." (Döblin 1996, S. 454f.)

Der Text lässt so gesehen unterschiedliche Interpretationen zu. Eine mythisch-vitalistische steht einer subjektivistisch-ethischen Lesart gegenüber: Biberkopf zieht sich entweder auf sich selbst als entscheidenden Faktor zurück, auch wenn er sich mit Seinesgleichen solidarisch sieht, oder er ordnet sich einer übermenschlichen zielgebenden Instanz unter, der zu folgen seine Aufgabe ist.

13.3 Intermezzo: Moderne und Mythos

Funktion mythischer Erzählungen

Mythische Erzählungen, wie sie Alfred Döblin inszeniert, sind eingebettet in die widersprüchliche Entwicklung der Moderne in Europa, in der Gewinn und Verlust immer wieder gegeneinander aufgerechnet werden. Der Frankfurter Philosoph Jürgen Habermas hat dies in seinen Vorlesungen zur Moderne exemplarisch formuliert:

Widersprüche der Moderne

„Dieselben Trennungen und Verselbständigungen, die, geschichtsphilosophisch betrachtet, der Emanzipation von uralten Abhängigkeiten den Weg bahnen werden [...] zugleich als Abstraktion, als Entfremdung von der Totalität eines sittlichen Lebenszusammenhangs erfahren." (Habermas 1986, S. 104)

Die Entstehung gesellschaftlicher Großapparate, der Nationen, Konzerne und anderer Institutionen, ihre zunehmende Durchorganisation und die Integration der Individuen in Funktionszusammenhänge führen dazu, dass im selben historischen Moment, in dem die individuellen Möglichkeiten radikal vergrößert werden, die Klage über die Beschneidung der individuellen Bewegungsfreiheit, die Entfremdung von der wahren menschlichen Substanz und die Distanz der Einzelnen voneinander anschwillt. Die Kultur- und Zivilisationskritik entsteht. Zugleich rücken die herrschenden Instanzen – etwa Regierungen, Verwaltungen, Gerichte oder Unternehmen – in immer größere Entfernung. Sie werden zu unbegreifbaren Abstraktionen, deren Handlungen und Entscheidungen ebenso wenig zu verstehen wie ihre Repräsentanten noch erkennbar sind.

Distanz und Inanspruchnahme

Phänomene wie die Distanz zu den gesellschaftlichen Institutionen und die verstärkten Anforderungen an die Individuen werden ergänzt durch die zunehmende Komplexität der Beziehungen, Verhältnisse und Abhängigkeiten. Die „Beziehungen und Betätigungen" der Individuen, stellte der Soziologe Georg Simmel schon 1903 fest, greifen zu einem „vielgliedrigen Organismus ineinander" (Simmel 1984, S. 195). Moderne Gesellschaften sind nur deshalb in der Lage, sich zu Wohlstands- und Konsumgesellschaft zu entwickeln, weil sie arbeitsteilig vorgehen und hochtechnisiert und kapitalisiert sind. Zugleich verändern sie sich beständig. Gesellschaft wird für den Einzelnen immer weniger durchschaubar und erklärbar. Gerade in Umbruchzeiten – zu denen das frühe 20. Jahrhundert gehört – reagieren die Individuen mit Unverständnis und Hilflosigkeit, sie fühlen sich ausgeliefert.

In diesem Zusammenhang gewinnen mythische Erklärungsmodelle, wie sie Döblin in *Berlin Alexanderplatz* einsetzt, eine neue Bedeutung. Sie sind nämlich in der Lage, „alle auf der Oberfläche [der von den Individuen] wahrgenommenen Phänomene in ein Netz von Korrespondenzen, Ähnlichkeits- und Kontrastbeziehungen" einzuordnen (Habermas 1986, S. 139).

<small>Mythische Erklärungsmodelle</small>

Der Begriff Mythos bezeichnet eine kollektive Erzählung, die ursprünglichen und allgemeinen Charakter hat; er erhält damit seine soziale Funktion: Er ist in der Lage zu erklären, was dem Einzelnen ansonsten nicht mehr erklärbar wäre. Damit ist er zwar ungeeignet für eine angemessene Erklärung der Komplexität der modernen Welt, denn er vereinfacht und reduziert radikal. Aber er ist dennoch „ein Stück hochkarätiger Arbeit" des Verstands (Blumenberg 1996, S. 18), weil er Individuen handlungsfähig macht. Der Mythos erklärt und verleiht Geschehnissen Sinn. So gesehen ist der Mythos eine rationale Operation, mythisches Erzählen hat eine Funktion, ohne dass deshalb das Ergebnis automatisch legitimiert wäre: Ideologische und fundamentalistische Bewegungen gehen auf mythologische, das heißt radikal vereinfachende Erklärungsmuster zurück.

<small>Mythos als rationale Operation</small>

Döblins Mythosverwendung hingegen hat ihre Begründung in der erzählerischen Ökonomie: Der Mythos dient Döblin vor allem dazu, sich nicht in der Analyse von gesellschaftlicher Komplexität zu erschöpfen, wo es ihm vorrangig darum geht, seine einfache Figur Franz Biberkopf komplizierter gewordenen Verhältnissen auszusetzen und sie in ihren Bemühungen zu zeigen, sie zu bewältigen. Das führt zu der Problematik, wie das Verhältnis zwischen Einzelnem und Gesellschaft zu beschreiben und zu bestimmen ist.

13.4 Die ausgelieferte Existenz (Franz Kafka)

In seinen Erzählungen, Fragmenten und Romanen nimmt Franz Kafka zwei grundsätzliche Operationen vor, mit denen sein Ansatz, das Verhältnis zwischen Einzelnem und Gesellschaft zu kennzeichnen, extremer erscheint als derjenige Döblins: Er radikalisiert die subjektive Perspektive (die „Unbehaustheit" des Subjekts, Schwarz 1996, S. 191) und er mythologisiert die gesellschaftlichen Institutionen. In Texten

<small>Kafkas Radikalisierung</small>

wie *Das Schloss* (1926) oder *Der Process* (1925) werden Institutionen wie das Gericht oder das Schloss für den Protagonisten unerreichbar, sie sind für ihn nicht einmal mehr erkennbar. Ihre Entscheidungen sind ebenso wenig durchschaubar wie die Kriterien, nach denen sie getroffen werden. Auch ist der gesellschaftliche Ort, an dem sich diese Institutionen befinden, nicht mehr erkennbar. Vielmehr sind sie, folgt man dem Entwurf des *Process*, untrennbar mit dem Gefüge des alltäglichen Lebens verschmolzen und insofern ortlos.

<small>Omnipräsenz des Befremdens</small>

„Das Befremden", wie der Literaturwissenschaftler Alexander Honold diese Grunddisposition charakterisiert hat, ist in Kafkas Welt „so omnipräsent, dass ihm kaum eine eigene, sozial distinkte Stelle zuerkannt werden kann. Ins Zwielicht des Befremdens kann letztlich alles rücken: Personen, Situationen und Geschichten." (Honold 2007, S. 295)

Im Roman *Der Process*, 1925 im Verlag Die Schmiede aus dem Nachlass gegen den Willen Franz Kafkas von dessen Freund Max Brod herausgegeben, wird vor allem die Hilf- und Ratlosigkeit des Protagonisten Josef K. signalisiert, dem eines Morgens von zwei Herren mitgeteilt wird, dass er „gefangen" sei (Kafka 1994, S. 11). Über den Grund geben sie keine Auskunft, dazu seien sie nicht befugt. Die Situation ist für Josef K. ausgesprochen befremdlich. Auch dass die beiden Herren sein Nachthemd auf seine Verwendbarkeit prüfen, sein Frühstück verzehren und ihn offensichtlich bereits als einen mehr oder weniger Verlorenen – soll heißen: Verurteilten – ansehen, trägt nicht zu seiner Beruhigung bei. Aber Josef K. hat ein bislang nicht erschüttertes Vertrauen in seine Umgebung: „Er neigte stets dazu, alles möglichst leicht zu nehmen, das Schlimmste erst beim Eintreten des Schlimmsten zu glauben, keine Vorsorge für die Zukunft zu treffen, selbst wenn alles drohte." (Kafka 1994, S. 12)

<small>Grundvertrauen in Zivilisation</small>

Diese sorglose Haltung ist freilich kein bodenloser Leichtsinn, sondern zeigt zuerst nur das Grundvertrauen an, das K. in seine Gesellschaft hat, denn Josef K. lebt nicht irgendwo, sondern in einem „Rechtsstaat, überall herrschte Friede, alle Gesetze bestanden aufrecht, wer wagte ihn in seiner Wohnung zu überfallen?" (Kafka 1994, S. 12) So gesehen hat K. also keinen Grund anzunehmen, es gebe irgendetwas zu befürchten: „Noch war er frei." (Kafka 1994, S. 13) Entsprechend harmlos sind deshalb auch seine ersten Erklärungsversuche: Es könnte sich beispielsweise, glaubt er zeitweise, um einen derben Spaß seiner Kollegen handeln, wird K. doch an diesem Tag 30 Jahre alt.

Um sich „Klarheit über seine Lage" zu verschaffen (Kafka 1994, S. 12), sucht er seinen Ausweis heraus, um sich zu legitimieren. Die Fremden fordert er auf, sich gleichfalls auszuweisen und „vor allem den Verhaftbefehl" vorzulegen (Kafka 1994, S. 14).

Doch die beiden Männer handeln anders, als es der vertrauensvolle Josef K. erwartet, und kommen der Aufforderung nicht nach, da sie keinen Grund dafür sehen. Sie seien nur „niedrige Angestellte", die sich mit Ausweispapieren kaum auskennten und lediglich die Aufgabe hätten, ihn zehn Stunden am Tag zu bewachen. Darüber hinaus gehe seine Forderung an den Bedingungen seiner Verhaftung vorbei. Die „hohen Behörden", die die Verhaftung angeordnet hätten, würden sich „sehr genau über die Gründe der Verhaftung und die Person des Verhafteten unterrichten. Es gibt darin keinen Irrtum". Das Gericht sucht entsprechend nicht die Schuld in der Bevölkerung, „sondern wird wie es im Gesetz heißt von der Schuld angezogen und muß uns Wächter ausschicken. Das ist Gesetz." (Kafka 1994, S. 14) Dass K. dieses Gesetz nicht kennt, geht, wie einer der Wächter betont, zu seinen Lasten. Er spottet sogar gegenüber seinem Kollegen darüber, dass K. zwar zugebe, das Gesetz nicht zu kennen, zugleich aber seine Schuldlosigkeit beteure (Kafka 1994, S. 15).

K. sieht sich also mit einem Gesetz, einer Behörde und einer Beschuldigung konfrontiert, die ihm unbekannt sind. Ihm wird jeder Einblick in ihre Existenz und Verfassung verweigert. Alle Versuche K.s, sich im weiteren Verlauf der Handlung Gewissheit über das Gesetz, seine angebliche Schuld, die Behörde und ihre Repräsentanten zu verschaffen, gehen fehl. Zwar findet er irgendwann Gerichtsräumlichkeiten im Speicher eines Wohnhauses – seine Erwartung, das „Haus schon von der Ferne an irgendeinem Zeichen [...] oder an einer besonderen Bewegung vor dem Eingang schon von weitem zu erkennen", wird nicht erfüllt (Kafka 1994, S. 44) –, aber er muss erkennen, dass das Gericht dort nur zeitweise tagt.

<small>Konflikt mit dem undurchsichtigen Rechtssystem</small>

Auch verlegt sich K. darauf, sich selbst zu rechtfertigen und eine Verteidigungsstrategie zu entwerfen, die seine Schuldlosigkeit beweisen soll. Trotz seines Vorhabens, „mehr zu beobachten als zu reden", den er bei der „Ersten Untersuchung" fasst (Kafka 1994, S. 49), gerät er immer wieder in einen Rede- und Rechtfertigungsfluss, der nicht mehr zu stoppen sein wird. Da er aber nie einen konkreten Hinweis auf seine Schuld erhält, laufen alle seine Bemühungen ins Leere. Auch das Engagement eines Advokaten, die Versuche, über den Gerichtsmaler Einfluss auf das Gericht zu nehmen, selbst seine Annäherungsversuche gegenüber seiner Nachbarin Fräulein Bürstner

<small>Selbstrechtfertigung als Strategie</small>

oder der Frau des Gerichtsdieners fruchten nichts. Alle diese Aktivitäten verstärken nur K.s Verunsicherung, zumal sich die Zeichen häufen, dass er tatsächlich bedroht ist.

Zwar soll er, wie ihm der Aufseher mitteilt, in seiner „gewöhnlichen Lebensweise nicht gehindert sein", auch soll die Verhaftung ihn „nicht hindern" seinen „Beruf zu erfüllen", aber K.s Hoffnung, dass dann „das Verhaftetsein nicht sehr schlimm" sei, dass „dann nicht einmal die Mitteilung der Verhaftung sehr notwendig gewesen zu sein" scheine, stellt sich als grundlegender Irrtum heraus (Kafka 1994, S. 23).

<small>Unsicherheit als basale Irritation</small>

Stärker noch als bei Franz Biberkopf ist im Falle K.s die Unsicherheit, die sein neuer Status mit sich bringt, zentrales Element der Wirklichkeitserfahrung. Sein gesamtes weiteres Leben bis in seine körperliche Befindlichkeit hinein wird von dieser Unsicherheit bestimmt. Dem ehemals gut funktionierenden und hoffnungsvollen Bankprokuristen K. wird mit einem Schlag die vermeintlich sichere Existenzgrundlage entzogen. Hinter der einfachen und klaren Welt, in der sich Gericht und Beklagter gleichermaßen nach durchschaubaren Regeln bewegen, gibt es eine weitere, höhere, die über den Einzelnen und sein Schicksal eine unbezwingbare Macht ausübt. Ihr ist er hoffnungslos ausgeliefert, was immer er auch anstellt. Mit anderen Worten: Moderne Gesellschaften entziehen sich der Beeinflussung durch den Einzelnen. Sie werden zu abstrakten Instanzen einerseits, zu undurchschaubaren und in diesem Sinne mythischen Funktionen, jenseits irgendeiner konkretisierbaren Gestalt, andererseits.

<small>Tod als radikale Konsequenz</small>

Konsequenter als im Falle Biberkopfs führt K.s Fall also am Ende nicht zu einer skeptischen Haltung gegenüber der Welt, sondern zu seinem Tod. Am Vorabend seines 31. Geburtstages wird er wiederum von zwei Herren aufgesucht, die ihn schließlich „[w]ie ein[en] Hund" abschlachten:

> „Aber an K.'s Gurgel legten sich die Hände des einen Herrn, während der andere das Messer ihm ins Herz stieß und zweimal dort drehte. Mit brechenden Augen sah noch K. wie nahe vor seinem Gesicht die Herren Wange an Wange aneinandergelehnt die Entscheidung beobachteten." (Kafka 1994, S. 241)

Den Richter, der über ihn geurteilt hat, hat er bis dahin ebenso wenig zu Gesicht bekommen wie das „hohe Gericht" (Kafka 1994, S. 241). Wo Döblin den Mythos braucht, um seine Erzählung ohne Ablenkung umsetzen zu können, ist der Mythos bei Kafka zum Erklärungsmodell von Gesellschaft geworden.

<small>Mythos als Erklärungsmodell der modernen Gesellschaft</small>

Fragen und Anregungen

- Welches Verhältnis zwischen Individuum und Gesellschaft zeigen Thomas Mann, Alfred Döblin und Franz Kafka in den drei behandelten Texten?

- Welche Anforderungen werden an die Individuen in den Texten gestellt und wie kommen sie ihnen nach? Zeigen die Texte Erklärungen, Lösungen, Auswege?

- Was ist Mythos? Welche Funktion hat der Mythos in den Texten Döblins und Kafkas? Untersuchen Sie die Radikalisierung des Mythos-Konzeptes bei Kafka.

- Erörtern Sie, warum Döblins Roman von der Linken kritisiert wurde.

Lektüreempfehlungen

- **Alfred Döblin: Berlin Alexanderplatz. Die Geschichte vom Franz Biberkopf** [1929], herausgegeben von Werner Stauffacher. Zürich / Düsseldorf 1996.   *Quellen*

- **Frank Kafka: Der Proceß. Roman in der Fassung der Handschrift** [1925], Frankfurt a. M. 1994.

- **Thomas Mann: Der Zauberberg.** Roman [1924], herausgegeben und textkritisch durchgesehen von Michael Neumann, Frankfurt a. M. 2002. *Band 2 mit Bericht zur Entstehung.*

- **Robert Musil: Der Mann ohne Eigenschaften. Roman.** 2 Bde., herausgegeben von Adolf Frisé. Sonderausgabe. 76.–79. Tsd. Reinbek bei Hamburg 1990 [Erstausgabe Bd. 1: 1930; Bd. 2: 1933; Bd. 3: 1943 (posthum); Bd. 4: Nachlaß]. *Weiterführend zu lesen: Musils Roman diskutiert das Moderne-Paradigma aus der Perspektive seiner Hauptfigur, die er als eigenschaftslose Figur entwirft. Die Folgen der Modernisierung der Gesellschaft sind also vor allem im Subjekt zu suchen.*

- **Birgit Hoock: Modernität als Paradox. Der Begriff der Moderne und seine Anwendung auf das Werk Alfred Döblins (bis 1933),**   *Forschung*

Tübingen 1997. *Die unterschiedlichen Aspekte der Modernität werden auf das Werk Döblins angewandt.*

- **Klaus Jeziokowski: „Bei dieser Sinnlosigkeit des Ganzen". Zu Franz Kafkas Roman „Der Proceß"**, in: Heinz Ludwig Arnold (Hg.), Franz Kafka, München 1994, S. 200–217. *Einführung in die Interpretation von „Der Proceß".*

- **Erhard Schütz: Romane der Weimarer Republik**, München 1986. *Umfassende Übersicht über die Romane der Weimarer Republik, vorwiegend unter dem Aspekt der Veränderung der Medienlandschaft.*

- **Klaus Wagenbach: Franz Kafka**, überarbeitete Ausgabe, Reinbek bei Hamburg 2. Auflage 2007. *Biografie des Kafka-Spezialisten Klaus Wagenbach.*

- **Bernhard Weyergraf/Helmut Lethen: Der Einzelne in der Massengesellschaft**, in: Bernhard Weyergraf (Hg.), Literatur in der Weimarer Republik 1918–1933, München 1995, S. 636–672. *Umfassende Versuch, die großen Romane der Weimarer Republik unter kulturkritischen Aspekten zu deuten.*

- **Hans Wysling: „Der Zauberberg"**, in: Helmut Koopmann (Hg.), Thomas-Mann-Handbuch, Frankfurt a. M. 3. aktualisierte Auflage 2001, S. 397–422. *Knappe Zusammenfassung des Forschungsstandes zum Roman, allerdings schon aus den 1990er-Jahren.*

14 Die Autoren, die Republik und ihr Ende

Abbildung 22: Thomas Mann hält einen Vortrag unter dem Titel *Deutsche Ansprache*, Fotografie (1930)

Fast schaut es so aus, als ob sich das Bürgertum von seinem Festredner Thomas Mann abwenden wollte. Mann steht vor ihm, um zu sprechen, hat seine Rede aber offensichtlich unterbrochen. Das Publikum, das im Saal anwesend ist, dreht sich in der Tat von Mann weg und schaut an das entgegengesetzte Ende des Saals. Niemand hört mehr auf Thomas Mann, alle hören darauf, was da hinten geschieht.

Was vom *Völkischen Beobachter* hämisch als symbolisches Desaster kommentiert wurde, zeigt den Moment, in dem nationalsozialistische Trupps unter Beteiligung des Autors Arnolt Bronnen die Rede *Deutsche Ansprache* (1930), in der Mann sich u. a. dem Aufstieg der neuen Proletenpartei widmete, lautstark störten. Die Veranstaltung wurde nach der Störung fortgesetzt. Allerdings hat das Ereignis symbolträchtigen Charakter. Thomas Mann, der ehemalige Protagonist einer national-konservativen Elite, bekam nun die Konsequenzen seiner Konversion zur Republik zu spüren. Die viel beschworene ‚Jugend' (nicht die Mehrheit der Jugend, sondern die politisch aktive, wie auch die Mehrheit der Bürger, die zu den politischen Querelen schwieg) wandte sich von dem mittlerweile hoch dekorierten Autor, der sein fünfzigstes Lebensjahr überschritten hatte, ab und schlug auf ihn ebenso ein wie auf die verhasste Republik. Vernunft, Argumente, das alles wirkte bei den zahlreichen Gegnern der Republik nicht, weder was Thomas Mann in den Ring warf, noch was die Republik anging. Stattdessen wählten sie den Krawall und – aus der späteren Perspektive gesehen – die moralische, politische und menschliche Katastrophe, letztlich gefördert durch die Skepsis, die die politische und gesellschaftliche Elite der Republik gegenüber hegte. Eine Zivilgesellschaft, die sich gerade erst etabliert hatte, richtete sich selbst wieder zugrunde.

14.1 **Die Autoren und die Republik**
14.2 **Die Niederlage als Prüfstein (Wilhelm Schäfer und Hugo von Hofmannsthal)**
14.3 **Der Vernunftrepublikaner Thomas Mann**
14.4 **Das Ende der Republik**

14.1 Die Autoren und die Republik

Die erste deutsche Republik war bei ihren Autorinnen und Autoren umstritten, soll heißen: Sie stritten sich intensiv darüber, welchen Charakter die Republik hatte, wie sie zu bewerten war, ob man sie zu befürworten oder abzulehnen hatte, wie und in welcher Hinsicht sie zu verändern sei und ob sie überhaupt die angemessene Regierungsform für einen deutschen Staat war, der nach den Jahrhunderten der Kleinstaaterei vor allem unter der preußischen Vorherrschaft ein straffes und autoritäres System gewohnt war. Hinzu kommt, dass die Republik unter ihren Geburtsumständen litt, der verlorene Krieg, die Revolution 1918, die immens hohen Reparationen des Versailler Vertrags, die wirtschaftlichen Schwierigkeiten, die rasanten Veränderungen der Lebenswelt. Im Kleinen wie im Großen zog die Republik Aufmerksamkeit und Widerwillen auf sich. Nicht einmal der Aufstieg der NSDAP zur dominanten völkisch-nationalistisch geprägten Macht am rechten Rand des politischen Spektrums und der Beginn der wirtschaftlichen und politischen Krise 1929/30 führten zu einem klaren, mehrheitlichen Bekenntnis der Autoren zur Republik. Sie war für die meisten zu unattraktiv, und sie hat sie in vielen Fällen auch nicht gut behandelt.

Umstrittene Republik

Vier große Gruppen und damit politische Positionen lassen sich unter den Autoren ausmachen:

Vier Gruppen

1. In den Augen der linken Intellektuellen vom Schlage Johannes R. Bechers oder Egon Erwin Kischs war die Novemberrevolution 1918 fehlgeschlagen. Die Demokratisierung der Gesellschaft war nicht weit genug gegangen. „Die bürgerliche Republik war in Deutschland 1918 das Werk der Arbeiterklasse", erklärte etwa der Historiker Arthur Rosenberg in seiner im Exil geschriebenen *Geschichte der Weimarer Republik*. Der Geburtsfehler der Republik jedoch sei es gewesen, die Revolution, die Ende 1918 begonnen worden war, nicht zu Ende geführt zu haben (vgl. Rosenberg 1991, S. 211; Schulze 1998, S. 419). Es fehlten die Sozialisierung der Wirtschaftsgüter und eine direkte Form der Massendemokratie, die als Rätedemokratie kurze Zeit erprobt worden war. Stattdessen habe der Kapitalismus, der schon vom Krieg profitiert hatte, die Krise von 1918 überstanden und die sozialistische Revolution nach dem Beispiel der Sowjetunion abgewendet. Die Republik war in den Augen der Linken nur die bürgerliche Fassade eines Systems, das die Interessen einer Klasse durchsetzen sollte: des Bürgertums (→ **KAPITEL 8**).

Linke

Nationalisten
2. Die nationalistischen und völkischen Intellektuellen, zu denen etwa Ernst Jünger, Arnolt Bronnen, aber auch der promovierte Germanist Joseph Goebbels zählten, sahen im Krieg selbst den Stifter einer neuen Gesellschaft, die unter dem Dach der Nation zu alter Einheit und Stärke zurückfinden würde. Westliche Zivilisation und kapitalistische Ökonomie waren für sie die treibenden Faktoren bei der Zerstörung der völkisch-rassischen Reinheit und damit der eigentlichen kulturellen Auszeichnung des Deutschen. Auch sie lehnten die Republik entschieden ab und trugen in ihrer Endphase – etwa durch spektakuläre Aktionen gegen die Verfilmung von *Im Westen nichts Neues* (1929) oder die Rede Thomas Manns *Deutsche Ansprache* (1930, → ABBILDUNG 22) – entschieden zur ihrer Destabilisierung bei (→ KAPITEL 3.3).

Linksliberale
3. Linksliberale Autorinnen und Autoren wie Erich Kästner, Alfred Döblin, Carl von Ossietzky, Heinrich Mann oder Kurt Tucholsky entwickelten eine kritische Distanz zur Republik. In ihren Augen hatte die Republik in der Entscheidung zwischen den alten, konservativen Eliten und den neuen, einer demokratischen Massengesellschaft angemessenen Anforderungen allzu oft die konservativen, nationalistischen und herrschaftssichernden Optionen gewählt. Die Republik war, wie Heinrich Mann schrieb, eben „niemals blutig erkämpft worden" (H. Mann 1931, zitiert nach: Reinhardt 1992, S. 209), was ihre geringe Verankerung in der Bevölkerung zu erklären schien. Dennoch sind die Vertreter dieser Gruppe als entschiedene Demokraten zu verstehen, die die Errungenschaften des neuen Systems bei aller Kritik zu schätzen wussten. Dem Vorwurf, dass sie mit ihrer teilweise radikalen Haltung zur Republik deren Untergang mit betrieben hätten, steht der Anspruch an eine demokratische Gesellschaft gegenüber, die eine offene und intensive Auseinandersetzung um ihre Struktur nicht nur ermöglichen sollte, sondern auch zur Voraussetzung hat.

Konservative
4. Die bürgerlichen Autoren schließlich haderten lange mit der Republik, da mit ihr die Zerstörung der gewohnten und für sie vorteilhaften Strukturen verbunden war. Die meisten schwenkten entweder ins nationalistische Lager um oder entwickelten Positionen, die für radikale nationalistische Strömungen und den Nationalsozialismus anschlussfähig waren. Erst nach 1945 würden diese Autoren den Nationalsozialismus den Verfallserscheinungen der Moderne zuordnen, die es durch eine ‚formierte Gesellschaft' beheben galt.

Nur eine kleinere Zahl der Autoren des bürgerlichen Lagers, das insgesamt „die werdende deutsche Republik entweder bekämpft oder nur lau unterstützt" hatte (Rosenberg 1991, S. 211), wandte sich der Republik zu. Der bekannteste unter ihnen war und ist zweifelsohne Thomas Mann, der sich im Jahr 1922 von einem der wichtigsten und sprachmächtigsten literarischen Wortführer des nationalen Lagers zum entschiedenen Befürworter des neuen Staates wandelte (→ KAPITEL 14.3).

Wenige republikfreundliche bürgerliche Autoren

14.2 Die Niederlage als Prüfstein (Wilhelm Schäfer und Hugo von Hofmannsthal)

Der Krieg war für die bürgerlichen Intellektuellen und Künstler das zentrale Ereignis, das die deutsche Gesellschaft prägte. Exemplarisch zeigt dies der 1922 erschienene historische Großessay *Die dreizehn Bücher der deutschen Seele* des rheinischen Autors Wilhelm Schäfer. Schäfer – bereits 1868 geboren – war einer der renommiertesten älteren Autoren seiner Zeit und deshalb Mitglied der Sektion für Dichtkunst der Preußischen Akademie der Künste, gehörte dort aber der völkischen Gruppe an (→ KAPITEL 12). Mit 32 000 Exemplaren bis 1925 gehört Schäfers Schrift zu den erfolgreichsten politischen Büchern seiner Zeit im Bürgertum. Schäfer geht davon aus, dass die Niederlage im Krieg keine militärische Ursache hatte, sondern auf den kulturellen Verfall auch unter den Deutschen zurückzuführen war. „[E]in Volk das wirklich für seine Existenz aufsteht, kann nicht so kläglich zusammenbrechen." (Schäfer 1923, S. XII) Im Vordergrund stand für Schäfer also ein Versagen der Deutschen, das sich in der Niederlage ausdrücke. Sie hätten ihre Identität verloren, indem sie sich auf die Modernisierung der Welt eingelassen hätten, und das heißt, auf die zersetzende Wirkung des ökonomischen Denkens und auf die Auflösung des „faustischen" deutschen Charakters:

Wilhelm Schäfer: Die dreizehn Bücher der deutschen Seele

> „Das, was wir unsere Kultur nannten und was in Wirklichkeit die moderne Zivilisation war, d. h. die Veräußerlichung unseres Daseins im Hochmut und der entgotteten Leichtfertigkeit des abendländischen Menschengeistes: der Kampf aller gegen alle, den ein nur noch wirtschaftlich erfülltes Dasein in seiner letzten Konsequenz bedeutet, kam zur Entscheidung; und wir mußten die Klopffechter [Schaukämpfer, Anm. d. Verf.] einer Zeitenwendung sein, der unser Schicksal nur eine Nebensächlichkeit war." (Schäfer 1923, S. XIII)

Aufgabe der deutschen Identität

Der Krieg sei nicht aus existenziellen Gründen – was dem eigentlichen Charakter der Deutschen entsprochen hätte –, sondern wegen der „serbischen Schweinezucht" begonnen worden. Nicht die Bedrohung der Nation oder ihrer Kultur hatten also zum Krieg geführt, sondern aus kleinlichen, ökonomischen Erwägungen heraus waren rund 10 Millionen Menschen geopfert worden (vgl. Büschenfeld 2006, S. 49). Deutschland habe deshalb diesen Krieg zu Recht verloren, aber eben nicht vor den „Siegern von Versailles", sondern vor der „Weltgeschichte", die das eigentliche „Weltgericht" sei (Schäfer 1923, S. XIV). Ein Volk könne „nur leben im Bewußtsein seiner Sendung", in der „Gläubigkeit seiner Ideale, die wiederum nur in den letzten Dingen, nicht in bloßen Interessen verankert sein können" (Schäfer 1923, S. XIII).

Ökonomische Ursachen des Kriegs

Für Schäfer wurde die Niederlage deshalb zur Prüfung, die – recht gewendet – den Vorrang der Deutschen erweisen sollte. Die deutsche Sendung sei entsprechend als eine Art Gesamtauftrag der Menschheit zu verstehen, die Deutschland in den Kampf gegen das Chaos, gegen die Auflösung der Ordnung, gegen die Ablösung von der jeweiligen Herkunft, gegen den Internationalismus und gegen die Umpolung auf das ökonomische Interesse geschickt habe. Das deutsche Volk müsse also aus seiner Geschichte lernen und zu seinen eigentlichen Qualitäten zurückkehren. Der neue Krieg selbst habe dazu das Wesentliche beigetragen: „Der Krieg, nicht die Republik ruft demnach die neue Zeit auf den Plan" (Weyergraf 1995b, S. 269; → KAPITEL 3).

Niederlage als Prüfung

Hugo von Hofmannsthal hat solchen Ansprüchen, die neben Schäfer von zahlreichen anderen Intellektuellen der Zeit erhoben wurden, einen Markennamen gegeben, der bis heute überlebt hat: „Konservative Revolution". In seiner am 10. Januar 1927 in München gehaltenen Rede *Das Schrifttum als geistiger Raum der Nation* (Hofmannsthal 1999, S. 106–122), die der Hofmannsthal-Herausgeber Lorenz Jäger neben Thomas Manns Rede *Von deutscher Republik* zu den „großen kulturpolitischen Stellungnahmen der zwanziger Jahre" gezählt hat (Jäger 1999, S. 127), hat Hofmannsthal den Suchbewegungen seiner Zeit eine intellektuelle Heimat zu geben versucht.

Konservative Revolution

Dabei greift er auf die kulturelle Differenz zwischen Deutschland und Frankreich zurück, freilich nicht mit der aus den deutsch-französischen Kriegen bekannten Verurteilung der französischen Zivilisation. Stattdessen attestiert er der französischen Kultur „Ganzheit des Daseins", während die „deutsche Geisteshaltung" von Zerrissenheit, der Abwendung von allem Gesellschaftlichen und von einer beständi-

Differenz Deutschland – Frankreich

gen Suchbewegung bestimmt sei. „Unbehaust" nennt er deren Protagonisten und „kühn", auch „Träger" einer „produktiven Anarchie". Die Anspannung der Kräfte, die hier erkennbar sei, habe gar einen „hybriden" Charakter, wie Hofmannsthal am Exempel der „Gestalt" des aus „dem Chaos hervortretende[n] Geistige[n]" zeigt, der mit dem „Anspruch auf Lehrerschaft und Führerschaft" auftrete, mithin der „wahre[] Deutsche[] und Absolute[]" sei: „Denn er hat dieses Gesetz über sich gesetzt, daß alles mit ihm, mit seiner Seelenwallung neu anfangen müsse" (Hofmannsthal 1999, S. 109–115).

Sinnstiftung wurde gerade für die junge bürgerliche Generation zu einem zentralen Anliegen. Intellektuelle und „geistige" Führerfiguren wie Stefan George (→ ASB AJOURI) – zu dessen Umkreis Hofmannsthal eine Weile gehörte – sammelten Kreise von Jüngern um sich, die die real existierende Republik nicht einmal wahrnahmen, da sie auf der Suche nach der „Urnatur im Menschen und in der Welt" waren (Hofmannsthal 1999, S. 117).

Sinnstiftung

Bei dieser notwendigen Neugründung der kulturellen Welt greift Hofmannsthals Figur des „Genius'", „Deuters" und „Sehers" auf das gesamte historische Reservoir an Utopien und Gesellschaftsentwürfen zurück, die die deutsche Kulturgeschichte zu bieten hat (womit Hofmannsthal erkennbar an Schäfers Konstruktion anschließt, wenngleich er deutlich skeptischer und ironischer auftritt): „[D]a spukt allerlei aus drei oder vier Jahrhunderten". Das Ziel dieses „deutsche[n] Ringen[s] um Freiheit" sei die „Bildung einer wahren Nation" (Hofmannsthal 1999, S. 117, 119):

„Hier bricht dieses einsame, auf sich gestellte Ich des titanisch Suchenden durch zur höchsten Gemeinschaft, indem es in sich einigt, was mit tausend Klüften ein seit Jahrhunderten nicht mehr zur Kultur gebundenes Volkstum spaltet." (Hofmannsthal 1999, S. 121).

Sucher

Die hier angedachte Lösung war groß, und sie hatte einen imaginären, unrealistischen Charakter. Hofmannsthal suchte eine sinnvolle Lösung für die Krise, in der (nicht nur) er die Gesellschaft sah: Dass Industrialisierung und Urbanisierung sowie der Aufstieg des Kapitalismus, der Demokratie und der Massengesellschaft die historisch gewachsenen kulturellen und politischen Formen zerstört oder überflüssig gemacht hatten, war ihm nicht entgangen. Die destruktiven Kräfte dieser Veränderungsdynamik waren gleichfalls unübersehbar. Die einzige für Hofmannsthal denkbare Möglichkeit, die auseinanderfallende Kultur und Gesellschaft wieder zu einen, sah er im Wirken einer katalysatorischen Figur, mit anderen Worten: in einer Führerpersönlichkeit, die die Widersprüche der Zeit in sich aufheben konnte.

Führerpersönlichkeit

Die Denkfigur des Führers war im kulturellen Denken des frühen 20. Jahrhunderts allgegenwärtig, die Sehnsucht nach Stiftung einer verlorenen Einheit motivierte vor allem die bürgerlichen Denker, Autoren und Politiker, die der modernen Gesellschaft den Verlust von Einheit, sei sie national oder kulturell bestimmt, beklagten (→ KAPITEL 13).

Der Resonanzraum dieser Idee beschränkte sich jedoch nicht auf die kulturelle Elite, sondern sie traf sich mit politisch radikalen Strömungen, die die Folgen der Modernisierung durch eine Neuformierung der Gesellschaft und ihre konsequente Ausrichtung auf eine Führerfigur bewältigen wollten. Nicht zuletzt mit der Führeridee wurde das Bürgertum an den Nationalsozialismus anschließbar. Mit der inszenierten Führerfigur Hitler, einem ausgeprägten Tat-Ethos und dem Versprechen, die deutsche Nation nach Versailles wieder zu neuer Größe und Einheit zu führen, stieß der Nationalsozialismus auf breite Akzeptanz. Hofmannsthal verstarb bereits 1929, noch bevor der Nationalsozialismus erst in Deutschland, dann in Österreich an die Macht kam (allerdings befand sich Italien seit 1922 unter faschistischer Herrschaft). Insofern hat Hofmannsthal die verhängnisvolle Karriere seines Stichworts von der Konservativen Revolution nicht mehr erlebt und seine Position auch nicht mehr korrigieren können. Die (im Übrigen vergeblichen) Avancen, die die Nationalsozialisten nach der Machtübernahme der kulturellen Leitfigur Stefan George machten, zeigen aber, dass sie sich über ihre Stichwortgeber im bürgerlichen Lager im Klaren waren.

Anschlussmöglichkeit des Bürgertums an den Nationalsozialismus

14.3 Der Vernunftrepublikaner Thomas Mann

Je deutlicher man sich vor Augen führt, dass die meisten bürgerlichen Intellektuellen und Autoren die Positionen und Haltungen Schäfers oder Hofmannsthals teilten, desto erstaunlicher wird die Wandlung Thomas Manns zum Vernunftrepublikaner.

Manns Wandlung

Die Motivation, die Mann dabei antrieb, hat der Literaturwissenschaftler Bernhard Weyergraf auf den Punkt gebracht: Die bürgerlichen Autoren sahen sich dem Dilemma ausgesetzt, in einer Gesellschaft wirken zu wollen, der sie zugleich mit größter Reserviertheit gegenüber standen. Um dies tun zu können, mussten sie sich mit der neuen Staatsform arrangieren, spätestens dann, wenn sie der Ansicht waren, diese Staatsform werde einigermaßen von Dauer sein, und davon konnte man 1922 noch ausgehen. Thomas Mann hatte dafür – trotz der Unterbrechung durch die nationalsozialistische Herrschaft 1933 bis 1945 – im Vergleich zu vielen seiner Autorenkollegen den klareren Blick:

„Zwischen Kunst und Leben zu vermitteln, dafür sucht Thomas Mann nach einer Form, die sowohl seinen ästhetischen Ansprüchen als auch seinem Verlangen nach Breitenwirkung in einer sich verändernden Gesellschaft entgegenkommt. Das zielt auf eine Literatur, die das Ideal der Humanität nicht preisgibt und dem Teufelskreis entkommt, in dem eine bürgerliche Intelligenz sich ihrer Produktivität durch Selbsterhöhung und Abgrenzung gegenüber den Nivellierungstendenzen ihrer Zeit, in der sie doch wirken will, versichert." (Weyergraf 1995b, S. 287)

<small>Kompromiss mit der Massengesellschaft</small>

Dennoch war es Thomas Mann bewusst, dass sein Bekenntnis zur Republik gut begründet und noch besser ‚verkauft' werden musste, damit das bürgerliche Publikum ihm dabei folgte. Seine Argumentation verdient deshalb einen genaueren Blick.

<small>Richtungswechsel als Kontinuität</small>

Als Anlass wählte Mann den sechzigsten Geburtstag Gerhart Hauptmanns, dem er Ende 1922 im Berliner Beethovensaal die Rede *Von Deutscher Republik* widmete. Der Redner Thomas Mann sprach indes nicht über das Werk des ehemals als „literarische[r] Nestbeschmutzer" (Mahal 1975, S. 165) verfemten, nun aber mit großem Respekt behandelten Jubilars, sondern vor allem über das grundsätzliche Verhältnis, das ein nationalbewusster, konservativer und intelligenter Mensch zur Republik einnehmen musste. Zu jener Staatsform also, die er noch 1918 in seinen *Betrachtungen eines Unpolitischen* als Ausdruck der „Entdeutschung" und als „Unfug" gebrandmarkt hatte (Th. Mann 1990, Bd. XII, S. 68). Im Gegensatz dazu trat „der notorische und eingetragene ‚Bürger'" nun entschlossen „auf die Seite der Republik", wie er in der Vorbemerkung der gedruckten Rede *Von Deutscher Republik* betonte (Th. Mann 1990, Bd. XI, S. 810).

<small>Gerhart Hauptmann zum 60. Geburtstag</small>

Seinen „republikanische[n] Zuspruch" stellte er dabei gezielt in die Denklinie der kulturkonservativen *Betrachtungen eines Unpolitischen* (→ KAPITEL 13.1) und setzte diese „Linie", so betonte er, „genau und ohne Bruch ins Heutige fort". Er habe bestenfalls seine Gedanken geändert, nicht seinen „Sinn" (Th. Mann 1990, Bd. XI, S. 810, 809). Mann betonte also, sich selbst und damit seinem Gedankengut und seinem Publikum treu geblieben zu sein. Damit ihm das möglich wurde, nahm er zwei weitere Operationen vor:

Gründungsakt der Republik im Augusterlebnis 1914

1. Er verlegte den Gründungsakt der Republik nicht in die chaotischen Nachkriegsmonate, sondern verband ihn mit dem Kriegsbeginn, dem „Augusterlebnis 1914", das einer der wichtigsten Mythen im bürgerlichen Lager war. „[D]amals, in der Stunde todbereiten Aufbruchs habe sie [die Republik] in den Herzen der Jugend sich hergestellt!", hob Mann hervor (Th. Mann 1990, Bd. XI, S. 811; vgl. Schöning 2009).

Republik Konsequenz der bürgerlichen Emanzipation

2. Er führte den Nachweis, dass die Republik die Konsequenz der nationalen Identitätsbestrebungen sei. Die Demokratie habe „nach Wegfall der dynastisch-feudalen" Elite die „geistige[n] Spitzen [...] der Nation sichtbarer gemacht" (Th. Mann 1990, Bd. XI, S. 813). Ob denn die „Republik [...] nicht immer noch Deutschland wäre", heimatlicher noch in jedem Fall als „irgendein strahlendes, rasselndes, fuchtelndes Empire"? (Th. Mann 1990, Bd. XI, S. 825) Das Bürgertum selbst werde nun endlich für die Geschicke der Nation allein verantwortlich – der Staat sei jetzt in „unsere Hände [...] gelegt", hebt Mann hervor. Das Nationale sei nämlich „weit mächtiger und lebensbestimmender [...] als der staatsrechtliche Buchstabe" (Th. Mann 1990, Bd. XI, S. 821, 825), das „Physiognomisch-Nationale" setze sich „aller kosmopolitischen Hingabe ungeachtet unfehlbar durch" (Th. Mann 1990, Bd. XI, S. 814).

Dabei sei es allerdings bedrohlich, dass die Jugend „heute die hitzige Parteigängerin der Vergangenheit" sei und „auf mechanische Restauration des Alten [...] all ihren Sinn gerichtet" habe (Th. Mann 1990, Bd. XI, S. 820). Sie sperre sich gegen die Veränderung und bleibe auf eine idealisierte Vergangenheit fixiert, die mit der Niederlage im Ersten Weltkrieg ihren Niedergang erlebt hatte.

Nur wer sich verändert, bleibt sich treu

Dem setzte Mann das „Grundgesetz" entgegen, das „unter uns Deutschen" gelte, nämlich dass, „wer sich verliert, sich bewahren wird, wer sich aber zu bewahren trachtet, sich verlieren, das heißt der Barbarei oder biederer Unbeträchtlichkeit anheimfallen wird." (Th. Mann 1990, Bd. XI, S. 814)

Der Weg, den die national gesinnte Jugend eingeschlagen habe, sei nichts anderes als „sentimentaler Obskurantismus", der sich „zum Terror organisiert und das Land durch ekelhafte und hirnverbrannte Mordtaten" geschändet habe, womit Mann 1922 auf die Freikorps anspielte (Th. Mann 1990, Bd. XI, S. 818). Die Jugend entziehe sich der Verantwortlichkeit für Gesellschaft und Nation, und ihr Weg sei zutiefst inhuman. Humanität aber beschrieb Mann als „unsere nationale Sache":

„Zwischen ästhetizistischer Vereinzelung und würdelosem Untergange des Individuums im Allgemeinen; zwischen Mystik und Ethik, Innerlichkeit und Staatlichkeit; zwischen todverbundener Verneinung des Ethischen, Bürgerlichen, der Wertes und einer nichts als wasserklar-ethischen Vernunftphilisterei ist sie in Wahrheit die deutsche Mitte, das Schön-Menschliche, wovon unsere Besten träumten." (Th. Mann 1990, Bd. XI, S. 852)

Mit dieser Rede hatte sich Mann endlich der Position seines Bruders Heinrich genähert, der in seinem großen *Zola*-Essay aus dem Jahr 1915 für eine kämpferische Literatur und eine offene Gesellschaft plädiert hatte, die sich aktiv mit den sich ändernden gesellschaftlichen Verhältnissen auseinander setze solle. Der zweite Satz von Heinrich Manns Essay sollte Anlass für die langjährige Entfremdung zwischen den Brüdern sein: „Sache derer, die früh vertrocknen sollen, ist es, schon zu Anfang ihrer zwanzig Jahre bewußt und weltgerecht hinzutreten." (H. Mann 1997, S. 261) Thomas Mann hatte sich darin nicht zu Unrecht wiedererkannt. Er ärgerte sich gründlich. Aber er änderte sich doch.

_{Annäherung an Heinrich Mann}

Die Republik hat dem Autor Thomas Mann die Konversion gelohnt: Sie bot ihm „die Rolle" des „kulturellen Repräsentanten an" (Kurzke 2002, S. 359). Selbstverständlich war Thomas Mann eines der Gründungsmitglieder der 1926 gegründeten Sektion für Dichtkunst der Preußischen Akademie der Künste. Rasch stieg er zum „König der Republik" auf: „In ihm sah die republikanische Öffentlichkeit den Fürsprecher und Mahner zugleich." (Mittenzwei 1992, S. 52) Mann selbst hat die Wahl in die Akademie als „eine logische Folge der staatlich-gesellschaftlichen Entwicklung Deutschlands und nichts weiter als die Bestätigung schon bestehender Tatsachen" verstanden (Th. Mann 1990, Bd. XI, S. 135). Selbst die Verleihung des Literaturnobelpreises 1929 kommentierte er einigermaßen lakonisch mit den Worten:

_{Dank der Republik}

_{Nobelpreis}

„Die sensationelle Auszeichnung [...] hatte, soviel ich wußte, schon mehr als einmal dicht über mir geschwebt und traf mich nicht unvorbereitet. Sie lag wohl auf meinem Wege." (Th. Mann 1990, Bd. XI, S.141)

Thomas Mann blieb in den folgenden Jahren bis zum Ende der Weimarer Republik bei dieser einmal eingenommen Position: Auf die Rede zu Ehren Gerhart Hauptmanns folgte nicht nur ein dem ermordeten Außenminister Walther Rathenau gewidmetes Bekenntnis zu Republik. Vor allem in seiner zweiten großen politischen Rede, *Deutsche Ansprache* (1930), die er gleichfalls im Berliner Beethovensaal hielt und die der Thomas Mann-Biograf Hermann Kurzke als die wohl „politisch fundierteste, gründlichste und wichtigste" der politischen Reden Manns bezeichnet hat (Kurzke 2005, S. 700), setzte sich Mann ausführlich mit der aufkommenden nationalsozialistischen Bewegung auseinander und warnte dringlich vor den verhängnisvollen Konsequenzen, die deren Machtübernahme haben würde.

Deutsche Ansprache (1930)

Dabei bewahrte Mann in der Tat seine wertkonservative Linie: Die Ursache für den Erfolg der Nationalsozialisten sah er in der „Weltfremdheit und politischen Romantik", die Krieg und Nachkriegszeit forciert hätten. Er sei eben auch Ausdruck einer „Riesenwelle exzentrischer Barbarei und primitiv-massendemokratischer Jahrmarktsroheit" (Th. Mann 1990, Bd. XI, S. 878), Erfolg könne das Ganze aber nur deshalb haben, weil es „eine relative Wahrheit, Gesetzlichkeit und logische Notwendigkeit" besitze (Th. Mann 1990, Bd. XI, S. 877). Soll heißen: Das Problem, das die Nationalsozialisten zu lösen behaupteten, war in der Tat vorhanden, allerdings griff ihre Lösung nicht, sondern führte in die Barbarei.

Für Vernunft, gegen den Rausch

Mann plädierte stattdessen für eine republikanische Vernunftpolitik und gegen den politischen Rausch, mit dem die realen wie symbolischen Verletzungen der Vergangenheit ebenso geheilt werden sollten wie die Modernisierungsfolgen behoben. Freilich ist der defensive Charakter der zweiten Rede ebenso wenig zu übersehen wie ihre Erfolglosigkeit. Die Veranstaltung selbst wurde von Nationalsozialisten gestört. Mann blieb auf Distanz zu den völkischen und nationalistischen Autoren der Sektion für Dichtkunst der Preußischen Akademie der Künste (→ KAPITEL 12.1) und bekannte sich 1936 – nach anfänglichem Zögern – zum Exil, in dem er de facto seit 1933 lebte, als er nach der Machtübernahme Hitlers von einer Europareise nicht nach Deutschland zurückgekehrt war.

14.4 Das Ende der Republik

Kein unvorhergesehenes Ende

Das Ende der Republik ist nicht unvorhergesehen gekommen, es war aber auch, wie der Historiker Hagen Schulze betont hat, nicht unvermeidbar: „Die erste deutsche Republik ist nicht ermordet worden, sondern sie hat sich selbst aufgegeben" (Schulze 1998, S. 428). Es waren die sie tragenden politischen, wirtschaftlichen und kulturellen Eliten, die nicht die Kraft aufbrachten, sich entschieden zu einer demokratischen und offenen Gesellschaftsform zu bekennen. Die Kompromisse, die sie dafür hätten eingehen müssen, waren offensichtlich

zu groß für ein solches Bekenntnis. Spezifische Mentalitäten, Einstellungen und Denkformen standen dem entgegen, wie Schulze hervorhebt. Dennoch:
„[D]ie Chance der Gruppen wie der Einzelnen, sich für Weimar zu entscheiden und dem Gesetz der parlamentarischen Demokratie zu gehorchen, nach dem man angetreten war, hat immer bestanden." (Schulze 1998, S. 425)
Literarische Autoren sind in diesem Zusammenhang Repräsentanten gesellschaftlicher Gruppen und Meinungen wie andere Zeitgenossen auch. Sie trifft insofern mehr Verantwortung als andere Berufsgruppen, als sie als Akteure in der kulturellen und literarischen Öffentlichkeit die Meinungsbildung mit vorantreiben und den unterschiedlichen Positionen Ausdruck geben. Das aber tun sie aktiv.

Dass es unter den Autoren der Weimarer Republik nur wenige gab, die sich vorbehaltlos zur Republik bekannten, ist dabei die eine Seite, eine andere ist, dass zahlreiche Autoren sich den politischen Extremen zuwandten. Konservative, völkische und nationalistische Autoren beförderten am Ende den Nationalsozialismus, was nicht einmal in Absicht gewesen sein mag, Fakt ist es dennoch, wie es das Beispiel des Schlagworts von der Konservativen Revolution zeigt. Nicht minder desaströs war das Wirken der linken Autoren, die die Republik einer Radikalkritik unterzogen und auf eine sozialistische Revolution hin wirken wollten, ohne die realen Folgen einer Radikalisierung der politischen Kultur ins Kalkül zu ziehen.

Mangelnde Unterstützung ...

... und harte Gegnerschaft

Allerdings haben die linksliberalen und linken Autoren in der Spätzeit der Republik bereits erfahren müssen, dass eine konservativbürgerliche Ordnungspolitik mit autoritärem Charakter, die mit den Präsidialregimen seit 1930 einsetzte, unliebsame Kritik energisch verfolgte: Der Herausgeber der Wochenzeitschrift *Die Weltbühne*, Carl von Ossietzky, wurde Ende 1931 wegen Landesverrat zu einer Haftstrafe verurteilt, obwohl die Informationen, die in dem bereits 1929 erschienenen fraglichen Artikel verarbeitet worden waren, frei zugänglich und publik waren. Ossietzky trat die Haftstrafe am 10. Mai 1932 an.

Repressionen gegen Kritiker

Carl von Ossietzky

Der Schriftsteller Ludwig Renn wurde im November 1932 aus einem seiner Vorträge in der *Marxistischen Arbeiterschule* heraus verhaftet und mit dem Vorwurf des „literarischen Hochverrats" inhaftiert. Nutznießer der Dezember-Amnestie, durch die u. a. Carl von Ossietzky nach 227 Tagen Haft in der Strafanstalt Berlin-Tegel die Freiheit wiedererlangte, war Renn nicht. Es dauerte bis Ende Januar 1933, bis er aus der Haft entlassen wurde. Unmittelbar nach dem

Ludwig Renn

Reichstagsbrand, am Morgen des 28. Februar 1933, wurde Renn aber erneut verhaftet und am 16. Januar 1934 wegen Vorbereitung zum Hochverrat zu zweieinhalb Jahren Gefängnis verurteilt. Im August 1935 wurde er vorzeitig aus der Haftanstalt Bautzen entlassen; im Januar 1936 floh er in die Schweiz und reiste von dort weiter nach Spanien, wo er sich den Internationalen Brigaden anschloss (vgl. Ackermann/Delabar 2009).

Helene Weigel Helene Weigel, Schauspielerin und Ehefrau Bertolt Brechts, wurde in der Nacht vom 4. auf den 5. Februar 1933 auf einer pazifistischen Veranstaltung der Internationalen Arbeiterhilfe verhaftet, auf der sie einige der *Kinderlieder* Brechts vorgetragen hatte, die angeblich zu Gewalttätigkeiten aufreizten. Nach einigen Stunden konnte der Anwalt Weigels, Rudolf Olden (der gleichfalls als Autor produktiv war), die Schauspielerin freibekommen (vgl. Ackermann/Delabar 2007).

Thomas Mann Thomas Mann ging mit dem am 10. Februar 1933 in München gehaltenen Vortrag *Leiden und Größe Richard Wagners* auf eine Vortragsreise, die ihn über die Niederlande, Belgien und Frankreich in die Schweiz führte. Er wurde von den Ereignissen nach der Machtübernahme überrollt und kehrte nicht mehr ins nationalsozialistische Deutschland zurück (vgl. Heine/Schommer 2004).

Exil und Flucht Am Tag nach dem Reichstagsbrand, am 28. Februar 1933, verließen Helene Weigel und Bertolt Brecht Deutschland wie viele andere Autoren, bildende Künstler, Musiker und Schauspieler. Nach der Reichstagswahl vom 5. März 1933 intensivierten die Nationalsozialisten die Verfolgungen. Die Schauspielerin Tilly Durieux erinnerte sich in ihren Memoiren *Meine ersten neunzig Jahre* an ihre Flucht vor den Nationalsozialisten in der Nacht vom 31. März auf den 1. April 1933, an dem ein Juden-Boykott-Tag abgekündigt gewesen sei:

Im Zug nach Prag „[F]ünf Minuten vor Abgang konnte ich den Zug erreichen. Ich fand ihn voll besetzt von flüchtenden Personen, darunter viele bekannte Namen; die Direktoren [Rudolf] Bernauer und [Carl] Meinhard, die seit Jahren eines der großen Theater leiteten, den feinen Essayisten [Alfred] Polgar, den Chefredakteur des ‚Berliner Tageblattes', Theodor Wolff, prominente Rechtsanwälte, Schriftsteller, Maler. Ein Aufatmen der Erleichterung ging durch den Zug, als er sich in Bewegung setzte." (Durieux 1971, S. 334)

Ungefähr 2 000 Schriftsteller verließen in den Tagen Wochen, Monaten und Jahren nach dem Amtsantritt des neuen Reichskanzlers Adolf Hitler Deutschland (vgl. Stephan 1979, S. 7). Unter ihnen neben Thomas Mann und Bertolt Brecht Heinrich Mann, Walter Benjamin, Alfred Döblin, Lion Feuchtwanger, Stefan und Arnold Zweig,

Carl Zuckmayer, Oskar Maria Graf, Joseph Roth, Mascha Kaléko, Max Herrmann-Neiße, Johannes R. Becher, Kurt Tucholsky und Anna Seghers. Wenige Jahre später, 1938, traf es auch die Autoren aus Österreich wie Robert Musil, Joseph Roth oder Hermann Broch, oder die nach Österreich Geflohenen, zu denen auch Carl Zuckmayer gehörte.

Dies bedeutete einen stetigen Aderlass, bei dem beinahe alle Repräsentanten der modernen und populären Literatur, beinahe alle linken und linksliberalen Autoren, alle Autoren, deren Distanz zum Nationalsozialismus groß genug war, dass sie um ihre Existenz fürchten mussten, und beinahe alle Autoren jüdischer Herkunft das Land verließen. Ihre Bücher wurden verboten und unterdrückt, am 10. Mai 1933 wurden bei reichsweiten Kundgebungen unter anderem Schriften Erich Kästners, Ernst Glaesers und Heinrich Manns symbolbeladen auf Scheiterhaufen verbrannt. Autoren wie Erich Mühsam, Carl von Ossietzky oder Gertrud Kolmar wurden ermordet. Wer nicht fliehen konnte, wollte oder musste, ging in die Innere Emigration oder passte sich an. Die Literatur der Weimarer Republik, aber auch der Österreichischen Republik, war mit ihren Staaten an ihr Ende gekommen.

Aderlass der deutschen Literatur

Fragen und Anregungen

- Diskutieren Sie die Haltung der Autoren zur Weimarer Republik und begründen Sie sie.

- Diskutieren Sie die Lösungsmodelle bürgerlicher Autoren.

- Skizzieren Sie die Entwicklung der Position Thomas Manns zur Republik.

- Welche Differenzen lassen sich in den Positionen Thomas und Heinrich Manns finden?

- Warum hat der Krieg für die konservativen Autoren einen so hohen Stellenwert?

Lektüreempfehlungen

Quellen
- **Hugo von Hofmannsthal: Das Schrifttum als geistiger Raum der Nation** [1927], in: ders., Werke in zehn Bänden, herausgegeben von Lorenz Jäger, Frankfurt a. M. 1999, Erfundene Gespräche und Briefe, S. 106–122. *Ein unruhiges Deutschland auf der Suche nach der nationalen Einheit. Hofmannsthals Essay skizziert eine rumorende bürgerliche Intelligenz.*

- **Heinrich Mann: Zola** [1915], in: ders., Geist und Tat. Franzosen von 1780 bis 1930. Essays, mit einem Nachwort von Ulrich Walberer und einem Materialienzusammenhang, zusammengestellt von Peter-Paul Schneider. Frankfurt a. M. 1997, S. 119–203. *Heinrich Manns Plädoyer für eine engagierte Literatur und eine offene Gesellschaft, publiziert mitten im Krieg 1915.*

- **Thomas Mann: Von Deutscher Republik** [1922], in: ders., Gesammelte Werke in dreizehn Bänden Frankfurt a. M. 1990, Bd. 11, S. 809–852. *Der Text, mit dem Thomas Mann sein Bekenntnis zur Republik ablegte. Zwei Jahre später folgte der literarische Beleg, der Roman „Der Zauberberg".*

Forschung
- **Antje Büssgen: Intellektuelle in der Weimarer Republik**, in: Jutta Schlich (Hg.), Intellektuelle im 20. Jahrhundert in Deutschland. Ein Forschungsreferat, Tübingen 2000, S. 161–246. *Büssgen referiert die Forschung zu den Intellektuellendiskursen während der Weimarer Republik.*

- **Hermann Kurzke: Thomas Mann. Das Leben als Kunstwerk**, Frankfurt a. M. 2. Auflage 2002. *Grundlegende Biografie des umfassenden Thomas-Mann-Kenners und -Herausgebers.*

- **Peter Stein: Heinrich Mann**, Stuttgart/Weimar 2002. *Eine umfassende und konzentrierte Einführung zu Heinrich Mann.*

- **Ulrich Weinzierl: Hugo von Hofmannsthal**, Frankfurt a. M. 2007. *Weinzierl unternimmt eine neue Annäherung an Hofmannsthal.*

- **Bernhard Weyergraf: Konservative Wandlungen**, in: ders. (Hg.), Literatur in der Weimarer Republik 1918–1933, München 1995. *Weyergraf gibt einen exemplarischen Einblick in die Denkformen konservativer Autoren.*

15 Serviceteil

15.1 Allgemeine Hilfsmittel

Sach- und Personenlexika

- Hubert van den Berg / Walter Fähnders (Hg.): Metzler Lexikon Avantgarde, Stuttgart / Weimar 2009. *Ein äußerst hilfreiches Instrument, um sich in den literarischen Avantgarden des 20. Jahrhunderts zurecht zu finden.*

- Simone Barck / Silvia Schlenstedt / Tanja Bürgel / Volker Giel / Dieter Schiller, unter Mitarbeit von Reinhard Hillich (Hg.): Lexikon sozialistischer Literatur. Ihre Geschichte in Deutschland bis 1945, Stuttgart / Weimar 1994. *Neubearbeitung des Nachschlagewerks zu den sozialistischen Autoren, Verlagen, Zeitschriften und Gruppen.*

Literaturgeschichten

- Alexander von Bormann / Horst Albert Glaser (Hg.): Deutsche Literatur. Eine Sozialgeschichte. Bd. 9: Weimarer Republik – Drittes Reich: Avantgardismus, Parteilichkeit, Exil. 1918–1945, Reinbek bei Hamburg 1983. *Immer noch lesenswerte Literaturgeschichte aus der Rowohlt-Reihe mit sozialhistorischer Ausrichtung.*

- Walter Fähnders: Avantgarde und Moderne 1890–1933. Lehrbuch Germanistik, Stuttgart / Weimar 1998. *Standardwerk zur Literatur der Moderne mit eigenem Teil zur Literatur 1918–33.*

- Jost Hermand / Frank Trommler: Die Kultur der Weimarer Republik, München 1978. *Kulturgeschichte der Weimarer Republik mit starkem Fokus auf die fortschrittliche Kultur.*

- Dieter Hoffmann: Arbeitsbuch Deutschsprachige Lyrik 1916–1945. Vom Dadaismus bis zum Ende des Zweiten Weltkriegs, Tübingen / Basel 2001. *Arbeitsbuch zur Lyrik auch der Jahre 1918–33 mit Beispielanalysen.*

- Helmuth Kiesel: Geschichte der literarischen Moderne. Sprache Ästhetik, Dichtung im zwanzigsten Jahrhundert, München 2004. *Neuester Versuch einer Geschichte der literarischen Moderne mit starker Betonung der reflexiven Modernisierung.*

- Rainer Metzker (Text) / Christian Brandstetter (Bildauswahl): **Berlin. Die Zwanzigerjahre. Kunst und Kultur 1918–1933**, München 2006. *Reich bebilderte Kunst- und Kulturgeschichte der 1920er-Jahre mit dem Fokus auf Berlin.*

- Günther Rühle: **Theater in Deutschland 1887–1945. Seine Ereignisse – seine Menschen**, Frankfurt a. M. 2007. *Detailreiche Geschichte der Theaterpraxis auch der Jahre 1918–33.*

- Erhard Schütz: **Romane der Weimarer Republik**, München 1986. *Medienhistorisch ausgerichtete Darstellung der Literatur der Weimarer Republik. Immer noch ein Standardwerk.*

- Gregor Streim: **Einführung in die Literatur der Weimarer Republik**, Darmstadt 2009. *Knapper und informativer Überblick.*

- Bernhard Weyergraf (Hg.): **Literatur in der Weimarer Republik 1918–1933**, München 1995 (= Hansers Sozialgeschichte der deutschen Literatur vom 16. Jahrhundert bis zur Gegenwart 8). *Umfangreiche und weit gespannte Literaturgeschichte der Jahre 1918–33, z. T. mit neuen Forschungsperspektiven.*

- Reinhard Wittmann: **Geschichte des deutschen Buchhandels. Ein Überblick**, München 1991. *Standardwerk zur Geschichte des Buchhandels.*

Zeitschrift

- **Jahrbuch zur Literatur der Weimarer Republik**, München 1995ff. *Das von Sabina Becker begründete Jahrbuch versammelt neben Aufsätzen und Rezensionen zur Forschung auch Primärtexte.*

Textsammlungen

- Sabina Becker: **Neue Sachlichkeit**, 2 Bde., Köln / Weimar / Wien 2000. *Band 2 bietet eine umfangreiche Dokumentensammlung.*

- Günter Heintz (Hg.): **Deutsche Arbeiterdichtung 1910–1933**, Stuttgart 1974. *Der Band bietet einen Einblick in die Arbeiterdichtung 1910 bis 1933.*

- Anton Kaes (Hg.): **Weimarer Republik. Manifeste und Dokumente zur deutschen Literatur 1918–1933**. Mit einer Einleitung und Kommentaren, Stuttgart 1983. *Die wohl wichtigste Dokumentensammlung zur Literatur der Weimarer Republik, eine Fundgrube.*

ALLGEMEINE HILFSMITTEL

- Helmut Kreuzer (Hg.): **Deutsche Gedichte zwischen 1918 und 1933.** In Zusammenarbeit mit Ingrid Kreuzer, Stuttgart 1999. *Überblick über die Lyrik zwischen 1918 und 1933.*

- Stephan Reinhardt (Hg.): **Die Schriftsteller und die Weimarer Republik. Ein Lesebuch,** Berlin 1982, 2. Auflage 1992. *Enthält Stellungnahmen v. a. literarischer Autoren zur Republik.*

- Karl Riha (Hg.): **Dada Berlin. Texte, Manifeste, Aktionen.** In Zusammenarbeit mit Hanne Bergius, Stuttgart 2002. *Sammlung von Texten aus der Produktion von Dada Berlin.*

- Günther Rühle: **Theater für die Republik im Spiegel der Kritik,** 2 Bde., Frankfurt a. M. 1988. *Sammlung von Kritiken zum Theater der Weimarer Republik.*

Institutionen, Archive und Web-Adressen

- Deutsches Literaturarchiv Marbach in Marbach am Neckar, Web-Adresse: www.dla-marbach.de. *Das wichtigste Archiv zur deutschsprachigen Literatur der Zeit mit zahlreichen Nachlässen, u. a. von Alfred Döblin, Erich Kästner, Rainer Maria Rilke, Kurt Tucholsky.*

- Akademie der Künste, Berlin, Web-Adresse: www.adk.de *Zahlreiche Nachlässe u. a. von Heinrich Mann finden sich hier.*

- Österreichiche Nationalbibliothek, Österreichisches Literaturarchiv, Wien. Webadresse: www.onb.ac.at. *Die Informationen zum Österreichischen Literaturarchiv finden sich unter dem Stichwort „Sammlungen". In Wien werden zahlreiche Sammlungen und Nachlässe österreichischer Autorinnen und Autoren verwahrt, u. a. von Raoul Hausmann, Heimito von Doderer, Franz Werfel.*

- Schweizerisches Literaturarchiv SLA, Bern. Webadresse: www.nb.admin.ch/slb. *Die Informationen zum Schweizerischen Literaturarchiv finden sich unter dem Stichwort „Sammlungen"; hier werden u. a. die Nachlässe von Hermann Hesse und Friedrich Glauser verwahrt.*

15.2 Werkausgaben, Periodika und Institutionen zu einzelnen Autoren

Walter Benjamin (1892–1940)

Werkausgabe
- **Gesammelte Schriften**, unter Mitwirkung von Theodor W. Adorno und Gershom Scholem hg. von Rolf Tiedemann und Hermann Schweppenhäuser, Frankfurt a. M. 1991. *Werkausgabe des prominenten Theoretikers, Feuilletonisten und Kritikers. Eine neue Historisch-kritische Ausgabe ist in Vorbereitung.*

Biografie
- **Bernd Witte: Walter Benjamin**, Reinbek bei Hamburg 1985. *Gut lesbare und lesenswerte Einführung in Leben und Werk.*

Institution
- **Internationale Walter Benjamin Gesellschaft e.V.**, Düsseldorf. Web-Adresse: www.walter-benjamin.org.

Gottfried Benn (1886–1956)

Werkausgabe
- **Sämtliche Werke: Stuttgarter Ausgabe.** Sieben Bände, in Verbindung mit Ilse Benn hg. von Gerhard Schuster und Holger Hof, Stuttgart 1986–2003. *Referenzausgabe des Lyrikers, Prosaisten und Essayisten, der als Expressionist begonnen hat und (neben Brecht) zum einflussreichsten Lyriker des 20. Jahrhunderts wurde.*

Bibliografie
- **Christian M. Hanna**, unter Mitarbeit von Ruth Winkler: **Gottfried Benn Bibliographie. Sekundärliteratur 1957–2003**, Berlin/New York 2006. *Alphabetische Bibliografie der Forschungsliteratur.*

Biografie
- **Gunnar Decker: Gottfried Benn. Genie und Barbar. Biographie**, Berlin 2006. *Detailreiche neuere Biografie zu Benn.*

Institution
- **Gottfried-Benn-Gesellschaft e. V.**, Bremen: Web-Adresse: www.gottfriedbenn.de.

Bertolt Brecht (1898–1956)

Kritische Ausgabe
- **Werke. Große kommentierte Berliner und Frankfurter Ausgabe**, hg. von Werner Hecht, Jan Knopf, Werner Mittenzwei und Klaus Detlef Müller, Berlin/Frankfurt a. M. 1988–97. *Referenzausgabe zum Werk Brechts, die die alte, von Elisabeth Hauptmann verantwortete Ausgabe abgelöst hat.*

Leseausgabe
- **Ausgewählte Werke in sechs Bänden**, Frankfurt a. M. 1997. *Druck der wichtigsten Werke Brechts aus der neuen Werkausgabe.*

WERKAUSGABEN; PERIODIKA UND INSTITUTIONEN

- Werner Hecht: Brecht Chronik 1898–1956, Frankfurt a. M. 1997. *Chronik zu Leben und Werk Brechts.* — Chronik

- Werner Mittenzwei: Das Leben des Bertolt Brecht oder Der Umgang mit den Welträtseln, 2 Bde., Frankfurt a. M. 2. Auflage 1989. *Die wohl wichtigste neuere Biografie Brechts.* — Biografie

- Jan Knopf (Hg.): Brecht-Handbuch in fünf Bänden. Wissenschaftliche Redaktion: Brigitte Bergheim, Joachim Lucchesi, 5 Bde., Stuttgart/Weimar 2001–03. *Standardwerk zum Werk Brechts, auf dem neuesten Stand der Forschung mit Korrekturen zur Werkausgabe.* — Handbuch

- Dreigroschenheft. Informationen zur Bertolt Brecht, Augsburg 1994ff. — Zeitschriften

- Brecht-Jahrbuch, Madison, Wisconsin 1971ff.

- Bertolt-Brecht-Archiv, Berlin. Web-Adresse: bertoltbrechtarchiv@adk.de. — Institution

Alfred Döblin (1878–1957)

- Ausgewählte Werke in Einzelbänden, Freiburg i. Br., später: Zürich/Düsseldorf 1963ff. *Werkausgabe mit wichtigen Materialien, verlässlichen Texten und Kommentaren.* — Werkausgabe

- Gabriele Sander: Alfred Döblin, Stuttgart 2001. *Einführung in Leben und Werk Döblins.* — Biografie

- Internationale Alfred Döblin-Gesellschaft, Wuppertal. Web-Adresse: www.alfred-doeblin.de. — Institution

Marieluise Fleißer (1901–74)

- Gesammelte Werke, hg. von Günther Rühle, 3 Bde., Frankfurt a. M. 2. Auflage 1983. Bd. 4. Aus dem Nachlaß, hg. von Günther Rühle in Zusammenarbeit mit Eva Pfister, Frankfurt a. M. 1989. *Werkausgabe Fleißers, zum Teil aber in den von Fleißer selbst stark bearbeiteten Fassungen der 1970er-Jahre (v. a. der Roman).* — Werkausgabe

- Briefwechsel 1925–1974, Frankfurt a. M. 2001. *Wichtiges Hilfsmittel zu Leben und Werk Fleißers.* — Briefe

- Hiltrud Häntzschel: Marieluise Fleißer. Eine Biographie. Mit zahlreichen Abbildungen, Frankfurt a. M. 2007. *Neueste Biografie.* — Biografie

- Marieluise-Fleißer-Gesellschaft e. V., Ingolstadt. Web-Adresse: www.fleisser.net. — Institution

SERVICETEIL

Hugo von Hofmannsthal (1874–1929)

Kritische Ausgabe
- **Sämtliche Werke. Kritische Ausgabe**, veranstaltet vom Freien Deutschen Hochstift, hg. von Rudolf Hirsch, Clemens Köttelwesch, Heinz Rölleke und Ernst Zinn, Frankfurt a. M. 1984ff. *Kritische Ausgabe des österreichischen Klassikers der Moderne.*

Bibliografie
- **Horst Weber: Hugo von Hofmannsthal-Bibliographie. Werke – Briefe – Gespräche – Übersetzungen – Vertonungen**, Berlin 1972. *Bibliografie der Primärliteratur Hofmannsthals.*

Zeitschrift
- **Hofmannsthal Jahrbuch**, Freiburg 1993ff.

Institutionen
- **Hugo von Hofmannsthal-Gesellschaft**, Frankfurt a. M. Web-Adresse: www.hofmannsthal-gesellschaft.de.

- **Hofmannsthal-Haus in Wien.** Web-Adresse: www.haus-hofmannsthal.at.

Erich Kästner (1899–1974)

Werkausgabe
- **Werke**, hg. von Franz Josef Görtz, München/Wien 1998.

Biografien
- **Franz Josef Görtz/Hans Sarkowicz unter Mitarbeit von Anja Johann: Erich Kästner. Eine Biographie**, München/Zürich 1998.

- **Sven Hanuschek: Keiner blickt dir hinter das Gesicht. Das Leben Erich Kästners**, München/Wien 1999.
Beide Biografien zeichnen detailliert Leben und Werk nach.

Institution
- **Erich Kästner Museum**, Dresden. Web-Adresse: www.erich-kaestner-museum.de

Franz Kafka (1883–1924)

Kritische Ausgaben
- **Schriften. Tagebücher. Kritische Ausgabe**, hg. von Jürgen Born, Gerhard Neumann, Malcolm Parsley und Jost Schillemeit unter Beratung von Nahum Glatzer, Rainer Gruenter, Paul Raabe und Marthe Robert, Frankfurt a. M. 1982. *Kritische Ausgabe, die die Originaltexte wiederherstellt. Berühmt geworden ist Kafka aber in den bearbeiteten Ausgaben seines Freundes Max Brod.*

- **Historisch-Kritische Ausgabe sämtlicher Handschriften, Drucke und Typoskripte**, hg. von Roland Reuß und Peter Staengle, Basel/Frankfurt a. M. 1995ff. *Die Ausgabe bietet Faksimiles der Handschriften und Nachdrucke der Erstausgaben Kafkas.*

WERKAUSGABEN; PERIODIKA UND INSTITUTIONEN

- Klaus Wagenbach: Franz Kafka. Überarbeitete Ausgabe, Reinbek bei Hamburg 2. Auflage 2007. *Konzentrierte Einführung in Leben und Werk, die einen guten ersten Einstieg bietet. Von hier aus lässt sich die Lektüre gezielt vertiefen. Es gibt eine Reihe neuer Kafka-Biografien mit unterschiedlichen Ansätzen.*   Biografien

- Deutsche Kafka-Gesellschaft, Bonn. Web-Adresse: www.kafka-gesellschaft.de.   Institutionen

- Oxford Kafka Research Centre, Oxford. Web-Adresse: www.kafka-research.ox.ac.uk.

- Franz Kafka Museum, Prag. Web-Adresse: www.kafkamuseum.cz.

Irmgard Keun (1905–82)

- Das kunstseidene Mädchen [1932]. Roman. Nach dem Erstdruck von 1932, mit einem Nachwort und Materialien hg. von Stefanie Arend und Ariane Martin, Berlin 2005. *Einzig kritische Edition aus dem Werk Keuns.*   Werke

- Gilgi – eine von uns [1931], München 2002. *Die Werke Keuns liegen sonst nur in Ausgaben verschiedener Verlage vor.*

- Hiltrud Häntzschel: Irmgard Keun, Reinbek bei Hamburg 2001. *Gut lesbare und verlässliche Biografie.*   Biografie

- Irmgard Keun 1905/2005. Deutungen und Dokumente, hg. von Stefanie Arend und Ariane Martin, Bielefeld 2005. *Wissenschaftliche Beiträge zu Leben und Werk, mit Blick über „Gilgi" und „Das kunstseidene Mädchen" hinaus.*   Forschung

Siegfried Kracauer (1889–1966)

- Werke, hg. von Inka Mülder-Bach und Ingrid Belke, Frankfurt a. M. 2005ff. *Neue Werkausgabe.*   Werkausgabe

- Momme Brodersen: Siegfried Kracauer, Reinbek bei Hamburg 2001. *Übersichtliche Werkbiografie mit Bilddokumenten.*   Biografie

SERVICETEIL

Heinrich Mann (1871–1950)

Werkausgabe
- **Gesammelte Werke in Einzelbänden**, hg. von Peter-Paul Schneider, Frankfurt a. M. 1994ff. *Kommentierte Werkausgabe auf Basis der DDR-Ausgabe mit Dokumenten und kundigen Nachworten.*

Biografie
- **Will Jasper: Der Bruder. Heinrich Mann. Eine Biographie**, Frankfurt a. M. 2. Auflage ·2001. *Detailreiche Biografie Manns.*

Einführung
- **Peter Stein: Heinrich Mann**, Stuttgart/Weimar 2002. *Systematische Werkbiografie und Einführung.*

Bibliografien
- **Brigitte Nestler: Heinrich-Mann-Bibliographie. Bd. 1: Das Werk**, Morsum/Sylt 2000. *Neueste und umfangreichste Bibliographie.*

- **Walter Delabar/Walter Fähnders (Hg.): Heinrich Mann (1871–1950)**, Berlin 2005. *Aufsätze zum Werk mit Arbeitsbibliografie.*

Zeitschrift
- **Heinrich-Mann-Jahrbuch**, Lübeck, 1983ff.

Institution
- **Forschungsstätte Heinrich und Thomas Mann**, Lübeck. Web-Adresse: www.buddenbrookhaus.de.

Thomas Mann (1875–1955)

Werk- und Briefausgabe
- **Große kommentierte Frankfurter Ausgabe. Werke – Briefe – Tagebücher**, Frankfurt a. M. 2001ff. *Ersetzt perspektivisch die bisherige Leseausgabe. Mit umfangreichen Kommentaren.*

Leseausgaben
- **Gesammelte Werke in dreizehn Bänden**, Frankfurt a. M. 1990. *Bislang die Referenzausgabe, weiterhin als Leseausgabe nützlich.*

- **Thomas Mann: Tagebücher**, hg. von Peter de Mendelssohn und Inge Jens [ab 1986], 10 Bde., Frankfurt a. M. 1977–89. *Wichtige Quelle zu Leben und Werk Manns.*

- **Die Briefe Thomas Manns. Regesten und Register**, bearb. und hg. unter Mitwirkung des Thomas Mann-Archivs der Eidgenössischen Technischen Hochschule Zürich von Hans Bürgin und Hans-Otto Mayer, 5 Bde., Frankfurt a. M. 1976–87. *Die Regesten geben einen schnellen Einblick in den Mann-Briefwechsel.*

Biografie
- **Hermann Kurzke: Thomas Mann. Das Leben als Kunstwerk. Eine Biographie**, Frankfurt a. M. 2001. *Detaillierte, gute Einführung.*

Bibliografien
- **Georg Potempa/Gert Heine (Mitarb.): Thomas Mann-Bibliographie**, Morum/Sylt 1992ff. *Die wichtigste und umfangreichste Bibliografie zum Werk Manns.*

WERKAUSGABEN; PERIODIKA UND INSTITUTIONEN

- Datenbank zur Thomas-Mann-Forschung an der Universitätsbibliothek Düsseldorf. Web-Adresse: www.kant.ub.uni-duesseldorf.de. *Ständig gepflegte Bibliografie.*
- Gert Heine / Paul Schommer: Thomas Mann Chronik, Frankfurt a. M., 2004. *Für einen schnellen Überblick über die Biografie.* — Chronik
- Helmut Koopmann (Hg.): Thomas-Mann-Handbuch, Frankfurt a. M. 3. aktualisierte Auflage 2001. *Gibt einen schnellen Überblick über die Forschung zu Leben und Werk Manns.* — Handbuch
- Thomas Mann Jahrbuch, Frankfurt a. M. 1998ff. — Zeitschriften
- Blätter der Thomas-Mann-Gesellschaft, Zürich, 1958ff.
- Forschungsstätte Heinrich und Thomas Mann, Lübeck. Web-Adresse: www.buddenbrookhaus.de. — Institution

Robert Musil (1880–1942)

- Gesammelte Werke. 2 Bde., hg. v. Adolf Frisé, Reinbek bei Hamburg 1978. *Referenzausgabe der Werke Musils.* — Werkausgabe
- Karl Corino: Robert Musil. Eine Biographie, Reinbek bei Hamburg 2003. *Detailreiche und ausführliche Biografie.* — Biografie
- Musil Forum, Berlin, 1975ff. — Zeitschrift
- Internationale Robert-Musil-Gesellschaft, Wien. Web-Adresse: www.i-r-m-g.de. — Institutionen
- Robert Musil Literatur Museum, Klagenfurt. Web-Adresse: www.musilmuseum.at

Carl von Ossietzky (1889–1938)

- Sämtliche Schriften, hg. von Bärbel Boldt, Ute Maack und Gunter Nickel, Reinbek bei Hamburg 1994. *Referenzausgabe.* — Werkausgabe

Rainer Maria Rilke (1875–1926)

- Werke. Kommentierte Ausgabe in vier Bänden, hg. von Manfred Engel, Ulrich Fülleborn, Horst Naletzki und August Stahl, Frankfurt a. M. / Leipzig 1996. *Gut kommentierte Ausgabe.* — Kommentierte Ausgabe
- Gunter Martens / Annemarie Post-Martens: Rainer Maria Rilke, Reinbek bei Hamburg 2008. *Einführung in Leben und Werk.* — Biografie

SERVICETEIL

Zeitschrift
- **Blätter der Rilke-Gesellschaft**, Frankfurt a. M. 1972ff.

Institution
- **Internationale Rilke-Gesellschaft**, Sierre/Schweiz. Web-Adresse: www.rilke.ch.

Anna Seghers (1900–83)

Werkausgabe
- **Werkausgabe**, hg. von Helen Fehervary und Bernhard Spies, Berlin 2000ff. *Werkausgabe in Einzelbänden, die das Werk von Seghers endlich zusammenhängend verfügbar macht.*

Biografie
- **Sonja Hilzinger: Anna Seghers**, Stuttgart 2000. *Systematische Einführung in Leben und Werk.*

Zeitschrift
- **Argonautenschiff. Jahrbuch der Anna Seghers Gesellschaft**, Berlin 1992ff.

Institution
- **Anna-Seghers-Gesellschaft Berlin und Mainz e. V.**, Web-Adresse: www.anna-seghers.de.

Kurt Tucholsky (1890–1935)

Werkausgabe
- **Gesamtausgabe. Texte und Briefe**, hg. von Antje Bonitz, Dirk Grathoff, Michael Hepp und Gerhard Kaiser, Reinbek bei Hamburg 1996ff. *Kommentierte, chronologisch gereihte Werkausgabe.*

Biografie
- **Michael Hepp: Kurt Tucholsky. Biographische Annäherungen**, Reinbek bei Hamburg 1999. *Umfangreiche Biografie Tucholskys.*

Institutionen
- **Kurt Tucholsky-Gesellschaft e.V.**, Minden. Web-Adresse: www.tucholsky-gesellschaft.de.

- **Tuchoksky-Museum im Schloss Rheinsberg**. Web-Adresse: www.tucholsky-museum.de.

Carl Zuckmayer (1896–1977)

Werkausgabe
- **Gesammelte Werke in Einzelausgaben**, hg. von Knut Beck und Maria Guttenbrunner-Zuckmayer. Frankfurt a. M. 1995ff. *Leseausgabe, leider ohne Kommentare und Nachworte.*

Zeitschrift
- **Zuckmayer Jahrbuch**, Göttingen 1998ff.

Institution
- **Carl-Zuckmayer-Gesellschaft e. V.**, Mainz. Web-Adresse: www.carl-zuckmayer.de.

16 Anhang

→ ASB
Akademie Studienbücher, auf die der vorliegende Band verweist

ASB AJOURI Philip Ajouri: Literatur um 1900. Naturalismus – Fin de Siècle – Expressionismus, Berlin 2009.

ASB FELSNER/HELBIG/MANZ Kristin Felser/Holger Helbig/Therese Manz: Arbeitsbuch Lyrik, Berlin 2008.

ASB SCHÖSSLER Franziska Schößler: Einführung in die Gender Studies, Berlin 2008.

Informationen zu weiteren Bänden finden Sie unter www.akademie-studienbuch.de

16.1 Zitierte Literatur

Ackermann/Delabar 2007 Gregor Ackermann/Walter Delabar: Vor der Flucht. Helene Weigels Inhaftierung im Februar 1933. Mit Nachdruck des Berichts aus dem Montag Morgen vom 6. Februar 1933: Helene Weigel festgenommen. Wegen Aufreizung zu Gewalttätigkeiten / Nach einigen Stunden Polizeihaft wieder freigelassen, in: dies./Carsten Würmann (Hg.), Deutsches Lied 1, Bielefeld 2007, Bd. 1, S. 113–118.

Ackermann/Delabar 2009 Gregor Ackermann/Walter Delabar: Bertolt Brecht über den „Fall Renn". Zu einer unbekannten Stellungnahme, in: Dreigroschenheft. Informationen zu Bertolt Brecht, 2009, H. 2, S. 20–24.

Adorno 1997 Theodor W. Adorno: Gesammelte Schriften, herausgegeben von Rolf Tiedemann unter Mitwirkung von Gretel Adorno, Susan Buck-Morss und Klaus Schultz, Frankfurt a. M. 1997.

Arp/Schwitters/Haussmann Arp/Schwitters/Hausmann: Dada, Antidada, Merz, herausgegeben von Marc Dachy, CD. [Brüssel]: Sub Rosa [2005].

Asholt/Fähnders 2005 Wolfgang Asholt/Walter Fähnders (Hg.): Manifeste und Proklamationen der europäischen Avantgarde (1909–1938), Stuttgart/Weimar 2005.

Aufricht 1966 Ernst Josef Aufricht: Erzähle damit du dein Recht erweist, Berlin 1966.

Bamm 1972 Peter Bamm: Eines Menschen Zeit, Zürich 1972.

Barck 1994 Simone Barck: Bund proletarisch-revolutionärer Schriftsteller Deutschlands, in: dies./Silvia Schlenstedt/Tanja Bürgel/Volker Giel/Dieter Schiller (Hg.), Lexikon sozialistischer Literatur. Ihre Geschichte in Deutschland bis 1945, Stuttgart/Weimar 1994, S. 97–102.

Bartl 2009 Andrea Bartl: Heinrich Manns Roman *Der Untertan* als Satire auf das Kaiserreich, in: Michaele Enderle-Ristori (Hg.), Der Untertan de Heinrich Mann. Pur un roman et une société modernes, Tours 2009, S. 25–46.

Baum 1928 Vicki Baum: stud. chem. Helene Willfüer, Roman, Berlin 1928.

Bayerl/Pichol 1986 Günter Bayerl/Karl Pichol: Papier. Produkt aus Lumpen, Holz und Wasser, Reinbek bei Hamburg 1986.

Becher 1929 Johannes R. Becher: Unsere Front, in: Die Linkskurve 1, 1929, H. 1, S. 1–3 [Nachdruck: Frankfurt a. M.: Druck-Verlags-Vetriebs-Kooperative 1971].

Beck 1986   Ulrich Beck: Risikogesellschaft. Auf dem Weg in eine andere Moderne, Frankfurt a. M. 1986.

Becker 2003   Sabina Becker: „... zu den Problemen der Realität zugelassen". Autorinnen der Neuen Sachlichkeit, in: Walter Fähnders/Helga Karrenbrock (Hg.), Autorinnen der Weimarer Republik, Bielefeld 2003, S. 187–213.

Benjamin 1991   Walter Benjamin: Gesammelte Schriften. Unter Mitwirkung von Theodor W. Adorno und Gershom Scholem herausgegeben von Rolf Tiedemann und Hermann Schweppenhäuser, Frankfurt a. M. 1991.

Benjamin 1992   Walter Benjamin: Einbahnstraße, Frankfurt a. M. 1992.

Benn 1986–2003   Gottfried Benn: Sämtliche Werke: Stuttgarter Ausgabe. Sieben Bände. In Verbindung mit Ilse Benn, herausgegeben von Gerhard Schuster und Holger Hof, Stuttgart 1986–2003.

van den Berg/Fähnders 2009   Hubert van den Berg/Walter Fähnders: Die künstlerische Avantgarde im 20. Jahrhundert – Einleitung, in dies. (Hg.), Metzler Lexikon Avantgarde, Stuttgart/Weimar 2009, S. 1–19.

Bertschik 2003   Julia Bertschik: „Ihr Name war ein Begriff wie Melissengeist oder Leibnizkekse." Vicki Baum und der Berliner Ullstein-Verlag, in: Walter Fähnders/Helga Karrenbrock (Hg.), Autorinnen der Weimarer Republik, Bielefeld 2003, S. 119–135.

Bessel 1991   Richard Bessel: Die Krise der Weimarer Republik als Erblast des verlorenen Krieges, in: Frank Bajohr/Werner Johe/Uwe Lohalm (Hg.), Zivilisation und Barbarei. Die widersprüchlichen Potentiale der Moderne. Detlev Peukert zum Gedenken, Hamburg 1991, S. 98–114.

Bienert 1992   Michael Bienert: Die eingebildete Metropole. Berlin im Feuilleton der Weimarer Republik, Stuttgart 1992.

Bloch 1977   Ernst Bloch: Erbschaft dieser Zeit. Erweiterte Ausgabe, Frankfurt a. M. 1977 (= Gesamtausgabe Bd. 4).

Blumenberg 1996   Hans Blumenberg: Arbeit am Mythos, Frankfurt a. M. 1996.

Bock 1995   Petra Bock: Zwischen den Zeiten – Neue Frauen und die Weimarer Republik, in: dies./Katja Koblitz (Hg.), Neue Frauen zwischen den Zeiten. Berlin 1995, S. 14–37.

Bormann 1983   Alexander von Bormann: Einleitung, in: ders./Horst Albert Glaser (Hg.), Deutsche Literatur. Eine Sozialgeschichte. Bd. 9: Weimarer Republik – Drittes Reich: Avantgardismus, Parteilichkeit, Exil. 1918–1945, Reinbek bei Hamburg 1983.

Braun/Kaiser 1997   Hans-Joachim Braun/Walter Kaiser (Hg.): Propyläen Technikgeschichte. Bd. 5: Energiewirtschaft, Automatisierung, Information seit 1914, Berlin 1997.

Brecht 1969   Bertolt Brecht: Kuhle Wampe. Protokoll des Films und Materialien, herausgegeben von Wolfgang Gersch und Werner Hecht, Frankfurt a. M. 1969.

Brecht 1972   Bertolt Brecht: Die Maßnahme. Kritische Ausgabe mit einer Spielanleitung von Reiner Steinweg, Frankfurt a. M. 1972.

Brecht 1988–97   Bertolt Brecht: Werke. Große kommentierte Berliner und Frankfurter Ausgabe, herausgegeben von Werner Hecht, Jan Knopf, Werner Mittenzwei und Klaus Detlef Müller, Berlin/Frankfurt a. M. 1988–97.

Brenner 1997   Peter J. Brenner: Schwierige Reisen, Wandlungen des Reiseberichts in Deutschland 1918–1945. in: ders. (Hg.), Reisekultur in Deutschland. Von der Weimarer Republik zum ‚Dritten Reich', Tübingen 1997, S. 127–176.

Bürger 1980   Peter Bürger: Theorie der Avantgarde. Mit einem Nachwort zur 2. Auflage, Frankfurt a. M. [1980].

Bürger 1988   Peter Bürger: Prosa der Moderne. Unter Mitarbeit von Christa Bürger, Frankfurt a. M. 1988.

ZITIERTE LITERATUR

Büschenfeld 2006   Jürgen Büschenfeld: „Ein Krieg gegen alle...", in: Christine Beil u. a., Der Erste Weltkrieg, Reinbek bei Hamburg 2006, S. 7–51.

Cepl-Kaufmann 2006   Gertrude Cepl-Kaufmann: Schriftsteller und Krieg, in: Krieg und Utopie. Kunst, Literatur und Politik im Rheinland nach dem Ersten Weltkrieg. Begleitband zur Ausstellung 2006 Düsseldorf und Königswinter, herausgegeben von Gertrude Cepl-Kaufmann, Gerd Krumeich und Ulla Sommers in Zusammenarbeit mit Jasmin Grande, Essen 2006, S. 260–270.

Cott 1995   Nancy F. Cott: Die moderne Frau. Der amerikanische Stil der zwanziger Jahre, in: Françoise Thébaud (Hg.), Geschichte der Frauen. 20. Jahrhundert, Frankfurt a. M./New York/Paris 1995, S. 93–109.

Darré 1929   R. Walther Darré: Das Bauerntum als Lebensquell der nordischen Rasse, München 1929.

Delabar 2004a   Walter Delabar: Was tun? Romane am Ende der Weimarer Republik, Berlin 2., verbesserte Auflage 2004.

Delabar 2004b   Walter Delabar: Von der Radiomusik des Lebens. Hermann Hesses literarische Verarbeitung der gesellschaftlichen Modernisierungsprozesse. Zum Steppenwolf, in: Andreas Solbach (Hg.), Hermann Hesse und die literarische Moderne. Kulturwissenschaftliche Facetten einer literarischen Konstante. Aufsätze, Frankfurt a. M. 2004, S. 256–270.

Delabar 2007   Walter Delabar: Das Wunder der Tat. Zu einem Paradigma der Moderne im Krimi, in: Merkur, 2007, Nr. 693, H. 1, S. 78–83.

Döblin 1989   Alfred Döblin: Schriften zu Ästhetik, Poetik und Literatur, herausgegeben von Erich Kleinschmidt, Olten/Freiburg i. Br. 1989 (= Alfred Döblin. Ausgewählte Werke in Einzelbänden).

Döblin 1996   Alfred Döblin: Berlin Alexanderplatz. Die Geschichte vom Franz Biberkopf, herausgegeben von Werner Stauffacher, Zürich/Düsseldorf 1996 (= Alfred Döblin. Ausgewählte Werke in Einzelbänden).

Döblin 1999   Alfred Döblin: Kleine Schriften III, herausgegeben. von Anthony W. Riley, Zürich/Düsseldorf 1999 (= Alfred Döblin. Ausgewählte Werke in Einzelbänden).

Drescher 2003   Barbara Drescher: Die ‚Neue Frau', in: Walter Fähnders/Helga Karrenbrock (Hg.), Autorinnen der Weimarer Republik, Bielefeld 2003, S. 163–186.

Durieux 1971   Tilla Durieux: Meine ersten neunzig Jahre. Erinnerungen. Die Jahre 1952–1971 nacherzählt von Joachim Werner Preuß, München/Berlin 5. Auflage 1979.

Emmerich 2006   Wolfgang Emmerich: Gottfried Benn, Reinbek bei Hamburg 2006.

Erenz 2008   Benedikt Erenz: Die Riess, in: Zeit-Magazin Leben, 2008, Nr. 33, S. 28.

Fähnders 1998   Walter Fähnders: Avantgarde und Moderne 1890–1933, Stuttgart/Weimar 1998.

Fähnders 2003   Walter Fähnders: Franz Jung und die Linkspresse in der Weimarer Republik, in: Kultur als Fenster zu einem besseren Leben und Arbeiten. Festschrift für Rainer Nolternius, herausgegeben von der Fritz Hüser-Gesellschaft unter der Leitung von Volker Zaib, Bielefeld 2003, S. 77–121.

Fähnders 2009   Walter Fähnders: „Die schönste Stadt der Welt". Walther Rathenaus Berlin-Essay, in: Walter Delabar/Dieter Heimböckel (Hg.), Der Phänotyp der Moderne. Studien zu Walther Rathenau, Bielefeld 2009, S. 68–85.

Fähnders et.al. 2005   Walter Fähnders/Nils Platz/Hendrik Weber/Inka Zahn (Hg.): Berlin, Paris, Moskau. Reiseliteratur und die Metropolen, Bielefeld 2005.

Fähnders/Hansen 2003   Walter Fähnders/Andreas Hansen (Hg.): Vom Trottelbuch zum Torpedokäfer. Franz Jung in der Literaturkritik 1912–1963, Bielefeld 2003.

Fähnders/Karrenbrock 2003   Walter Fähnders/Helga Karrenbrock (Hg.): Autorinnen der Weimarer Republik, Bielefeld 2003.

Fähnders/Rector 1974 Walter Fähnders, Walter Rector: Linksradikalismus und Literatur. Untersuchungen zur Geschichte der sozialistischen Literatur in der Weimarer Republik. 2 Bde., Reinbek bei Hamburg 1974.

Fleißer 1931 Marieluise Fleißer: Mehlreisende Frieda Geier. Roman vom Rauchen, Sporteln, Lieben und Verkaufen, Berlin 1931.

Fleißer 1983 Marieluise Fleißer: Gesammelte Werke, herausgegeben von Günther Rühle. 3 Bde., Frankfurt a. M. 2. Auflage 1983.

Frank/Palfreyman/Scherer 2005 Gustav Frank/Rachel Palfreyman/Stefan Scherer: Modern Times? Eine Epochenkonstruktion der Kultur im mittleren 20. Jahrhundert – Skizze eines Forschungsprogramms, in: dies. (Hg.), Modern times? German Literature and Arts Beyond Political Chronologies/ Kontinuitäten der Kultur: 1925–1955, Bielefeld 2005, S. 388–430.

Freud 1982 Sigmund Freud: Studienausgabe, herausgegeben von Alexander Mitscherlich, Angelika Richards und James Strachey, Frankfurt a. M. 1982.

Geyersbach 2006 Ulf Geyersbach: „... und so habe ich mir denn ein Auto angeschafft". Schriftsteller und ihre Automobile, Berlin 2006.

Giedion 1982 Sigfried Giedion: Die Herrschaft der Mechanisierung. Ein Beitrag zur anonymen Geschichte. Mit einem Nachwort von Stanislaus von Moos, herausgegeben von Henning Ritter, Frankfurt a. M. 1982.

Glaeser/Weiskopf 1931 Ernst Glaeser/F. C. Weiskopf: Der Staat ohne Arbeitslose. Drei Jahre „Fünfjahresplan". 265 Abbildungen. Mit einem Nachwort von Alfred Kurella, Potsdam 1931.

Goebbels 1971 Joseph Goebbels: Reden. 1932–1945, herausgegeben von Helmut Heiber. 2 Bde., München 1971.

Görtz/Sarkowicz 1998 Franz Josef Görtz/Hans Sarkowicz, unter Mitarbeit von Anja Johann: Erich Kästner. Eine Biographie, München/Zürich 1998.

Graf 1934/35 Oskar Maria Graf: Der harte Handel. Ein bayrischer Bauernroman, Amsterdam 1935 [Impressum 1934].

Habermas 1986 Jürgen Habermas: Der philosophische Diskurs der Moderne. Zwölf Vorlesungen, Frankfurt a. M. 1986.

Häntzschel 2007 Hiltrud Häntzschel: Marieluise Fleißer. Eine Biographie. Mit zahlreichen Abbildungen, Frankfurt a. M. 2007.

Haß 1993 Ulrike Haß: Militante Pastorale. Zur Literatur der antimodernen Bewegungen im frühen 20. Jahrhundert, München 1993.

Hauser 1931 Heinrich Hauser: Feldwege nach Chicago, Berlin 1931.

Hecht 1997 Werner Hecht: Brecht Chronik 1898–1956, Frankfurt a. M. 1997.

Heeke 2005 Matthias Heeke: Reisen nach Moskau: Organisierte Trampelpfade der Fremdwahrnehmung?, in: Walter Fähnders/Nils Platz/Hendrik Weber/Inka Zahn (Hg.), Berlin, Paris, Moskau. Reiseliteratur und die Metropolen, Bielefeld 2005, S. 169–190.

Heimböckel 2005 Dieter Heimböckel: Reflexiver Fundamentalismus. Thomas Manns *Betrachtungen eines Unpolitischen*, in: Walter Delabar/Bodo Plachta (Hg.), Thomas Mann (1875–1955), Berlin 2005, S. 107–123.

Heine/Schommer 2004 Gert Heine/Paul Schommer: Thomas Mann Chronik, Frankfurt a. M. 2004.

Heintz 1974 Günter Heintz (Hg.): Deutsche Arbeiterdichtung 1910–1933. Stuttgart 1974.

Hesse 1994 Hermann Hesse: Der Steppenwolf [1927], in: ders., Ausgewählte Werke 3. Frankfurt a. M. 1994, S. 7–232.

ZITIERTE LITERATUR

Hessel 1984 Franz Hessel: Ein Flaneur in Berlin. Mit Fotografien von Friedrich Seidenstücker, Walter Benjamins Skizze „Die Wiederkehr des Flaneurs" und einem „Waschzettel" von Heinz Knobloch, Berlin 1984.

Hilzinger 2000 Sonja Hilzinger: Anna Seghers, Stuttgart 2000.

Hinkel 1933 Hans Hinkel: Vorwort, in: Heinz Kindermann (Hg.): Des deutschen Dichters Sendung in der Gegenwart. Mit einem Geleitwort von Staatskommissar Hans Hinkel, Leipzig 1933, S. 7–10.

Hitler 2004 Adolf Hitler: Reden zur Kunst- und Kulturpolitik 1933–1939, herausgegeben und kommentiert von Robert Eikmeyer mit einer Einführung von Boris Groys, Frankfurt a. M. 2004.

Hofmannsthal 1999 Hugo von Hofmannsthal: Erfundene Gespräche und Briefe, herausgegeben von Lorenz Jäger, Frankfurt a. M. 1999 (= Werke in zehn Bänden).

Hohendahl 1971 Uwe-Peter Hohendahl (Hg.): Benn – Wirkung wider Willen. Dokumente zur Wirkungsgeschichte Benns, Frankfurt a. M. 1971.

Honold 1998 Alexander Honold: Metropolis im Schützengraben. Über den Zusammenhang von Masse und Mobilmachung bei Ernst Jünger und anderen, in: kultuRRevolution, 1998, Nr. 36: Dynamik der Massen – Dynamik der Diskurse, S. 34–42.

Honold 2007 Alexander Honold: Kafkas Trickster. Zum Auftritt des Fremden in der Schrift, in: Arne Höcker/Oliver Simons (Hg.), Kafkas Institutionen, Bielefeld 2007, S. 295–320.

Horkheimer/Adorno 1971 Max Horkheimer/Theodor W. Adorno: Dialektik der Aufklärung. Philosophische Fragmente [1944], Frankfurt a. M. 1971.

Jäger 1999 Lorenz Jäger: Lähmung und Erleuchtung. Zu Hofmannsthals kritischer Prosa, in: Hugo von Hofmannsthal, Werke in zehn Bänden, herausgegeben. von Lorenz Jäger. Erfundene Gespräche und Briefe, Frankfurt a. M. 1999, S. 123–128.

Janzin/Güntner 1997 Marion Janzin/Joachim Güntner: Das Buch vom Buch. 5000 Jahre Buchgeschichte, Hannover 2. Auflage 1997.

Jaspers 1979 Karl Jaspers: Die geistige Situation der Zeit [1931]. Achter Abdruck der im Sommer 1932 bearbeiteten 5. Auflage, Berlin/New York 1979.

Jung 1984 Franz Jung: Joe Frank illustriert die Welt. Die rote Woche. Arbeitsfriede. Drei Romane, herausgegeben von Lutz Schulenburg, Hamburg 1984 (= Werke 2).

Jung 1988 Franz Jung: Der Weg nach unten. Aufzeichnungen aus einer großen Zeit [1961], Hamburg 1988.

Jung 1989 Franz Jung: Die Eroberung der Maschinen. Roman. Chronik einer Revolution in Deutschland (II) [1923], Hamburg 1989 (= Werke 4).

Jung 1992 Franz Jung: Proletarier. Arbeiter Thomas (Erstdruck aus dem Nachlaß). Hausierer. Drei Romane, herausgegeben und mit einem Nachwort versehen von Walter Fähnders, Hamburg 1992 (= Werke 3).

Jünger 1926 Ernst Jünger: Der Kampf als inneres Erlebnis, zweite, neubearbeitete Auflage Berlin 1926.

Jünger 1934 Ernst Jünger: In Stahlgewittern. Ein Kriegstagebuch [1920]. Einmalige Ausgabe, Hamburg 1934.

Kaes 1983 Anton Kaes (Hg.): Weimarer Republik. Manifeste und Dokumente zur deutschen Literatur 1918–1933. Mit einer Einleitung und Kommentaren, Stuttgart 1983.

Kafka 1994 Franz Kafka: Gesammelte Werke in zwölf Bänden. Nach der kritischen Ausgabe herausgegeben von Hans-Gerd Koch, Frankfurt a. M 1994.

Kaléko 2001 Mascha Kaléko: Das lyrische Stenogrammheft/Kleines Lesebuch für Große, Reinbek bei Hamburg 2001.

Karmasin 2007 Matthias Karmasin: Der erste Weltkrieg als „Urkatastrophe des 20. Jahrhunderts", in: Werner Faulstich (Hg.), Das Zweite Jahrzehnt, München 2007, S. 211–232.

Kästner 1998 Erich Kästner: Werke, herausgegeben von Franz Josef Görtz, München/Wien 1998.

Kaus 1929 Gina Kaus: Die Frau in der modernen Literatur, in: Die Literarische Welt 5, 1929, Nr. 11 vom 15.3.1929, S. 1.

Kebir 1997 Sabine Kebir: Ich fragte nicht nach meinem Anteil. Elisabeth Hauptmanns Arbeit mit Bertolt Brecht, Berlin 1997.

Keitz 1997 Christine Keitz: Grundzüge einer Sozialgeschichte des Tourismus in der Zwischenkriegszeit in: Peter J. Brenner (Hg.), Reisekultur in Deutschland. Von der Weimarer Republik zum ‚Dritten Reich', Tübingen 1997, S. 49–71.

Keun 1931 Irmgard Keun: Gilgi – eine von uns. Roman, Berlin 1931.

Keun 2005 Irmgard Keun: Das kunstseidene Mädchen. Roman. Nach dem Erstdruck von 1932, mit einem Nachwort und Materialien herausgegeben von Stefanie Arend und Ariane Martin, Berlin 2005.

Kiesel 2004 Helmuth Kiesel: Geschichte der literarischen Moderne. Sprache Ästhetik, Dichtung im zwanzigsten Jahrhundert, München 2004.

King 1995 Lynda J. King: Vicki Baum and the „Making" of Popular Success: „Mass" Culture or „Popular" Culture?, in: Women in German Yearbokk 11, ed. by Sara Friedrichsmeyer and Patricia Hermingouse, London/Lincoln 1995, S. 151–169.

Kisch 1980 Egon Erwin Kisch: Zaren, Popen Bolschewiken [1927]. Asien gründlich verändert. China geheim, Berlin/Weimar 1980 (= Gesammelte Werke in Einzelausgaben III).

Kisch 1984 Egon Erwin Kisch: Paradies Amerika [1930]. Landung in Australien, Berlin/Weimar 1984 (= Gesammelte Werke in Einzelausgaben IV).

Kisch 1995 Egon Erwin Kisch: Der rasende Reporter [1924]. Berlin 1995.

Kleinschmidt 2008 Christian Kleinschmidt: Konsumgesellschaft, Göttingen 2008.

Kleinschmidt 1982 Erich Kleinschmidt: Döblin-Studien I: Depersonale Poetik. Dispositionen des Erzählens bei Alfred Döblin, in: Jahrbuch der deutschen Schiller-Gesellschaft 26, 1982, S. 383–401.

Klotz 1969 Volker Klotz: Die erzählte Stadt. Ein Sujet als Herausforderung des Romans von Lesage bis Döblin, München 1969.

Knopf 1996 Jan Knopf: Gelegentlich: Poesie. Ein Essay über die Lyrik Bertolt Brechts, Frankfurt a. M. 1996.

Knopf 2000 Jan Knopf: Bertolt Brecht, Stuttgart 2000.

Köhn 1989 Eckhard Köhn: Straßenrausch. Flanerie und kleine Form 1830–1933. Versuch zur Literaturgeschichte des Flaneurs, Berlin 1989.

Köppen 1977 Edlef Köppen: Heeresbericht [1930]. Mit einem Nachwort von Michael Gollbach, Kronberg/Ts. 1977. [Photomechanischer Nachdruck].

Korte 2000 Hermann Korte: Die Dadaisten, Reinbek bei Hamburg 2000.

Kotte 1955 Hans Kotte: Die neuzeitliche Herstellung von Zeitungsdruckpapier als Sonderzweig der Papiererzeugung, in: Die Zeitung und ihr Papier. Von Cäsar über Gutenberg bis zur Neuzeit. Zum 50jährigen Bestehen unseres Werkes Düsseldorf-Reisholz im Jahre 1955 den Freunden unseres Hauses dargeboten, Düsseldorf 1955, S. 65–82.

Krabiel 1993 Klaus-Dieter Krabiel: Brechts Lehrstücke. Entstehung und Entwicklung eines Spieltyps, Stuttgart/Weimar 1993.

Krabiel 2001 Klaus-Dieter Krabiel: Die Maßnahme, in: Jan Knopf (Hg.), Brecht-Handbuch in fünf Bänden. Wissenschaftliche Redaktion: Brigitte Bergheim, Joachim Lucchesi. 5 Bde., Stuttgart/Weimar 2001–03, Bd. 1, Stuttgart/Weimar 2001, S. 253–266.

ZITIERTE LITERATUR

Kracauer 1963 Siegfried Kracauer: Das Ornament der Masse. Essays, Frankfurt a. M. 1963.

Kracauer 1971 Siegfried Kracauer: Die Angestellten [1929/30], Frankfurt a. M. 1971.

Kracauer 1990 Siegfried Kracauer: Eine Märtyrer Chronik von heute [1932], in, ders., Schriften, herausgegeben von Inka Mülder-Bach. Bd. 5,3: Aufsätze 1932–1965, Frankfurt a. M. 1990, S. 147–150.

Kristiansen 2005 Børge Kristiansen: Thomas Mann und die Philosophie, in: Thomas Koopmann (Hg.), Thomas-Mann-Handbuch, Frankfurt a. M. 2005, S. 258–283.

Kuhn 2001 Tom Kuhn: Brecht als Lyriker, in: Jan Knopf, (Hg.), Brecht-Handbuch in fünf Bänden. Wissenschaftliche Redaktion: Brigitte Bergheim, Joachim Lucchesi. 5 Bde., Stuttgart/Weimar 2001–03, Bd. 2, Stuttgart/Weimar 2001, S. 1–21.

Kurzke 2002 Hermann Kurzke: Thomas Mann. Das Leben als Kunstwerk, Frankfurt a. M. 2002.

Kurzke 2005 Hermann Kurzke: Die politische Essayistik, in: Helmut Koopmann (Hg.), Thomas-Mann-Handbuch, Frankfurt a. M. 2005, S. 697–706.

Kurzke 2007 Hermann Kurzke: Drei deutsche Hymnen in: Gregor Ackermann/Walter Delabar/Carsten Würmann (Hg.), Deutsches Lied I, Bielefeld 2007, Bd. 1, S. 13–33.

Lehmann/Lethen 1978 Hans-Thies Lehmann/Helmut Lethen: Ein Vorschlag zur Güte. (Zur doppelten Polarität des Lehrstücks), in: Reiner Steinweg (Hg.), Auf Anregung Bertolt Brechts: Lehrstücke mit Schülern, Arbeitern, Theaterleuten, Frankfurt a. M. 1978, S. 302–318.

Lersch 1916 Heinrich Lersch: Herz! Aufglühe dein Blut. Gedichte im Kriege, Jena 11.–15. Tsd. 1916.

Lethen 1994 Helmut Lethen: Verhaltenslehren der Kälte. Lebensversuche zwischen den Kriegen, Frankfurt a. M. 1994.

Löwenthal 1937 Leo Löwenthal: Knut Hamsun. Zur Vorgeschichte der autoritären Ideologie, in: Zeitschrift für Sozialforschung 6, 1937, S. 295–345 [Reprint: München 1980, Bd. 6].

Lucchesi 2001 Joachim Lucchesi: Die Dreigroschenoper, in: Jan Knopf (Hg.), Brecht-Handbuch in fünf Bänden. Wissenschaftliche Redaktion: Brigitte Bergheim, Joachim Lucchesi. 5 Bde., Stuttgart/Weimar 2001–03, Bd. 1, Stuttgart/Weimar 2001, S. 197–215.

Lukács 1984 Georg Lukács: Die Theorie des Romans. Ein geschichtsphilosophischer Versuch über die Formen der großen Epik [1920], Darmstadt/Neuwied 1984.

Mahal 1975 Günther Mahal: Naturalismus, München 1975.

E. Mann 2000 Erika Mann: Frau und Buch [1931], in: dies., Blitze überm Ozean. Aufsätze, Reden, Reportagen, herausgegeben. von Irmela von der Lühe und Uwe Naumann, Frankfurt a. M. 2000, S. 84–85.

E. und K. Mann 2006 Erika Mann/Klaus Mann: Das Buch von der Riviera. Mit Originalzeichnungen von Walther Becker, Rudolf Großmann, Henri Matisse u. a. Fotomechanischer Nachdruck der 1931 im R. Piper & Co. Verlag, München, erschienenen Ausgabe, Reinbek bei Hamburg 2006.

H. Mann 1997 Heinrich Mann: Geist und Tat. Franzosen von 1780 bis 1930. Essays. Mit einem Nachwort von Ulrich Walberer und einem Materialienzusammenhang, zusammengestellt von Peter-Paul Schneider, Frankfurt a. M. 1997 (= Heinrich Mann: Studienausgabe in Einzelbänden).

H. Mann 2001a Heinrich Mann: Der Untertan. Roman [1918]. Mit einem Nachwort und Materialienanhang von Peter-Paul Schneider, Frankfurt a. M. 2001 (= Heinrich Mann: Studienausgabe in Einzelbänden).

H. Mann 2001b Heinrich Mann: Ein Zeitalter wird besichtigt. Erinnerungen [1946]. Mit einem Nachwort von Klaus Schröter und einem Materialienanhang, zusammengestellt von Peter-Paul Schneider, Frankfurt a. M. 3. Auflage 2001 (= Heinrich Mann: Studienausgabe in Einzelbänden).

K. Mann 1992   Klaus Mann: Die neuen Eltern. Aufsätze, Reden, Kritiken 1924–1933, herausgegeben von Uwe Naumannn und Michael Töteberg, Reinbek bei Hamburg 1992.

Th. Mann 1990   Thomas Mann: Gesammelte Werke in dreizehn Bänden, Frankfurt a. M. 1990.

Th. Mann 2002   Thomas Mann: Der Zauberberg. Roman, herausgegeben und textkritisch durchgesehen von Michael Neumann, Frankfurt a. M. 2002 (= Große kommentierte Frankfurter Ausgabe. Werke – Briefe – Tagebücher. Bd. 5.1).

Mecklenburg 1982   Norbert Mecklenburg: Erzählte Provinz. Regionalismus und Moderne im Roman, Königstein/Ts. 1982.

Mennemeier 1998   Franz Norbert Mennemeier: Bertolt Brechts Lyrik. Aspekte, Tendenzen, Berlin 2. Auflage 1998.

Meyer 1948   Alfred Richard Meyer: Die maer von der musa expressionistica. Zugleich eine kleine quasi-literaturgeschichte mit über 130 praktischen beispielen, Düsseldorf 1948.

Meyer 1985   Jochen Meyer: Berlin, Provinz. Literarische Kontroversen um 1930, Marbach am Neckar 1985.

Mittenzwei 1989   Werner Mittenzwei: Das Leben des Bertolt Brecht oder Der Umgang mit den Welträtseln. 2 Bde., Frankfurt a. M. 1989.

Mittenzwei 1992   Werner Mittenzwei: Der Untergang einer Akademie oder: Die Mentalität des ewigen Deutschen. Der Einfluß der nationalkonservativen Dichter an der Preußischen Akademie der Künste 1918–1947, Berlin 1992.

Mommsen 2004   Wolfgang J. Mommsen: Der Erste Weltkrieg. Anfang vom Ende des bürgerlichen Zeitalters, Frankfurt a. M. 2004.

Mühsam 1998   Erich Mühsam: Trotz allem Mensch sein. Gedichte und Aufsätze, herausgegeben von Jürgen Schiewe und Hanne Maußner, Stuttgart 1998.

Mühsam 2003   Erich Mühsam: Unpolitische Erinnerungen [1927–29]. Mit einem Nachwort von Hubert van den Berg, Berlin 2003.

Müller 1986   Hans-Harald Müller: Der Krieg und die Schriftsteller. Der Kriegsroman der Weimarer Republik, Stuttgart 1986.

Musil 1990   Robert Musil: Der Mann ohne Eigenschaften. Roman [Bd. 1: 1930; Bd. 2: 1933; Bd. 3: 1943; Bd. 4: Nachlaß]. 2 Bde., herausgegeben von Adolf Frisé, Reinbek bei Hamburg 1990.

Neukrantz 1929   Klaus Neukrantz: „Berlin Alexanderplatz", in: die Linkskurve 1, 1929, H. 5, S. 30–31 [Reprint Frankfurt a. M. 1971].

Nündel 1999   Ernst Nündel: Kurt Schwitters mit Selbstzeugnissen und Bilddokumenten dargestellt, Reinbek bei Hamburg 4. Auflage 1999.

O'Brien 1992   Geoffrey O'Brien: Killing Time, in: The New York Review of Book 39, 1992, Nr. 5, S. 38–42.

O'Flaherty 1971   Liam O'Flaherty: Ich ging nach Rußland. Reisebericht [1931]. Aus dem Englischen von Heinrich Hauser, Zürich 1971.

Ossietzky 1994   Carl von Ossietzky: Ketzereien zum Büchertag, in: ders., Sämtliche Schriften. Bd. V: 1929–1930. Texte 830–968, herausgegeben von Bärbel Boldt, Ute Maack und Gunter Nickel, Reinbek bei Hamburg 1994, S. 73–78.

Peukert 1987   Detlev J. K. Peukert: Die Weimarer Republik. Krisenjahre der klassischen Moderne, Frankfurt a. M. 1987.

Piscator 1986   Erwin Piscator: Zeittheater. „Das politische Theater" und weitere Schriften von 1915 bis 1966 [= *Das politische Theater*, 1929, in der bearbeiteten Fassung von 1963]. Ausgewählt und bearbeitet von Manfred Brauneck und Peter Stertz. Mit einem Nachwort von Hansgünther Heyme, Reinbek bei Hamburg 1986.

Plessner 1981 Helmuth Plessner: Grenzen der Gemeinschaft. Eine Kritik des sozialen Radikalismus [1924], in: ders., Gesammelte Schriften V: Macht und menschliche Natur, Frankfurt a. M. 1981, S. 7–133.

Prümm 1976 Karl Prümm: Das Erbe der Front. Der antidemokratische Roman der Weimarer Republik und seine nationalsozialistische Fortsetzung, in: Horst Denkler/Karl Prümm (Hg.), Die deutsche Literatur im Dritten Reich. Themen – Traditionen – Wirkungen, Stuttgart 1976, S. 138–164.

Rathenau 1977 Walther Rathenau: Hauptwerke und Gespräche, herausgegeben von Ernst Schulin, München/Heidelberg 1977 (= Walther Rathenau-Gesamtausgabe Bd. II).

Rehse 1995 Birgit Rehse: „Dein Körper gehört Dir!" – Ärztinnen klären über die Geburtenregelung auf, in: Petra Bock/Katja Koblitz (Hg.), Neue Frauen zwischen den Zeiten, Berlin 1995, S. 112–128.

Reinhardt 1992 Stephan Reinhardt (Hg.): Die Schriftsteller und die Weimarer Republik. Ein Lesebuch, Berlin 2. Auflage 1992.

Remarque 1929 Erich Maria Remarque: Im Westen nichts Neues, Berlin 1929.

Reulecke 1985 Jürgen Reulecke: Geschichte der Urbanisierung in Deutschland, Frankfurt a. M. 1985.

Richter 1964 Hans Richter: DADA – Kunst und Antikunst. Der Beitrag Dadas zur Kunst des 20. Jahrhunderts. Mit einem Nachwort von Werner Haftmann, Köln 1964.

Riha/Bergius 2002 Karl Riha/Hanne Bergius (Hg.): Dada Berlin. Texte, Manifeste, Aktionen, Stuttgart 2002.

Rilke 1991 Rainer Maria Rilke: Die Aufzeichnungen des Malte Laurids Brigge, Frankfurt a. M. 1991.

Rosenberg 1991 Arthur Rosenberg: Geschichte der Weimarer Republik, herausgegeben von Kurt Kersten, Hamburg 1991 [Zuerst unter dem Titel: Geschichte der deutschen Republik, 1934].

Rosenkranz 1990 Karl Rosenkranz: Ästhetik des Hässlichen [1853], herausgegeben und mit einem Nachwort von Dieter Kliche, Leipzig 1990.

Ross 1924 Colin Ross: Der Weg nach Osten. Reise durch Rußland, Ukraine, Transkaukasien, Persien, Buchara und Turkestan. Mit 50 Abbildungen und einer Karte, Leipzig 2. vermehrte Auflage 1924.

Roth 1970 Joseph Roth: Briefe 1911–1939, herausgegeben und eingeleitet von Hermann Kesten, Köln/Berlin 1970.

Roth 1989 Joseph Roth: Werke, herausgegeben von Fritz Hackert und Klaus Westermann, Köln 1989.

Rühle 1988 Günther Rühle: Theater für die Republik im Spiegel der Kritik. 2 Bde. Überarbeitete Neuauflage, Frankfurt a. M. 1988.

Rühle 2007 Günther Rühle: Theater in Deutschland 1887–1945. Seine Ereignisse – seine Menschen, Frankfurt a. M. 2007.

Rühle-Gerstel 1932 Alice Rühle-Gerstel: Das Frauenproblem der Gegenwart. Eine psychologische Bilanz, Leipzig 1932.

S. Fischer, Verlag 1986 S. Fischer, Verlag: Von der Gründung bis zur Rückkehr aus dem Exil. Eine Ausstellung des Deutschen Literaturarchivs im Schiller-Nationalmuseum Marbach am Neckar, Marbach am Neckar 1986.

Salomon 1935 Ernst von Salomon: Die Geächteten [1930], Berlin 1935.

Sander 2001 Gabriele Sander: Alfred Döblin, Stuttgart 2001.

Sander 2007 Gabriele Sander: „Tatsachenphantasie". Alfred Döblins Roman *Berlin Alexanderplatz. Die Geschichte vom Franz Biberkopf*, Marbach am Neckar 2007.

Schaenzler 2006 Nicole Schaenzler: Klaus Mann. Eine Biographie, Berlin 2006.

Schäfer 1923 Wilhelm Schäfer: Die dreizehn Bücher der deutschen Seele [1922], München 1923.

Schiewe 2004 Jürgen Schiewe: Öffentlichkeit. Entstehung und Wandel in Deutschland, Paderborn/München/Wien/Zürich 2004.

Schlör 1994 Joachim Schlör: Nachts in der großen Stadt. Paris, Berlin, London. 1840 bis 1930, München 1994.

Schmalenbach 1984 Werner Schmalenbach: Kurt Schwitters, München 1984.

Schmidt-Dengler 1995 Wendelin Schmidt-Dengler: Abschied von Habsburg, in: Bernhard Weyergraf (Hg.), Literatur in der Weimarer Republik 1918–1933, München 1995 (= Hansers Sozialgeschichte der deutschen Literatur vom 16. Jahrhundert bis zur Gegenwart 8), S. 483–548, 720–724.

Schönhoven 1989 Klaus Schönhoven: Reformismus und Radikalismus. Gespaltene Arbeiterbewegung im Weimarer Sozialstaat, München 1989.

Schöning 2007 Matthias Schöning: Programmatischer Modernismus und unfreiwillige Modernität. Weltkrieg, Avantgarde, Kriegsroman, in: Literarische Moderne. Begriff und Phänomen, herausgegeben von Sabina Becker und Helmuth Kiesel unter Mitarbeit von Robert Krause, Berlin/New York 2007, S. 347–366.

Schöning 2009 Matthias Schöning: Versprengte Gemeinschaft. Kriegsroman und intellektuelle Mobilmachung 1914–33, Göttingen 2009.

Schrader 1992 Bärbel Schrader (Hg.): Der Fall Remarque. *Im Westen nichts Neues*. Eine Dokumentation, Leipzig 1992.

Schuhmann 1991 Klaus Schuhmann (Hg.): Sankt Ziegenzack springt aus dem Ei. Texte, Bilder und Dokumente zum Dadaismus in Zürich, Berlin, Hannover und Köln, Leipzig/Weimar 1991.

Schulze 1995 Hagen Schulze: Staat und Nation in der europäischen Geschichte, München 1995.

Schulze 1998 Hagen Schulze: Weimar. Deutschland 1917–1933 [1982], Berlin 1998.

Schütz 1977 Erhard Schütz: Kritik der literarischen Reportage. Reportagen und Reiseberichte aus der Weimarer Republik und die Sowjetunion, München 1977.

Schütz 1986 Erhard Schütz: Romane der Weimarer Republik. München 1986.

Schütz 1995 Erhard Schütz: Autobiographien und Reiseliteratur in: Bernhard Weyergraf (Hg.), Literatur in der Weimarer Republik 1918–1933, München 1995 (= Hansers Sozialgeschichte der deutschen Literatur vom 16. Jahrhundert bis zur Gegenwart 8), S. 549–600, 724–733.

Schütz 1997 Erhard Schütz: Neue Sachlichkeit, in: Horst Brunner/Rainer Moritz (Hg.), Literaturwissenschaftliches Lexikon. Grundbegriffe der Germanistik, Berlin 1997, S. 245–248.

Schwarz 1996 Sandra Schwarz: „Verbannung" als Lebensform. Koordinaten eines literarischen Exils in Franz Kafkas „Trilogie der Einsamkeit", Tübingen 1996.

Schweizer 1976 Gerhard Schweizer: Bauernroman und Faschismus. Zur Ideologiekritik einer literarischen Gattung, Tübingen 1976.

Schwind 1995 Klaus Schwind: Die Entgrenzung des Raum- und Zeiterlebnisses im vierdimensionalen Theater. Plurimediale Bewegungsrhythmen in Piscators Inszenierung von *Hoppla, wir leben!* (1927), in: Erika Fischer Lichte (Hg.), TheaterAvantgarde. Wahrnehmung – Körper – Sprache, Tübingen/Basel 1995, S. 58–88.

Schwitters 1987 Kurt Schwitters: Anna Blume und ich. Die gesammelten „Anna Blume"-Texte, herausgegeben von Ernst Schwitters. Mit Photos, Zeichnungen, Dokumenten, Zürich 1965; Nachdruck 1987.

ZITIERTE LITERATUR

Seghers 1928 [Anna] Seghers: Aufstand der Fischer von St. Barbara, Potsdam 1928 [zuletzt: Berlin 2002].

Seghers 1932 Anna Seghers: Die Gefährten. Roman, Berlin 1932 [zuletzt: Berlin/Weimar 1990].

Seghers 1994 Anna Seghers. Eine Biographie in Bildern. Mit einem Essay von Christa Wolf, Berlin/Weimar 1994.

Simmel 1984 Georg Simmel: Das Individuum und die Freiheit. Essais, Berlin 1984.

Stalin 1946 J Stalin: Über die Grundlagen des Leninismus. Zu den Fragen des Leninismus, Berlin 1946.

Stapel 1930 Wilhelm Stapel: Literatenwäsche. Mit Zeichnungen von A. Paul Weber, Hamburg 1930.

Stephan 1979 Alexander Stephan: Die deutsche Exilliteratur 1933–1945. Eine Einführung, München 1979.

Stöber 2000 Rudolf Stöber: Deutsche Pressegeschichte. Einführung, Systematik, Glossar, Konstanz 2000.

Trommler 1976 Frank Trommler: Sozialistische Literatur in Deutschland. Ein historischer Überblick, Stuttgart 1976.

Tucholsky 1993 Kurt Tucholsky: Gesammelte Werke in 10 Bänden, herausgegeben von Mary Gerold-Tucholsky und Fritz J. Raddatz, Reinbek bei Hamburg 1993.

Tucholsky 1998 Kurt Tucholsky: Schloß Gripsholm, in: ders., Gesamtausgabe. Texte und Briefe, herausgegeben von Antje Bonitz, Dirk Grathoff, Michael Hepp und Gerhard Kaiser. Bd. 14: Texte 1931, herausgegeben von Sabina Becker, Reinbek bei Hamburg 1998, S. 148–258.

Waggerl 1930 Karl Heinrich Waggerl: Brot. Roman, Leipzig 1930.

Waggerl 1933 Karl Heinrich Waggerl: Dichtung und Journalismus, in: Heinz Kindermann (Hg.), Des deutschen Dichters Sendung in der Gegenwart. Mit einem Geleitwort von Staatskommissar Hans Hinkel, Leipzig 1933, S. 254–256.

Weinert 2001 Erich Weinert: Der Rote Wedding, in: Ernst Busch, Echo von links. CD, Booklet, Kleinmachnow: Barbarossa Musikverlag 2001 (= Chronik in Liedern, Kantaten und Balladen 4).

Weiskopf 1927 F. C. Weiskopf: Umsteigen ins 21. Jahrhundert. Episoden von einer Reise durch die Sowjetunion, Berlin 1927.

Weyergraf 1995a Bernhard Weyergraf (Hg.): Literatur in der Weimarer Republik 1918–1933, München 1995 (= Hansers Sozialgeschichte der deutschen Literatur vom 16. Jahrhundert bis zur Gegenwart 8).

Weyergraf 1995b Bernhard Weyergraf: Konservative Wandlungen, in: ders. (Hg.), Literatur in der Weimarer Republik 1918–1933, München 1995 (= Hansers Sozialgeschichte der deutschen Literatur vom 16. Jahrhundert bis zur Gegenwart 8), S. 266–308.

Weyergraf/Lethen 1995 Bernhard Weyergraf/Helmut Lethen: Der Einzelne in der Massengesellschaft, in: Bernhard Weyergraf (Hg.), Literatur in der Weimarer Republik 1918–1933, München 1995 (= Hansers Sozialgeschichte der deutschen Literatur vom 16. Jahrhundert bis zur Gegenwart 8), S. 636–672.

Willett 1982 John Willett: Erwin Piscator. Die Eröffnung des politischen Zeitalters auf dem Theater, Frankfurt a. M. 1982.

Witte 1985 Bernd Witte: Walter Benjamin, Reinbek bei Hamburg 1985.

Wittmann 1991 Reinhard Wittmann: Geschichte des deutschen Buchhandels. Ein Überblick, München 1991.

Woolf 1992 Virginia Woolf: Ein eigenes Zimmer. Drei Guineen. Essays [1929], Leipzig 1992.

Zahn 2005 Inka Zahn: „Doppelreisende" in der Zwischenkriegszeit. Drei Franzosen in Moskau und Berlin, in: Walter Fähnders/Nils Platz/Hendrik Weber/Inka Zahn (Hg.), Berlin, Paris, Moskau. Reiseliteratur und die Metropolen, Bielefeld 2005, S. 107–123.

Zehl Romero 1993 Christiane Zehl Romero: Anna Seghers. Mit Selbstzeugnissen und Bilddokumenten, Reinbek bei Hamburg 1993.

Zimmermann 1975 Peter Zimmermann: Der Bauernroman. Antifeudalismus, Konservatismus, Faschismus, Stuttgart 1975.

Zinn 1988 A[lfred] Zinn (Hg.): Berlin und sein Umland. Eine geographische Monographie, Gotha 1988.

Zöberlein 1934 Hans Zöberlein: Der Glaube an Deutschland. Ein Kriegserlebnis von Verdun bis zum Umsturz [1931], München 1934.

Zuckmayer 1995 Carl Zuckmayer: Der Hauptmann von Köpenick. Ein deutsches Märchen in drei Akten [1930], in: ders., Der Hauptmann von Köpenick. Theaterstücke 1929–1937, Frankfurt a. M. 1995 (= Carl Zuckmayer. Gesammelte Werke in Einzelausgaben. Fischer Taschenbuch 12704), S. 7–149.

Zweig 1958 Stefan Zweig: Die Welt von gestern. Erinnerungen eines Europäers, Frankfurt a. M. 1958.

16.2 Abbildungsverzeichnis

Abbildung 1: Christian Schad: *Selbstbildnis* (1927). Christian Schad Stiftung Aschaffenburg/VG Bild-Kunst, Bonn 2009.

Abbildung 2: John Heartfield: Umschlag zu Kurt Tucholsky, *Deutschland, Deutschland über alles* (1929). The Heartfield Community of Heirs/VG Bild-Kunst, Bonn 2009.

Abbildung 3: Titel der Zeitschrift *Die Dame* (Heft 2/1933), aus: Christian Ferber (Hg.), Die Dame. Ein deutsches Journal für den verwöhnten Geschmack 1912 bis 1943, Berlin 1980, S. 13.

Abbildung 4: John Heartfield: *Der Sinn des Hitlergrußes*, Titel der AIZ (16.10.1932). The Heartfield Community of Heirs/VG Bild-Kunst, Bonn 2009.

Abbildung 5: Alfred Döblin: *Berlin Alexanderplatz*. Umschlag der Erstausgabe von Georg Salter (S. Fischer 1929), aus: Marion Janzin/Joachim Güntner: Das Buch vom Buch. 5000 Jahre Buchgeschichte, Hannover, 2. verbesserte Auflage 1997, S. 409.

Abbildung 6: Robert Musil: *Der Mann ohne Eigenschaften*. Einband der Erstausgabe von E. R. Weiß (Rowohlt 1930). Robert-Musil-Literatur-Museum Klagenfurt.

Abbildung 7: Otto Dix: *Fliehender Verwundeter (Sommeschlacht 1916)* (aus der Mappe ‚Der Krieg') (1924). VG Bild-Kunst, Bonn 2009.

Abbildung 8: Hugo Ball spricht ein Lautgedicht im *Cabaret Voltaire* (1916), aus: Klaus Schuhmann (Hg.), Sankt Ziegenzack springt aus dem Ei. Texte, Bilder und Dokumente zum Dadaismus in Zürich, Berlin, Hannover und Köln. Leipzig/Weimar 1991, S. 85.

Abbildung 9: Hugo Ball: *Karawane* (1917), gestaltet von Richard Huelsenbeck (Reprint aus der Zeitschrift *Dada*, 1932), aus: Klaus Schuhmann (Hg.), Sankt Ziegenzack springt aus dem Ei. Texte, Bilder und Dokumente zum Dadaismus in Zürich, Berlin, Hannover und Köln. Leipzig/Weimar 1991, S. 125.

Abbildung 10: Werbung für das Kopfwasser „DADA" (1917), aus: Stéphane Pincas/Marc Loiseao: Eine Geschichte der Werbung, Hong Kong/Köln, 2008, S. 29.

Abbildung 11: Johannes Baader *Dadaisten gegen Weimar*, Flugblatt (6.2.1919), Vorderseite. Bauhaus Archiv Berlin 2009.

Abbildung 12: Collage zu Walther Ruttmanns Film *Berlin. Die Sinfonie der Großstadt* (1927), aus: *Illustrierter Filmkurier* Nr. 658, 1927. Verlag für Filmschriften. Christian Unucka, Herbertshausen 2009.

Abbildung 13: Erich Kästner: *Abendlied des Kammervirtuosen*. Zeichnung von Erich Ohser (1927). Erich Ohser Galerie Plauen 2009.

Abbildung 14: Lotte Lenya singt Kurt Weill, Plattencover (1955).

Abbildung 15: John Heartfield: Entwurf zu Franz Jung, *Die Eroberung der Maschinen* (1923). The Heartfield Community of Heirs/VG Bild-Kunst, Bonn 2009.

Abbildung 16: Ernst Glaeser/F. C. Weiskopf: *Der Staat ohne Arbeitslose. Drei Jahre „Fünfjahresplan"*, Umschlag des Fotobandes, Potsdam: Gustav Kiepenheuer Verlag 1931.

Abbildung 17: Titel der Zeitschrift *Querschnitt* Heft 4/1932.

Abbildung 18: Anna Seghers in der *Neuen Bücherschau* (1929): Vorstellung und Fotografie, aus: Christiane Zehl Romero, Anna Seghers. Mit Selbstzeugnissen und Bilddokumenten, Reinbek bei Hamburg 1993, S. 37.

ANHANG

Abbildung 19: Walther Ruttmann: *Berlin. Die Sinfonie der Großstadt* (1927), Filmstill (Verkehr am Potsdamer Platz). Filmmuseum Berlin – Stiftung Deutsche Kinemathek.

Abbildung 20: Dr. Paul Wolff: *Pflügender Bauer,* Fotografie (1934). Historisches Bildarchiv Dr. Paul Wolff & Tritschler, 77654 Offenburg.

Abbildung 21: Franz Kafka: Eigenhändige Skizzen aus Mitschriften aus Vorlesungen (um 1905), aus: Klaus Wagenbach, Franz Kafka. Bilder aus seinem Leben, Berlin 1983, S. 144. Archiv Klaus Wagenbach Berlin.

Abbildung 22: Thomas Mann hält einen Vortrag unter dem Titel *Deutsche Ansprache*, Fotografie (1930), aus: Jürgen Kolbe, Thomas Mann in München 1894–1933. Heller Zauber. Mitarbeit: Karl Heinz Bittel, Berlin 1997, S. 365. Ullstein Bild.

Der Verlag hat sich um die Einholung der Abbildungsrechte bemüht. Da in einigen Fällen die Inhaber der Rechte nicht zu ermitteln waren, werden rechtmäßige Ansprüche nach Geltendmachung ausgeglichen.

16.3 Personenverzeichnis

Ackermann, Gregor 222
Adlersfeld-Ballestrem, Eufemia von 152
Adorno, Theodor W. 57f., 68, 169
Alexander, Gertrud 123–125
Arendt, Hannah 115
Arp, Hans/Jean 59, 61, 64f., 68, 70
Asholt, Wolfgang 78
Aufricht, Ernst Josef 103f.

Baader, Johannes 65, 68
Ball, Hugo 55f., 59f., 63f.
Ball-Hennings, Emmy 59
Bamm, Peter 13, 253
Barthel, Max 119f., 122, 129
Baudelaire, Charles 75f., 90, 163, 169
Baum, Vicki 20, 34, 38, 153f., 159
Becher, Johannes R. 97, 121, 211, 223
Becker, Sabina 100, 153
Beethoven, Ludwig van 88
Benjamin, Walter 43f., 46f., 52f. 83, 85, 124, 135f., 163f., 167–169, 222, 252f.
Benn, Gottfried 16f., 20, 73f., 76, 83, 88, 92
Béraud, Henri 136
Berg, Hubert van den 77, 86, 121
Bernauer, Rudolf 222
Bermann-Fischer, Gottfried 28f.
Bertschik, Julia 34, 38
Bienert, Michael 81, 84–86
Bloch, Ernst 185–188, 191
Blumenberg, Hans 203, 254
Bock, Petra 150, 160
Bogdanov, Alexander 123
Bormann, Alexander von 20
Brecht, Bertolt 17, 20, 34, 37, 74, 81, 88–91, 93–95, 98–100, 102–107, 110–116, 121, 128–130, 200, 222, 252–254
Brenner, Peter 133–135, 144
Broch, Hermann 223
Brod, Max 204, 230
Bronnen, Arnolt 107, 210, 212
Bürger, Peter 76
Büssgen, Antje 224

Cepl-Kaufmann, Gertrude 49f., 53
Courths-Mahler, Hedwig 152

Darré, Walther 184
Diederichs, Eugen 31
Dix, Otto 39f., 48
Döblin, Alfred 20, 33, 72, 78–81, 85, 108, 127, 163, 166f., 169, 175f., 180, 182f., 185, 194, 198–203, 206–208, 212, 222, 253

Droemer, Adalbert 27–29
Dryander, Ernst von 65
Duchamp, Marcel 254
Dudow, Slatan 91, 98, 100
Dupin, Aurore → Sand, George
Durieux, Tilla 222

Ebert, Friedrich 15, 66
Eckart, Dietrich 50
Eich, Günter 91
Eisler, Hanns 98, 114f.
Eliot, George 152
Engel, Erich 110
Erenz, Benedikt 32
Ernst, Max 67
Evans, Mary Ann → Eliot, George

Fähnders, Walter 20, 22, 70, 77f., 86, 92f., 122–125, 130, 141, 144, 149
Fehling, Jürgen 110
Fehse, Willi 91
Feuchtwanger, Lion 20, 77, 103, 163, 222
Fischer, Richard 106
Fischer, Samuel 28, 31, 34f.
Fleißer, Marieluise 20, 73f., 107, 149, 153, 155–157, 159
Frank, Gustav 77, 86
Freud, Sigmund 163, 167, 169

Ganghofer, Ludwig 188
Gay, John 103
George, Stefan 90–92, 215f.
Gerron, Kurt 104
Glaeser, Ernst 131f., 138, 223
Goebbels, Joseph 18, 212
Goethe, Johann Wolfgang von 35, 66
Graf, Oskar Maria 189–191, 223
Gropius, Walter 112
Grosz, Georg 33, 48, 68, 111, 121f., 124, 252
Günter, Joachim 30, 38

Haas, Willy 32
Habermas, Jürgen 202f.
Halfeld, Adolf von 141
Hansen, Andreas 123–125
Hasenclever, Walter 107
Hauptmann, Elisabeth 103
Hauptmann, Gerhart 20, 217, 219
Hauser, Heinrich 141f.
Hausmann, Manfred 141
Hausmann, Raoul 61, 66, 68, 70
Heartfield, John 23f., 32f., 67f., 117f., 121f., 124

Heimböckel, Dieter 36, 195
Heintz, Günter 119f., 130
Hermann-Neiße, Max 223
Herzfelde, Wieland 67f., 121f.
Hesse, Hermann 34, 172, 176
Hessel, Franz 84f., 253
Heym, Georg 90
Hinkel, Hans 184
Hitler, Adolf 16, 19, 40, 51, 184, 216, 220, 222
Höch, Hannah 68
Hofmannsthal, Hugo von 91, 210, 213-216, 224
Holitscher, Arthur 141
Honold, Alexander 43, 54, 204
Horkheimer, Max 169
Horvath, Ödön von 107
Huch, Ricarda 20, 149, 152, 154, 182
Huebner, Friedrich Markus 151
Huelsenbeck, Richard 59, 63f., 67f.

Jacobsohn, Siegfried 32
Jäger, Lorenz 214
Jahnn, Hans Henny 147
Janko, Marcel 59
Janzin, Marion 30, 38
Jaspers, Karl 13
Jeßner, Leopold 110
Jhering, Herbert 109
Jung, Franz 69, 117f., 121-127, 129-130
Jünger, Ernst 41-43, 45, 47f., 52-54, 212

Kaes, Anton 11, 22, 27, 33, 36f., 89, 140f., 144
Kafka, Franz 20, 135, 193f., 203-208
Kaiser, Georg 107
Kaléko, Mascha 96, 100, 153, 223
Kanehl, Oskar 122
Karrenbrock, Helga 149, 160
Kästner, Erich 18, 77, 87f., 95-97, 99f., 163, 165, 172, 212, 223
Kaus, Gina 151, 153
Kayser, Rudolf 140, 144
Keller, Gottfried 252
Kerr, Alfred 141
Keun, Irmgard 20, 146, 153, 157-160, 163, 169-172, 175f.
Kiesel, Helmuth 76f., 86
Kisch, Egon Erwin 77, 93, 133, 136-144, 211
Knopf, Jan 90f., 103, 105f.
Köhn, Eckhard 83
Kolbenheyer, Erwin Guido 182
Köppen, Edlef 52
Krabiel, Klaus-Dieter 115f.
Kracauer, Siegfried 15, 26f., 127, 135, 146, 158
Kraus, Karl 20, 32
Kristiansen, Børge 197

Küpper, Hannes 89
Kurzke, Hermann 99, 219f., 224

Langbehn, Julius 253
Lasker-Schüler, Else 152
Lehmann, Hans-Thies 115
Lenya, Lotty 101f., 106
Lernet-Holenia, Alexander 146
Lersch, Heinrich 49f., 52
Lethen, Helmut 18, 100, 115, 199-201, 208
Loos, Anita 172
Löwenthal, Leo 186, 192
Lucchesi, Joachim 115, 199, 200
Lukács, Georg 12

Maass, Joachim 91
Mahrholz, Werner 37
Mann, Erika 20, 133f., 141, 144, 152f.
Mann, Heinrich 11, 20, 31, 79, 182, 212, 219, 222-224
Mann, Klaus 20, 91f., 99, 133f., 141, 144
Mann, Thomas 15, 20f., 27-29, 34, 36-38, 77, 152, 182, 194-198, 201, 207-210, 212-214, 216-220, 222-224
Marinetti, Filippo Tomaso 78, 85
Masereel, Franz 33
Maslowski, Peter 124
Mehring, Walter 68, 121, 252
Meinhard, Carl 222
Mennemeier, Franz-Norbert 90
Meyer, Alfred Richard 73
Meyer, Jochen 183, 192
Mittenzwei, Werner 80, 103, 106, 182, 219
Mommsen, Wolfgang J. 42, 44-46, 48f., 54
Moro, Renato 74
Mühsam, Erich 119-122, 129f., 223
Müller, Hans-Harald 48f.
Musil, Robert 18, 20, 33, 77, 173-175, 207, 223

Nadler, Josef 184
Neukrantz, Klaus 201
Neumann, Robert 172
Nierendorf, Karl 40
Nietzsche, Friedrich 197
Nündel, Ernst 61, 70

O'Flaherty, Liam 136
Ohser, Erich 87f.
Ossietzky, Carl von 32, 34f., 37f., 212, 221, 223

Palfreyman, Rachel 77, 86
Papst, G. W. 102
Paquet, Alfons 111

Peukert, Detlev J. K. 15, 19, 21f., 148f., 186, 188
Pfemfert, Franz 122
Pilcher, Rosamunde 152
Piscator, Erwin 102, 110–113, 115f., 122, 252, 254
Plessner, Helmuth 175
Polgar, Alfred 222

Raschke, Martin 91, 253
Rathenau, Walther 14f., 51. 141, 219
Reinhardt, Max 110, 254
Remarque, Erich Maria 20, 25–27, 29, 38, 45, 49, 51–53
Renn, Ludwig 52, 221f.
Reulecke, Jürgen 164, 176
Richter, Hans 59, 64f., 70
Riha, Karl 66, 69
Rilke, Rainer Maria 90, 92, 163, 166, 169, 175f., 253
Rosegger, Peter 188
Rosenberg, Arthur 211, 213
Rosenkranz, Karl 75
Ross, Colin 137
Roth, Joseph 20, 83f., 93, 223, 253f.
Rowohlt, Ernst 31
Rühle, Günther 108–110, 116
Rühle-Gerstel, Alice 151
Ruttmann, Walther 71f., 111, 161f., 165

Salomon, Ernst von 51
Salter, Georg 33
Sand, George 152
Sander, Gabriele 79, 86, 201
Ščegolev, Paul 111
Schad, Christian 9f.
Schaenzler, Nicole 133
Schäfer, Wilhelm 182, 213–216
Scheidemann, Philipp 66
Scherer, Stefan 77, 86
Schiller, Friedrich 66
Schlör, Joachim 165, 176
Schöning, Matthias 51
Schopenhauer, Arthur 197
Schrader, Bärbel 25f., 38
Schuhmann, Klaus 56, 70
Schulze, Hagen 22, 164, 211, 220f.
Schütz, Erhard 93, 136, 144, 208
Schwarzenbach, Annemarie 153

Schweizer, Gerhard 187
Schwind, Klaus 111f.
Schwitters, Kurt 60–62, 67–70, 252
Seghers, Anna 20, 25, 118, 121, 125–127, 129f., 147–150, 160, 191, 223
Sieburg, Friedrich 141, 144
Simmel, Georg 14, 167–169, 173, 175f., 202
Stapel, Wilhelm 16, 182–185
Steegemann, Paul 61
Stirner, Max 67
Süskind W. E. 91

Toller, Ernst 103, 110, 141
Tolstoj, Alexej 110f.
Trommler, Frank 119, 129f.
Tucholsky, Kurt 11, 23f., 32, 134, 183, 212, 223
Tzara, Tristan 59, 64f., 67

Viebig, Clara 152

Waggerl, Karl Heinrich 179–182, 184, 187, 189f., 192
Wagner, Richard 106, 222
Weichmann, Elsbeth 136
Weichmann, Herbert 136
Weigel, Helene 103, 222
Weill, Kurt 101–104, 106
Weinert, Erich 88, 97f., 121, 128
Weinzierl, Ulrich 224
Weiß, E. R. 33
Welk, Ehm 111
Werfel, Franz 90
Wessel, Horst 50
Weyergraf, Bernhard 14, 22, 199–201, 208, 214, 216f., 224
Wilhelm II. 11
Wittmann, Reinhard 27f., 31, 34, 37
Wolff, Kurt 31, 124
Wolff, Paul 177f.
Wolff, Theodor 222
Woolf, Virginia 150–153, 159f.

Zimmermann, Peter 184, 187f.
Zöberlein, Hans 51
Zuckmayer, Carl 20, 34, 102, 107–110, 115f., 223
Zweig, Arnold 222
Zweig, Stefan 136

16.4 Glossar

Agitprop Kunstwort, zusammengeführt aus Agitation und Propaganda, das eine politische Gebrauchsform revolutionärer Straßentheater und Agitationsgruppen in den 1920er-Jahren bezeichnet.
→ KAPITEL 6.3, 8.4

Arbeiterliteratur Bezeichnet die Literatur von Arbeitern oder über die Arbeitswelt Ende des 19. und Anfang des 20. Jahrhunderts. In der Proletarischen Literatur wird der Begriff der Arbeiterliteratur durch die KP im Laufe der 1920er-Jahre radikalisiert. → KAPITEL 8

Ästhetik 1. Philosophische Disziplin, die sich mit dem Schönen beschäftigt; später – unter anderem nach dem Einbezug der Kategorie des Hässlichen in den Bereich der Ästhetik – wird der Gegenstand Ästhetik als das Künstlerische („ästhetische Erfahrung") konkretisiert. 2. Gesamtheit der Gestaltungsprinzipien der künstlerischen Produktion. → KAPITEL 5

Avantgarde Jeweils am weitesten und extremsten entwickelte künstlerische Richtung, die sich in Gegensatz zur etablierten Kunst sieht. Zu Beginn des 20. Jahrhunderts dem militärischen Sprachgebrauch entlehnt, in dem Avantgarde die Vorhut bezeichnet. → KAPITEL 4.1

Bauernliteratur Literatur, die im bäuerlichen Milieu spielt, als Rückzugs- und Fluchtraum einerseits, als Gegenwelt zur etablierten bürgerlichen Welt oder zur Moderne andererseits. Bauernliteratur wird spätestens mit der Heimatkunstbewegung Ende des 19. Jahrhunderts zu einem der wichtigsten Genres der Anti-Moderne. → KAPITEL 12

Couplet Übernommen aus dem Französischen für Strophe, hier verstanden als kurzes pointiertes Lied, das vor allem im Kabarett eingesetzt wird. → KAPITEL 4.2, 8.1

Dadaismus Avantgardistische Kunstform, die Literatur, bildende Kunst, Musik und Gebrauchskunst miteinander verbindet; 1916 in Zürich entwickelt, von dort u. a. sich nach Berlin, Paris, Köln verbreitend; dauert im Wesentlichen bis ca. 1920, danach durch Repräsentanten wie Kurt Schwitters oder Raoul Hausmann vertreten, während andere Autoren und Künstler wie George Grosz oder Walter Mehring sich anderen Formen zuwandten. → KAPITEL 4

Dorfroman Frühe Form des Bauernromans aus der zweiten Hälfte des 19. Jahrhunderts, die im Zusammenhang mit der Industrialisierung entsteht. → KAPITEL 12

Elementare Literatur 1. Literatur, die das grundlegende Verhältnis von Sprache und Welt thematisiert, etwa seit Gottfried Keller (1819–90). 2. Textformen, die mit den basalen Elementen von Sprache und Text agieren (etwa Buchstabe, Silbe, Zahl oder Zeichen). Exemplarisch umgesetzt bei Kurt Schwitters. → KAPITEL 4, 6.1

Episches Theater Im Wortsinn erzählendes Theater. Theaterkonzept, das in den 1920er-Jahren von Erwin Piscator und Bertolt Brecht erprobt und von Brecht zur wichtigsten dramatischen Neuentwicklung des frühen 20. Jahrhunderts weiter entwickelt wurde. Kernüberlegung des epischen Theaters ist, dass die Handlung und ihre Essenz nicht nachempfunden werden soll, sondern den Zuschauer zur Reflexion und zur eigenen Entscheidung motivieren soll. Für die Schauspieler bedeutet dies, dass sie die von ihnen dargestellten Figuren und Szenen vorführen und sich nicht mit ihnen identifizieren sollen. Das Spiel soll erkennbar bleiben. → KAPITEL 7.1, 7.4

Erzählung 1. Eine knappe Prosaform. 2. Umgangssprachlich für prosaisches Vermitteln, sei es im Text oder mündlich. 3. In der Vorstellung Walter Benjamins ist der Erzähler als mündlicher Erzähler Wissens- und Erfahrungsvermittler in traditionalen und geschlossenen Gesellschaften. → KAPITEL 3.2

Essay Nichtfiktionale Prosaform. Der Begriff wird aus dem Französischen übernommen, wo er einen Versuch, eine Probe bezeichnet. Essays haben diesen Versuchscharakter als Reflexions- und Experimentalform beibehalten.

Expressionismus Literarischer Stil zwischen 1910 und 1920/25. Übernommen aus der bildenden Kunst beschreibt der Begriff eine dem Ausdruck des Subjekts verpflichtete Kunst und Literatur.

GLOSSAR

Gebrauchsliteratur, -lyrik, -kunst   Bezeichnet eine Gegenbewegung etwa zum Ästhetizismus, die die Nützlichkeit der Literatur und teils auch die Unterhaltung ihrer Rezipienten in den Vordergrund stellt. Unter Gebrauchsliteratur fällt die politische Dichtung ebenso wie die Unterhaltungsliteratur oder das Kabarett-Lied. → KAPITEL 6

Großstadtroman   Als Großstadtroman werden große, erzählende Prosatexte bezeichnet, die entweder das Sujet Großstadt beschreiben oder die konstitutive Formelemente der Großstadtkultur (die weitgehend identisch ist mit der Kultur der Moderne) aufnehmen. Während Alfred Döblins *Berlin Alexanderplatz* (1929) zur ersten Gruppe gehört, ist Rainer Maria Rilkes *Malte Laurids Brigge* (1910) eher der zweiten Gruppe zuzuordnen. → KAPITEL 11

Heimatkunst   In den 1890er-Jahren etablierte kultur- und modernekritische Richtung, die sich gegen die Veränderung von Gesellschaft und Kultur und den Verlust nationale Identität durch Modernisierung und Industrialisierung wendet. Vor allem im Essay bedeutend, etwa mit Julius Langbehns *Rembrandt als Erzieher* (1890). → KAPITEL 12

Imagination   Vorstellung.

Kampflied   Politische Gebrauchsform, die vor allem in den parteipolitischen Auseinandersetzungen der 1920er- und frühen 1930er-Jahre eingesetzt wurde. → KAPITEL 6.3

Kleine Form / Feuilleton   Für Zeitungen entwickelte kurze Texte, die sich der Alltagsbeobachtung und der Reflexion der Bedingungen modernen Lebens vor allem in der Großstadt widmen. Die wichtigsten Autoren der Jahre 1918 bis 1933 sind Franz Hessel, Joseph Roth und Walter Benjamin. Die kleine Form ist jedoch nicht nur auf der politisch fortschrittlichen oder liberalen Seite zu beobachten, wie das Beispiel des konservativen Autors Peter Bamm zeigt. → KAPITEL 5.3

Kunst   Kunst bezeichnet historisch alle menschlichen Produkte, die kultischen, ornamentalen oder fiktionalen Charakter haben. Mit der Moderne wird der Kunstbegriff geöffnet und umfasst zahlreiche weitere Spielarten spielerischer und kreativer Tätigkeiten, die vor allem durch ihre Zuweisung zur Kunst Kunstcharakter erhält (siehe etwa → Readymade).

Lautgedicht   Vom Dadaismus weiter entwickelte Literaturform, in der durch die Kombination basaler Zeichen wie Buchstaben, Silben, Zahlen oder Symbole Lautfolgen an die Stelle von syntaktisch und grammatikalisch strukturierten Wortfolgen gesetzt werden. Ziel ist die Reduktion von Sinnstrukturen und deren Ersatz durch offen interpretier- und assoziierbare Lautfolgen. → KAPITEL 4.2

Lehrstück   Historisch Ausbildungsstück, von Bertolt Brecht zwischen 1928 und 1933 als Ursprungsform des epischen Theaters weiter entwickelt, zum Teil für die Ausbildung der Schauspieler (*Die Maßnahme*, 1930). Thema des Lehrstücks Brechts ist die Erkenntnis richtigen Handelns aus den im Stück selbst gesetzten Bedingungen; daher die kasuistische, also Fälle durchspielende Charakter der Lehrstücke. → KAPITEL 7.4

Literatur   Die Gesamtheit aller Texte, die neben der Informations- und Belehrungsfunktion weitere Aufgaben übernehmen wie Unterhaltung und Genuss. Im engeren Sinne ist Literatur gleichzusetzen mit der „Schönen Literatur" (Belletristik).

Magischer Realismus   In der Kunstgeschichte bezeichnet der Begriff innerhalb der Neuen Sachlichkeit das Pendant zum sachlichen Verismus. In der Literaturgeschichte wird er als Gegenbewegung zur Neuen Sachlichkeit verstanden, die sich um 1929 etablierte. Grundhaltung des Magischen Realismus ist die Annahme einer weiteren Wirklichkeitsebene hinter der realistisch geschilderten. Zu ihr werden Autoren wie Günter Eich oder Martin Raschke gezählt. Ihr Hauptorgan ist die Zeitschrift *Kolonne*. In der internationalen Literatur wird der Magische Realismus insbesondere von südamerikanischen Autoren der Nachkriegszeit vertreten. → KAPITEL 6.1

Moderne   1. Historisch wird der Begriff Moderne seit dem 17. Jahrhundert relevant und wird im Wesentlichen auf die Neuzeit bezogen. Die Zunahme sozialer Komplexität verbunden mit der Aufgabe verpflichtender sozialer Institutionen wie Kirche, Familie oder Dorfgemeinschaft, zudem die spätere politische, wirtschaftliche und technische Entwicklung lassen die für die Moderne typische Dynamik gesellschaftlicher Veränderung entstehen. 2. Literaturhistorisch und für den deutschsprachigen Raum wird die Moderne im Wesentlichen auf den Zeitraum nach 1885 bezogen. Die Entwicklung offener Formen, die Fokussierung auf das Subjekt, die Verweigerung von Regelpoetiken und ästhetischen Vorgaben setzen eine Entwicklungsdynamik in Gang, die mit den → Avantgarden zu Beginn des 20. Jahrhunderts ihren ersten Höhepunkt findet, jedoch auch danach weiter vorangetrieben wird. Die mögliche Erstarrung der Moderne in einem Formenkanon wird durch die Postmoderne seit dem Ende der 1960er-Jahre unterbunden, auch wenn in der Klassischen Moderne ein Kanon moderner Literatur vor allem der 1920er-Jahre konstituiert wird.

Mythos Aus dem Griechischen für Rede, Erzählung. Mythische Erzählungen konstituieren überhistorisch, überindividuell und damit kollektiv verstandene Erklärungsmodelle, die sinnstiftend wirken sollen. Mythen reduzieren die Komplexität realer Verhältnisse radikal und etablieren Metaerzählungen, die mit symbolischen Mustern arbeiten. Sie sind, Hans Blumenberg folgend, rationale Operationen, die zu erklären versuchen, was anders nicht erklärt werden kann. → KAPITEL 13.3

Neue Sachlichkeit Ein mit der Mannheimer Ausstellung unter diesem Titel 1925 etablierter Begriff für eine neuere, realistischere Kunst des frühen 20. Jahrhunderts. Der Begriff bezeichnet in der Literaturwissenschaft eine kühle, sachliche, realistische, antipathetische und antipsychologische Schreibweise, die sich vor allem in der Gebrauchsliteratur (Kabarett, Reportage) durchsetzte. Auch wenn bereits 1929 das Ende der Neuen Sachlichkeit ausgerufen wurde (Joseph Roth), hat diese Schreibweise weit ins 20. Jahrhundert hineingewirkt. → KAPITEL 6.2

Phantasma Wunschbild.

Poetik, Poetologie Im Unterschied zur → Ästhetik beschreibt die Poetik oder Poetologie die konstitutiven Regeln literarischen Schreibens, was sich unter anderem in den zahlreichen Poetiken und Reflexionen zeigt, die Autoren über ihre eigene Arbeit veröffentlicht haben. Historisch als Regelpoetik, die als Schreibanleitung funktioniert hat, ist die Poetik heute als Reflexion des Schreibprozesses und seiner Elemente zu verstehen. → KAPITEL 5

Proletkult Abkürzung für proletarskaja kul'tura = proletarische Kultur. Beschreibt den Versuch, nach der Russischen Revolution die Kultur unter proletarischer Perspektive zu bestimmen. Nach 1920 an Bedeutung verlierend, wird der Proletkult 1934 durch den → Sozialistischen Realismus abgelöst. → KAPITEL 8

Readymade Mit den Avantgarden entwickeltes Konzept, das Gebrauchsgegenstände der Alltagskultur als Kunstwerke umwidmet und uminterpretierbar macht. Am bekanntesten sind die Readymades Marcel Duchamps. In der Literaturwissenschaft wird der Begriff kaum verwendet.

Regietheater Historisch gesehen mit dem 20. Jahrhundert und Max Reinhardt beginnend, mit Erwin Piscator und Bertolt Brecht in den 1920er-Jahren zum dominanten Regiestil entwickelt: Im Regietheater wird der Text als Material angesehen, aus dem der Regisseur mit den Schauspielern in einem kreativen Prozess das eigentliche Kunstwerk erschafft. → KAPITEL 7

Reisebericht Teil der faktografischen Textarten, die die Reise zum Gegenstand nimmt. Historisch seit dem Mittelalter bekannt, wird der Reisebericht im frühen 20. Jahrhundert zu eine der wichtigsten sachlichen Reportageformen weiterentwickelt. → KAPITEL 9

Song Aus dem Englischen für Lied. Der Song wird durch Bertolt Brecht einerseits und die Kabaretts andererseits in die deutsche Kultur eingeführt. Er erhält wie bei Brecht eine stark politisierte Seite (in der Nachkriegszeit vor allem durch die Singer-Songwriter-Szene), andererseits ist er in der vor allem englischsprachigen Popkultur das dominante Genre. → KAPITEL 6, 7.1, 8

Sozialistischer Realismus Ende der 1920er-Jahre initiiert, 1934 von der KP international als verpflichtende Stilrichtung durchgesetzt. Literatur soll der Propaganda und dem Klassenkampf dienen, muss deshalb einfach und klar sein, die Helden sollen positiv sein, der Ausgang der Geschichte die Revolution befördern. → KAPITEL 8.4

Text Verschriftlichte Rede, die der Kommunikation dient, im Sonderfall des literarischen Textes Aufgaben hat, wie zum Beispiel Reflexion, Imagination, Unterhaltung, Belehrung, Genuss.

Danksagung

Beteiligt waren an diesem Band zahlreiche Kolleginnen und Kollegen, zum Teil ohne es zu wissen. Gerade deshalb bin ich Ihnen zu Dank verpflichtet. Bei der Vorbereitung und Umsetzung haben Jasmin Grande, Frauke Schlieckau, Ines Schubert und Carsten Würmann geholfen. Ohne die Hartnäckigkeit und Genauigkeit der Lektorin Katja Leuchtenberger und des Lehrbuchherausgebers Iwan-Michelangelo D'Aprile wäre das Lehrbuch am Ende doch nie so weit gekommen, wie es jetzt ist. Für beider Belastbarkeit kann ich nicht genug danken, weshalb ich das an dieser Stelle abbrechen muss. Für sämtliche verbliebenen Lücken und Fehler bleibe ich trotzdem selbst verantwortlich.

Akademie Verlag

Akademie Studienbücher

Literaturwissenschaft

Basisbuch

Ursula Kocher, Carolin Krehl
Literaturwissenschaft
Studium – Wissenschaft – Beruf
Akademie Studienbücher – Literaturwissenschaft
2008. ca. 224 S. – 19 Abb. – 155 x 215 mm,
Broschur, € 19,80
ISBN 978-3-05-004413-2

Epochenbände

Andreas Keller
Frühe Neuzeit
Das rhetorische Zeitalter
Akademie Studienbücher – Literaturwissenschaft
2008. 231 S. – 15 Abb. – 155 x 215 mm,
Broschur, € 19,80
ISBN 978-3-05-004399-9

Iwan-Michelangelo D'Aprile, Winfried Siebers
Das 18. Jahrhundert
Zeitalter der Aufklärung
Akademie Studienbücher – Literaturwissenschaft
2008. 255 S. – 18 Abb. – 155 x 215 mm,
Broschur, € 19,80
ISBN 978-3-05-004364-7

Themenband

Franziska Schößler
Einführung in die Gender Studies
Akademie Studienbücher – Literaturwissenschaft
2008. 232 S. – 10 Abb. – 155 x 215mm,
Broschur, € 19,80
ISBN 978-3-05-004404-0

Weitere Titel finden Sie unter www.akademie-studienbuch.de

www.akademie-verlag.de | info@akademie-verlag.de

www.ingramcontent.com/pod-product-compliance
Lightning Source LLC
Chambersburg PA
CBHW032109220426
43664CB00008B/1188